우리도 몰랐던
한국사 비밀
32가지 2

우리도 몰랐던
한국사 비밀 32가지 2

초판 1쇄 인쇄 | 2017년 3월 6일
초판 1쇄 발행 | 2017년 3월 13일

지은이 | 이수광
펴낸이 | 박영욱
펴낸곳 | 북오션

편 집 | 허현자
마케팅 | 최석진
표지 및 본문 디자인 | 서정희 · 민영선

주 소 | 서울시 마포구 월드컵로 14길 62
이메일 | bookrose@naver.com
페이스북 | facebook.com/bookocean21
블로그 | blog.naver.com/bookocean
전 화 | 편집문의: 02-325-9172   영업문의: 02-322-6709
팩 스 | 02-3143-3964

출판신고번호 | 제313-2007-000197호

ISBN 978-89-6799-322-1 (03910)

이 도서의 국립중앙도서관 출판예정도서목록(CIP)은 서지정보유통지원시스템
홈페이지(http://seoji.nl.go.kr)와 국가자료공동목록시스템
(http://www.nl.go.kr/kolisnet)에서 이용하실 수 있습니다.
(CIP제어번호: CIP2017003521)

우리도 몰랐던 한국사 비밀 32가지

2

이수광 지음

북오션

역사의 향기를 찾아서

역사서를 쓸 때마다 내가 하는 일 중의 하나가 자료를 찾는 일이지만 빼놓지 않고 하는 것은 카메라 하나 들고 역사의 현장을 찾아가는 일이다. 당대의 유적이나 사람들은 모두 시간의 강으로 떠내려갔지만 기왓장 하나, 나무 한 그루, 고서 한 권과 그림 한 폭을 대하게 되면 가슴이 설레고 그들의 무덤에 이르면 애틋한 감정에 사로잡히게 된다.

고궁에 갔을 때도 웅장하고 화려한 건물보다도 그곳에서 살았을 사람들, 왕과 왕비, 후궁과 이름없는 궁녀들의 웃음소리와 한숨소리, 치맛자락이 끌리는 소리에 귀를 기울이고 싶어진다.

《조선을 뒤흔든 16인의 기생들》을 썼을 때는 전국의 기생들 무덤과 시비를 찾았고 〈안중근〉 이야기를 썼을 때는 10박 11일 동안 러시아와 중국까지 취재했다. 이 작품을 쓰면서도 카메라를 들고 취재여행을 다녔다. 전라도 완도에 있는 청해진 유적지, 천년 왕국 신라의 자취가 곳곳에 남아 있는 경주, 현대사의 비극인 6·25의 탄환 자국이 그대로 남아 있는 철원의 노동당 당사…….

《우리도 몰랐던 한국사의 비밀 32가지 2》는 전작이 독자들로부터 좋은 호응을 받았기 때문에 또 썼다. 민족의 시원을 찾아보는 단군 이야기와 치우천왕, 백제가 충청도와 호남지역을 영토로 삼았던 것보다 한성에 더 오랫동안 나라의 중심이 있었다는 사실, 발해 공주 이야기, 정

사에서 다루지 않았던 조선에 온 코끼리 이야기를 비롯해 임진왜란 때 참전한 흑인병사와 같은 언저리 이야기도 담았다.

말갈을 만주족이나 이민족으로 생각하는 독자들이 많다. 그러나 말갈은 토착민, 또는 원주민이라고 해야 옳다. 금나라나 청나라는 모두 말갈족이 세운 나라다. 청나라는 두만강 유역의 건주여진의 누르하치가 세웠기 때문에 고구려, 발해의 후예들이라고 볼 수 있다. 밖에서 침략해 들어와 한 시대를 지배했던 민족이 아니라 처음부터 그 곳에 살았던 토착민이다. 역사는 이러한 사실을 추적할 때 더욱 재미있고 흥미로워진다. 역사에 대해 궁금해하고 역사에 대해 관심을 갖는 것은 우리 자신을 돌아보는 일이다.

"역사는 우리에게 많은 교훈을 준다. 또 역사는 되풀이되지 않는다. 우리가 맹목적으로 그것을 흉내내려 하거나 그것이 반복 혹은 침체되기를 기대해도 아무런 소득이 없을 것이다. 그러나 역사의 배후를 뒤져서 그것을 움직이는 힘을 찾아내려고 들면 우리는 무엇이고 배울 수 있을 것이다."

네루의《세계사 편력》에 있는 글이다. 우리는 역사에서 많은 것을 배울 수 있다.

이수광

차례

머리말

1장 고대시대

01 우리나라에는 왜 치우천왕의 사당이 없을까　10

02 일본은 왜 단군을 말살하려고 했는가　20

03 말갈족은 누루하치의 조상이었나　31

2장 삼국시대

04 도미부인은 누구인가　42

05 개로왕의 왕자 문주는 왜 공주에서 백제를 재건국했을까　50

06 낙화암에서 뛰어내린 백제의 삼천궁녀는 어디로 갔을까　61

07 고구려의 왕 성씨가 해 씨에서 고 씨로 바뀐 이유는 무엇인가　76

08 광개토대왕은 왜 삼국을 통일하지 않았나　84

09 강이식은 어떻게 수나라 30만 대군을 격파했나　94

10 미실은 어떻게 신라 최고의 요부가 되었나 100

11 장보고의 해상왕국 청해진은 왜 사라졌을까 123

12 천년 왕국 신라는 왜 멸망했을까 131

3장 발해시대

13 발해를 세운 대조영은 누구인가 138

14 발해 공주 홍라녀는 누구인가 145

15 발해는 왜 멸망했을까 153

4장 고려시대

16 누가 천추태후를 요부로 만들었나 168

17 최충원은 왜 고려왕이 되지 못했나 175

18 고려장은 진짜 고려의 풍습이었을까 185

5장 조선시대

19 조선에 온 코끼리는 어떻게 되었나　192

20 조선에 온 흑인병사는 누구인가　198

21 신사임당은 과연 현모양처인가　206

22 강홍립은 왜 조선의 역적이 되었나　215

23 조선의 공무원들은 숙직 때 무엇을 했나　226

24 그 많던 조선의 호랑이는 어디로 갔나　232

6장 일제강점기

25 안중근 의사의 아들은 왜 이토 히로부미 아들에게 사과했나　240

26 일제강점기 조선 민중의 자각운동은 어디서 왔나　248

27 백백교는 왜 세계 최고의 살인집단이 되었나　256

28 일본군 위안부는 누가 모집했나　270

29 연해주의 독립운동가 최재형은 누구인가　282

7장 해방에서 6·25전쟁까지

30 남로당의 박현영은 왜 숙청되었나　292

31 김구는 테러리스트였을까? 반민특위는 왜 해체되었나　299

32 남한과 북한은 왜 6·25전쟁을 향해 멈추지 않고 달려갔는가　317

1장

고대시대

01
우리나라에는 왜
치우천왕의 사당이 없을까

《한단고기》라는 책은 처음 나왔을 때 위서僞書 논쟁이 치열하게 일어나면서 순식간에 베스트셀러가 되었다. 일찍이 고대사를 다룬 역사서가 이토록 뜨거운 관심과 인기를 끈 일은 없었다. 《한단고기》는 민족의 자긍심을 불러 일으켰으며 그 중심에는 치우천왕蚩尤天王이 있었다. 독자들이 그토록 열광했던 것은 《한단고기》를 통해 민족의 시원始原을 찾고자 하는 염원과 광활한 만주 벌판, 요동에 대한 귀소본능 때문일 것이다.

만주 벌판과 요동에는 우리 민족의 시원이 있다. 고조선, 부여, 고구려, 발해가 모두 이곳에서 건국되었는데 우리는 너무나 오랫동안 잊고 있었던 것이다.

치우천왕은 2002년 한일 월드컵 때 다시 한번 바람을 일으켰고

붉은 악마의 상징이 되었다. 치우천왕의 대형 걸개그림을 관중석에 펼쳐 놓고 '꿈은 이루어진다' 라고 했던 '붉은 악마' 의 응원은 국민들의 가슴을 감동에 젖게 했다.

그렇다면 치우천왕은 누구인가?

치우천왕은 중국 신화의 시대인 삼황오제 때의 인물이다. 그러나 《한단고기》에 수록되어 있는 〈삼성기〉에는 14대 단군으로 이름은 자오지慈烏支, 재위 109년에 151세까지 산 것으로 기록되어 있다.

> 치우천왕은 동두철액銅頭鐵額을 하고 능히 큰 안개를 일으키듯 천하를 다스릴 수 있었고, 광석을 캐고 철을 주조하여 병기를 만드니 천하가 두려워하였다. 세상에서 치우천왕이라고 불렀는데 치우란 속된 말로 우레와 비가 크게 와서 산과 강을 크게 바꾼다는 뜻이다.

《한단고기》 중 〈삼성기〉에 있는 기록이다.

조선의 역사서에서는 치우천왕에 대해서 더 이상 찾을만한 기록이 없다.

그러나 중국 쪽의 기록은 의외로 많다.

신화의 시대에 중국은 묘족苗族이 중심을 이루고 있었으나 한족漢族이 갑자기 등장하면서 전쟁이 벌어지게 되었다. 중국 문명의 개조開祖라고 할 수 있는 한족 공손公孫 헌원軒轅은 중국을 지배하고 있던 묘족 신농神農과 싸워 대승을 거두었다.

이때 허베이 성 일대에 분포되어 있던 이족夷族의 치우가 부족을 이끌고 헌원을 침략해 왔다. 이 무렵은 사실상 원고시대로 글자도 없고 나라는 씨족국가, 혹은 부족국가 형태로 존재했다. 중국 대륙과 만주벌판 일대에 수많은 부족들이 존재했으나 봉건국가 형태도 갖추지 못하고 있었다. 이들 부족을 국가로 명명한 것은 후대의 역사가들이며 조상을 숭배하고자 하는 뿌리 찾기 차원에서 씌어진 것이었다.

치우가 동이족을 거느리고 침략해오자 헌원의 유웅국有熊國은 긴장했다. 치우가 워낙 용맹하여 그의 무리가 지나가는 곳은 폐허가 되었기 때문이다. 남자들은 처참하게 살해되거나 노예로 끌려가고 여자들은 치우의 부족에 짓밟혔다. 치우의 부족들이 맹수처럼 용맹하여 헌원의 한족은 저항할 수 없었다. 유웅국의 백성들은 치우가 나타난다는 소문만 들으면 사신死神을 만난 것처럼 공포에 떨었다.

"치우는 반인반수半人半獸의 요괴로 네 개의 눈目, 여섯 개의 팔, 구리銅로 된 머리를 가지고 있고 입으로는 안개를 뿜는다."

유웅국의 무리들에게 파다하게 퍼진 소문이었다. 치우에 대한 소문은 헌원에게도 알려졌다.

"치우라는 자가 그렇게 용맹하다는 말이오?"

헌원이 부족의 족장들에게 물었다.

"치우는 동이족의 대왕입니다. 동이족은 모두 범처럼 사나운 용사들입니다."

헌원의 부하들이 고개를 숙이고 대답했다. 치우가 다스리는 동이족은 황하의 북쪽에 살고 있었다.

"내가 치우를 쳐 없앨 것이다. 치우의 나라가 어디 있는가?"

헌원은 치우와 전쟁을 벌이기로 결심했다. 그는 치우와의 한 판 승부가 불가피하다고 생각했다. 어쩌면 중국의 맹주 자리를 놓고 판천의 넓은 들판을 피로 물들였던 신농과의 전쟁보다 더 무서운 전쟁이 될지도 모른다고 생각했다.

"치우는 탁록涿鹿의 북쪽에 있습니다."

탁록은 황하의 이북 지방으로 이족이 살고 있었다. 헌원은 10만 군사를 일으켜 치우를 공격하기 위해 출정했다. 헌원의 군사는 황하를 건너 수백 리를 진군하여 탁록으로 나갔다.

"대왕이시여, 유웅국의 헌원이라는 자가 탁록을 향해 오고 있습니다."

헌원의 움직임을 살핀 이족의 족장이 치우에게 달려와 보고했다. 치우는 백성들과 함께 사냥을 하고 농사를 짓고 있었다.

"헌원은 어떤 자인가?"

"묘족의 신농과 싸워 이긴 자입니다. 천제의 아들이라고 하고 있습니다."

족장의 보고에 치우의 얼굴이 굳어졌다. 헌원이 스스로 천제의 아들이라고 말한 것은 용서할 수 없는 일이었다.

"유웅국의 헌원이라는 자가 감히 천손이라고 자칭하고 나섰다.

헌원을 용서할 수 없다."

치우도 10여 만 명의 군사들을 이끌고 출정하여 탁록의 벌판에서 20만 대군이 격돌하게 되었다.

"동이의 치우는 들어라, 나는 천제의 아들 헌원이다. 천제의 아들인 나를 거역하고 네가 우리 화하華河를 침략한단 말이냐? 내가 너를 용서하지 않을 것이다!"

헌원은 말을 타고 앞으로 나가 치우를 향해 외쳤다.

"황하의 비겁자 헌원은 들어라! 천제의 아들이라 함은 나를 일컫는 것인데 네가 함부로 칭하니 내가 삼가 천제의 명을 받들어 너를 토벌할 것이다. 죽기 싫으면 제물을 바치고 물러가라!"

치우도 헌원에게 큰소리로 외쳤다.

"와아!"

치우의 군사들이 일제히 함성을 질렀다. 치우와 헌원은 각자의 진영 앞에서 한바탕 설전을 주고받은 뒤에 본격적으로 전투를 벌였다.

"돌격하라!"

헌원이 먼저 공격 명령을 내리고 창을 휘두르며 진격했다. 헌원의 뒤를 따라 군사들이 '와아' 하는 함성을 지르며 치우의 군사들을 향해 달려갔다.

"공격하라!"

치우도 뒤를 돌아보고 군사들을 향해 웅후하게 외쳤다. 치우의 군사들도 일제히 헌원의 군사들을 공격하기 시작했다. 양군은 치열한 전투를 벌였다. 때마침 헌원의 진영에 안개가 자욱하게 일어나 헌원의 군사들은 앞을 분간할 수 없었다. 치우는 이 틈을 노려 범처럼 사나운 군사들을 이끌고 헌원을 맹렬하게 공격했다. 돌도끼와 창이 난무하고 화살이 빗발쳤다. 피아 간에 병사들은 돌도끼에 맞아서 머리가 깨지고 팔다리가 잘렸다. 가슴이 터지고 내장이 쏟아져 나오는 병사들도 있었다.

탁록 북쪽의 넓은 들판이 피투성이 시체로 가득하여 밤이면 푸른 이리떼가 시체를 파먹고 돌아다녔다. 그러나 잔인한 전쟁은 계속되었다.

'아아 치우가 너무나 용맹하구나.'

헌원은 이 일전에서 대패했다.

"후퇴한다. 모두 물러나라."

헌원은 일단 군사들을 퇴각시켰다.

"대왕, 강을 건너 헌원을 공격해야 합니다. 헌원을 몰아내십시오."

동이족의 족장들이 치우에게 권했다.

"전쟁은 많은 사람을 죽게 만든다. 헌원이 스스로 반성할 때를 기다리라."

치우는 헌원을 공격하지 않았다. 헌원은 해가 바뀌자 다시 치우를 공격해 왔다. 헌원과 치우의 전쟁은 수년 동안이나 계속되었다. 헌원은 치우와 전쟁을 할 때마다 패했다.

'아아, 치우라는 자가 어찌 이토록 강한가?'

헌원은 숨이 막히는 듯한 기분이었다. 헌원의 군사들은 치우의 군사를 만나기만 해도 공포에 떨었다.

헌원은 소호少昊에게 군사들을 이끌고 치우를 공격하도록 지시했다. 치우와 소호가 처음으로 대전쟁을 벌인 곳은 색도索度였다. 치우는 81개의 부족을 거느리고 직접 출전했다. 소호는 처음부터 치우의 군대와 상대가 되지 않았다. 치우는 대군을 휘몰아 소호를 단숨에 격파했다. 소호는 색도에서 변변하게 싸우지도 못하고 대패하여 돌아왔다.

"소호가 패하여 돌아왔다고?"

유웅국은 발칵 뒤집혔다.

"예."

"대체 치우라는 자가 어떤 놈이냐?"

"그 자는 안개를 뿌린다고 하옵니다."

"치우를 죽이기 위해 짐이 다시 출정하겠노라. 중국은 모든 군사를 소집하라! 군사들은 창과 칼을 들고 나에게로 오라!"

헌원의 유웅국에는 또 다시 전운이 감돌았다. 장정들이 소집되고 병기들을 갈고 닦았다.

"나는 전쟁의 신이다."

치우는 회대淮岱에 웅거하여 갈로산葛魯山의 광석을 캐내 도개鉅鎧, 갑옷, 모극矛戟, 창, 대궁大弓, 활, 호시弧矢, 화살를 대량으로 만들어 군사들에게 지급한 뒤에 공상을 공격했다.

전쟁은 치열하게 전개되었다. 그러나 치우의 군사들은 우수한 병기를 가지고 헌원의 군사들을 공략했다. 헌원의 군사들은 치우를 만나면 도망치기에 급급했다. 치우의 군사들은 파죽지세로 공상 일대를 휩쓸어 9개의 제후국을 정복했다. 헌원은 치우의 군사들과 싸우면 연전연패를 했다.

치우는 헌원과 70여 차례의 크고 작은 전쟁을 벌여 모두 승리했다.

'이제는 더 이상 물러설 곳이 없다! 어떻게 하든지 사나운 치우의 군사들을 격파하지 않으면 우리 중국은 몰살을 당할 것이다!'

헌원은 비장하게 결의를 다졌다. 치우의 군사들이 지나가는 곳은 사람들의 씨가 말랐다. 치우의 군사들은 수백 리에 이르는 헌원의 영토를 휩쓸었다.

"중원의 전 제후국들은 탁록으로 집결하라! 북쪽의 오랑캐와 마지막 결전을 치를 것이다!"

헌원은 각 제후국에 영을 내려 탁록의 대평원에 집결하게 했다. 헌원의 영이 떨어지자 8백여 제후국에서 수많은 군사들이 기치창검을 앞세우고 달려왔다. 이들이 헌원의 영을 따르게 된 것은 정복자 치우로부터 계속 약탈을 당했기 때문이었다. 탁록의 평원에 이른 제후국의 군사들은 백만에 이르는 대군이었다.

"치우를 공격하라! 치우가 다시는 화하를 침략하지 못하도록 하라!"

헌원이 영을 내리자 백만 군사들이 거대한 함성을 지르며 노도처럼 치우의 군사들을 향해 달려갔다. 이것이 중국 고대사에서 가장 유명한 전투로 기록되는 탁록대전涿鹿大戰이다.

"우리는 이번 전쟁이 끝나면 요동으로 돌아간다. 요동에도 광활

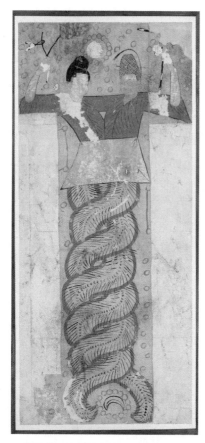
▲ 중국 창조신 복희와 여와. 여기에 신농씨를 합하여 삼황이라고 부른다. 삼황오제 중 첫 번째 황제가 헌원이다. 국립중앙박물관 소장

한 벌판과 비옥한 땅이 있다."

치우는 헌원과 마지막 전쟁을 벌이기로 했다. 헌원은 탁록에서 대규모의 군사를 휘몰아 치우의 군사들과 맞서 싸웠다.

치우는 자욱한 안개를 일으켜 헌원의 군대를 공격했다. 이에 헌원은 지남차指南車, 자석이 달린 수레를 발명하여 안개 속에 숨어 있는 치우를 공격했다. 헌원과 치우는 안개 속에서 치열한 격전을 벌인 끝에 헌원이 가까스로 승리를 거두었다.

치우천왕은 탁록대전에서 전사했다. 치우는 헌원과 70여 차례의 전투에서 모두 승리했기 때문에 그는 전쟁의 신으로 불렸고 이민족인데도 불구하고 중국인들은 그의 사당을 건립하고 전쟁에 출정할 때는 제사를 지냈다.

우리나라에 치우의 사당은 하나도 없다. 중국의 허베이 성 탁록지방에는 치우를 모신 사당이 있는가 하면 무덤도 여러 개가 있다. 치

우가 탁록대전에서 전사했을 때 헌원이 그의 몸을 여러 토막으로 잘랐기 때문이었다.

단군 이야기가 고대사이면서 신화이듯이 치우천왕도 고대사이면서 신화다.

그가 온전하게 우리나라의 신화나 역사로 편입되려면 더 많은 고증과 연구가 필요하겠지만 우리가 먼저 사당을 건립하고 그를 숭배하는 치우제蚩尤祭 같은 행사가 필요할 것이다. 우리가 치우천왕을 마음에 담으면 우리 것이 되고 우리가 담지 않으면 남의 것이 된다.

02
일본은 왜
단군을 말살하려고 했는가

10월 3일 개천절은 단군왕검이 나라를 처음 연 날을 뜻하기도 하지만 환웅이 환인의 뜻을 받들어 태백산 신단수로 내려와 홍익인간으로 이화세계의 대업을 시작한 날이기도 하다. 개천은 제천의식의 하나인데 부여의 영고迎鼓, 예맥의 무천舞天, 고구려의 동맹東盟이 모두 제천의식을 거행하는 행사였다.

우리 민족의 탄생 설화는 천손강림설天孫降臨說이다. 알이나 동굴에서 태어난 것이 아니라 하늘에서 내려온 하늘의 자손이다. 우리가 시조로 모시는 단군왕검은 하늘에서 왔고 그래서 우리는 하늘에 제사를 지내는 것이다.

그렇다면 단군왕검은 누구인가.

삼국유사의 단군신화에 《위서魏書》와 《고기古記》를 인용한 기록이 보인다.

《위서》에 다음과 같은 기록이 있다.

> 2000년 전에 단군왕검이 있었는데, 아사달에 도읍을 정하고, 나라를 열어 국호를 조선이라 하니, 요 임금과 같은 시대이다.

《위서》에 이와 같은 기록이 있다는 것은 단군왕검이 단순하게 신화가 아니라 실제로 존재했던 인물이고 고대사라는 사실을 의미한다. 단군왕검이 신화이면서 우리의 고대사가 되는 것은 이러한 기록들 때문이다.

《고기》에 다음과 같은 기록이 있다.

> 옛날에 환인의 여러 아들 중 환웅이 있었는데, 자주 하늘 아래 세상에 뜻을 두어 인간 세상을 다스려 보고자 하였다. 아버지 환인이 아들의 뜻을 알고, 삼위태백三危太伯을 내려다보니, 널리 인간을 이롭게 할 만한 곳이었다. 이에 천부인天符印 세 개를 주어 보내면서 그곳을 다스리게 하였다. 환웅은 무리 3000명을 거느리고, 태백산 꼭대기 신단수 아래에 내려왔는데, 이곳을 신시라고 하니, 이 분이 환웅천왕이다.
> 풍백風伯과 우사雨師와 운사雲師를 거느리고, 곡식·생명·질병·형벌·선악 등 인간 360여 가지 일을 주관하여 다스리고 교화시

켰다.

이때에 곰 한 마리와 범 한 마리가 같은 굴에 살고 있었는데, 항상 환웅桓雄에게 인간이 되기를 빌었다. 이때 환웅이 영험한 쑥 한 줌과 마늘 20개를 주면서 말하였다.

"너희들이 이것을 먹고 100일 동안 햇빛을 보지 않으면 사람이 될 것이다."

곰과 범은 그것을 먹고 21일 동안 금기를 지켜서 곰은 여자가 되었으나, 범은 금기를 지키지 못하여 사람이 되지 못하였다. 웅녀熊女는 혼인할 사람이 없었으므로 매일 신단수 아래에서 아이를 갖게 해 달라고 빌었다. 환웅이 임시로 인간으로 변해서 그녀와 혼인하여 아들을 낳으니, 이름을 단군왕검이라 하였다. 그는 요임금이 즉위한 지 50년 되는 경인년에 평양성을 도읍으로 삼고, 비로소 조선이라 불렀다. 또 백악산 아사달로 도읍을 옮겼는데, 궁홀산에서 1500년 동안 나라를 다스렸다.

주周나라 무왕이 기묘년에 즉위하여 기자箕子를 조선에 봉하자 단군은 이에 장당경으로 옮겼다가, 뒤에 아사달에 돌아와 숨어살면서 산신이 되었다고 하니, 수명은 1908세였다.

단군은 태백산의 신단수神檀樹 아래에서 나라를 열었다. 신단수는 박달나무로 단군의 단檀자는 박달나무를 뜻하여 단군은 박달나무족의 임금이라는 뜻이 된다. 우리 민족을 배달민족으로 부르는 것은 박달에서 유래되었고 왕검은 배달국 왕의 한 사람이었다. 그러나

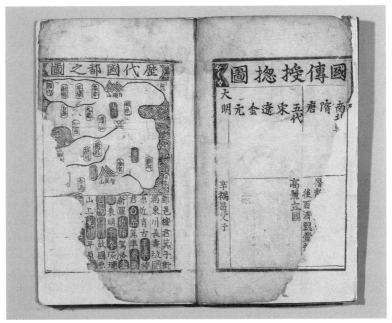

▲ 《표제음주동국사략標題音註東國史略》조선 중종 때 유희령에 의해 편찬된 통사로서 고조선을 비롯한 고대사에서 고려시대까지를 간략히 찬술한 역사서다. 국립중앙박물관 소장

민족의 시원인 단군왕검도 신화와 역사가 뒤엉켜 고대사로 편입되었다.

단군왕검은 인간을 널리 이롭게 하기 위해 홍익인간을 주창했고 이는 우리의 민족정신이 되었다. 단군은 배달국 왕이라는 뜻으로 《위서》에서 조선이라고 국호를 정했다는 것은 배달국에 이어 조선이 세워졌을 가능성도 있다. 우리가 고조선이라고 부르는 것은 이성계가 세운 조선과 구별하기 위해서다.

배달국이 고조선보다 앞서 있어야 치우천왕이 헌원과 같은 시대의 인물이 되는 것이다. 그러나 신화로 뒤엉킨 고대사를 일목요연하게 정리할 수는 없다. 치우천왕은 삼황 때의 인물이고 단군왕검은 요 임금 때의 인물이다.

단군신화는 나라가 위기에 빠지고 민족이 어려울 때 구국의 상징이 되고는 했다.

삼국시대 때는 국교가 정해지면서 단군은 크게 조명받지 못했다. 그러나 고려 때 몽고가 침략을 하자 민족정신을 일깨우려는 사람들에 의해 단군이 다시 조명되어 많은 책들이 이 시기에 쓰였다. 그러나 이러한 책들이 조선시대에 모두 사라졌다.

"《고조선비사古朝鮮秘詞》《대변설大辯說》《조대기朝代記》《주남일사기周南逸士記》《지공기誌公記》《표훈삼성밀기表訓三聖密記》《안함 노원 동중삼성기安含老元董仲三聖記》, 문태산文泰山, 왕거인王居人, 설업薛業 등의 《삼인 기록三人記錄》《수찬기소修撰企所》의 1백여 권卷과 《동천록動天錄》《마슬록磨蝨錄》《통천록通天錄》《호중록壺中錄》《지화록地華錄》《도선 한도참기道詵漢都讖記》 등의 문서文書는 마땅히 사처私處에 간직해서는 안 되니, 만약 간직한 사람이 있으면 진상進上하도록 허가하고, 자원自願하는 서책書冊을 가지고 회사回賜할 것이니, 그것을 관청과 민간 및 사사寺社에 널리 효유曉諭하라."

세조가 팔도관찰사에게 영을 내렸다.

"신령스럽고 이상한 일. 《단군고기檀君古記》에 이르기를, "상제上帝 환인桓因이 서자庶子가 있으니, 이름이 웅雄인데, 세상에 내려가서 사람이 되고자 하여 천부인天符印 3개를 받아 가지고 태백산 신단수 아

24

래에 강림하였으니, 이가 곧 단웅천왕檀雄天王이 되었다. 손녀孫女로 하여금 약藥을 마시고 인신人身이 되게 하여, 단수檀樹의 신神과 더불어 혼인해서 아들을 낳으니, 이름이 단군이다. 나라를 세우고 이름을 조선朝鮮이라 하니, 조선, 시라尸羅, 고례高禮, 남북 옥저南北沃沮, 동북부여東北扶餘, 예濊와 맥貊이 모두 단군의 다스림이 되었다."

《삼국유사》는 《고기》를 참고로 하여 쓰였지만 《조선왕조실록》〈세종실록지리지 평안부〉의 내용에 《단군고기》의 내용이 실려 있다. 그러므로 조선조 초기까지 《단군고기》도 존재한 것이다.

《한단고기》가 수록하고 있는 《단군세기》나 《삼성기》 등의 책들이 모두 고려 때 몽고가 침략했을 때 쓰인 것은 단군을 중심으로 민족 정신을 일깨우기 위한 것이었다.

조선의 성리학자들은 오로지 공자와 맹자를 숭배했다. 중국에 사대를 하는 그들에 의해 고조선, 부여, 단군왕검은 잊혀졌다.

성인이 동해 땅에서 태어나시니	有聖生東海
때는 요 임금과 같은 때였네	于時竝放勳
동쪽에서 뜨는 해를 맞이하여	扶桑賓白日
박달나무 위 푸른 구름 위로 솟았네	檀木上靑雲
세상에 나라가 처음 세워질 때고	天地侯初建
산과 강이 나누이지 않은 때였네	山河氣不分
창업 후에 천년 누린 태평성대를	戊辰千歲壽
나는 우리 임금에게 바치고 싶네	吾欲獻吾君

조선 중기의 문신 김세렴의 〈단군사檀君祠〉라는 제목의 시로 단군왕검에 대한 찬가와 조선의 임금이 그와 같이 태평성대를 여는 임금이 되기를 바라는 뜻으로 지어졌다. 조선시대에 단군왕검을 찬송하는 것은 드문 일이었다.

　일본은 일본의 신도神道와 일본어, 일본 역사를 조선인들에게 교육하려고 했다. 조선을 지배하는 것이 일본의 특별한 은혜이고 일본사는 국사가 되고, 조선의 역사는 조선사가 되었다. 일본어는 국어가 되었다.

　민족의 개조開祖, 민족의 개국 영웅인 단군왕검은 신화로 전락하고 숭배하는 것이 금지되었다.

　단군왕검이 나라를 처음 연 곳은 신시神市로 이 지역이 어디인지는 정확하게 가늠할 수 없다. 요동의 어느 지역이라고 예측되는데, 요동은 부여, 고조선, 발해, 고구려가 건국된 땅이었다. 사실 우리 민족은 대륙에 뿌리가 있다. 그러나 신라가 삼국을 통일하면서 우리 민족은 한반도를 중심으로 살게 되는 작은 나라가 되었다.

　고려의 우왕과 최영은 요동정벌론을 일으켜 이성계와 조민수에게 5만 대군을 주고 출정하게 했다. 여러 가지 정치적 상황이 있을 수도 있으나 요동정벌은 우리 민족의 옛 땅을 되찾는 것이고 만주벌판을 호령하던 시절로 다시 돌아가려는 귀소본능에 의한 것이다.

　고려의 요동정벌은 이성계가 위화도에서 회군하면서 실패했다.

　정도전은 이성계를 도와 조선을 건국한 뒤에 요동정벌론을 일으켰다.

정도전은 1384년 이성계가 있는 함주에 다녀온 뒤에 그의 천거로 전의부령典儀副令이 되고 정몽주의 서장관으로 명나라에 다녀왔다. 정도전은 명나라를 다녀오면서 광활한 요동땅을 보았다.

'이 곳은 옛날에 고구려와 발해가 다스렸던 땅이 아닌가? 우리는 부국강병하여 요동을 되찾아야 한다.'

정도전은 고구려인들과 발해인들이 천군만마를 이끌며 요동을 내달렸던 시절을 생각했다. 그러자 가슴 속에서 뜨거운 기운이 솟아오르는 것 같았다. 그는 이성계가 조선을 건국하자 비로소 요동정벌론을 일으켰는데 조준이 극렬하게 반대했다. 정도전은 조준에게 실망했으나 이성계의 허락을 받아 군사훈련을 더욱 강화했다. 군기를 삼엄하게 하여 훈련을 태만히 하는 자는 매질까지 했다. 이어 훈련을 게을리 하는 부대의 장군들을 탄핵했다.

"전하께서 무신들에게 진도陣圖, 군사 훈련를 강습하도록 명령한 지가 몇 해가 되었는데도, 절제사 이하의 대소 원장大小員將들이 스스로 강습하지 아니하고 그 직책을 게을리 하니, 그 양부兩府의 파직된 전함前銜은 직첩을 관품官品에 따라 수취收取하되 1등을 강등시킬 것이며, 5품 이하의 관원은 태형을 집행하여 뒷사람의 본보기로 삼으소서."

사헌부에서 아뢰었다. 정도전이 뒤에서 사헌부를 움직였기 때문이다.

"개국 공신과 왕실의 지친, 원종공신은 죄를 논의할 수 없으니, 그 당해 휘하 사람은 모두 각기 태형 50대씩을 치고, 이무李茂는 관직을 파면시킬 것이며, 외방 여러 진鎭의 절제사로서 진도를 익히지 않는 사람은 모두 곤장을 치게 하라."

이성계는 장수들에게 곤장을 치라는 명을 내렸다. 정도전은 요동 정벌을 위해 군량을 비축하고 군사훈련을 강행했으나 이방원이 왕자의 난을 일으키면서 실패로 돌아갔다.

정도전의 요동정벌이 실패한 뒤에 조선은 성리학자들이 다스리게 되었다. 그들은 공자를 성인으로 떠받들면서 단군왕검에 대해서는 철저하게 무시했다. 성리학자들은 사대주의에 빠져 명나라와 청나라의 속국으로 안주했다.

"꿈에 추로鄹魯, 맹자와 공자의 땅에 갔는데 깨어나서도 너무나 감격하여 눈물이 흘러내렸다."

조선의 선비들은 꿈에 맹자와 공자의 고향에 갔다가 온 것도 감격할 정도로 사대주의가 극심했다.

조선은 일본의 침략을 받았고 마침내 멸망하게 되었다. 일본은 조선을 식민지로 만들면서 조선의 민족정신까지 말살하려고 했다. 그 중심에 있는 것이 국어와 국사의 말살이었고 민족의 시원이고 국조라고 할 수 있는 단군에 대한 말살이었다.

이에 대해 애국지사들은 격렬하게 반발했다. 신채호는《조선상고사》를 집필했고 장지영, 최현배, 이병기 등은 〈조선어연구회〉를 조직하여 한글 연구와 강연을 가졌다.

나철羅喆은 대종교大倧敎를 설립하여 단군 숭배와 단군 사상을 널리 알리는 일을 했다. 나철은 철종 14년(1863년)에 태어나 고종 때 문과에 급제했으나 일본의 침략이 심해지자 관직에서 물러나 호남출신 지사들을 모아 유신회를 조직하여 구국운동을 전개했다. 그는 을사오적의 암살 계획을 세우기도 하고 이토 히로부미의 조선 침략에 맞서 일본에 건너가 단식투쟁을 하기도 했다.

이때 두일백杜一白이라는 도인이 찾아와 민족종교 단군교를 세우라는 가르침을 주었다. 나철은 귀국하자 서울의 재동에서 '단군대황조신위'를 모시고 제천의식을 거행했다.

'우리가 일본에 침략을 당한 것은 민족정신을 제대로 세우지 못했기 때문이다.'

나철은 단군을 받드는 대종교를 세우고 초대 교주가 되었다. 그는 강화도 마니산의 제천단과 평양의 숭령전을 순방하고 교세를 확장해 나갔다. 이에 일본이 대종교를 불법화했다. 일본은 조선인들이 민족정체성을 찾으면 식민지 정책에 방해가 된다고 생각했다. 조선의 일본화를 위해서 국어와 역사를 말살하고 단군의 존재를 부정해야 했다. 그러나 우국지사들은 민족정체성 찾기에 주력했고 신채호는 《조선상고사》를 집필하여 이에 맞섰다.

신채호는 단군, 기자조선, 위만, 삼국시대로 이어진 종래의 고대사를 부정하고 대단군조선, 고조선, 부여, 고구려를 중심으로 전개하여 민족의 중국전래설을 부정하고 독립적인 역사 인식세계를 확립한 것이다

나철은 황해도 구월산으로 들어가 수행하다가 운명했다.

나철은 죽었으나 단군에 대한 숭배는 민족정신 회복 차원에서 계속되었다. 대한민국 임시정부는 음력 10월 3일을 개천절로 명명하고 경축일로 삼았다.

대한민국 정부가 수립된 뒤에도 10월 3일을 개천절로 삼았으나 음력이었기 때문에 해마다 새로 환산하는 일이 번거롭다고 하여 양력 10월 3일로 개천절을 정했다.

한때 초등학교에 세워져 있는 단군상의 목을 자르는 일이 잇달아 발생하여 국민들을 충격에 빠트린 일이 있다. 한 종교단체가 우상 숭배라는 이유로 단군상을 파괴했으나 이는 민족의 시원과 국조를 부정하는 일이다.

03
말갈족은
누루하치의 조상이었나

우리는 고대 역사를 읽을 때 자주 등장하는 말갈靺鞨을 보게 된다. 말갈은 대체적으로 수당隋唐시대에 중국 북동부지역에서 한반도 북부지역까지 활동했던 부족을 일컫는다. 춘추전국시대인 주周나라 때는 숙신, 진시황시대를 지나 한漢나라가 되었을 때는 읍루라고 불렀다.

말갈은 세력이 약해지면서 여러 부족으로 나뉘었고 농사를 짓던 예맥 계통의 속말말갈, 백산말갈과 수렵으로 생활했던 불열말갈, 백돌말갈, 호실말갈이 있었고 흑룡강 쪽에는 흑수말갈과 안치돌말갈이 있었다. 그러나 광활한 만주 벌판과 압록강과 두만강 유역에는 작은 말갈족이 무수히 많았다.

우리는 말갈족이라고 하면 정체가 희미한 이민족을 떠올린다. 말갈족은 사방에 존재하고 있었으나 그들이 누구인지 정확하게 알지 못했다. 말갈족은 엄밀하게 말하면 요동과 만주 일대에 당시 기준으로 문명화되지 않은 원시족들이었다. 문명화된 고조선인이나 부여인들은 나라를 세워 그 지역을 다스렸으나 말갈족은 사냥을 하거나 농사를 지으면서 무리를 지어 살았다.

말갈족은 우리와 다른 민족이 아니었다. 말갈족은 오랫동안 우리역사의 중심에 있었고 여진女眞, 또는 女直으로 이름이 바뀐 이후 고려에서 청나라 때까지 우리 역사의 중심에 있었다. 말갈과 여진을 부정해 버리면 우리는 고대사의 고조선과 부여, 고구려, 발해까지 부정하게 된다.

고조선과 부여는 말갈족이 활동하던 지역에 강역이 있었다. 말갈족은 고조선인이었고 부여인이고, 고구려인이고 발해인이라고 할수 있다.

"고구려는 본래 부여의 별종別種이다."

《구당서舊唐書》의 〈동이열전〉에 있는 기록이다. 여기서 별종이라는 말이 모호하기 짝이 없다. 고구려의 구성원은 부여족과 말갈족이다. 문명족인 부여족이 원시족인 말갈을 이끌고 고구려를 세운 것이다. 그렇다면 부여족과 말갈족은 전혀 다른 족속일까. 그렇지 않다. 그들은 같은 지역에 살고 있었으나 문명과 원시의 차이가 있었을 뿐이었다.

고구려가 멸망한 뒤에 대조영은 발해를 건국했는데 전성기에는 만주 일대가 대부분 발해의 강역이었다. 이때도 발해는 흑수말갈을 제외한 수많은 말갈족과 함께 나라를 다스렸다. 이 무렵의 이민족은 유목민족인 거란족과 몽고족이었다. 말갈족은 수렵과 사냥을 하는 원시부족이었다.

말갈족이 원시부족이라고 하는 것은 《백제본기》에도 나타나고 있다.

"말갈이 우리의 북부 국경과 인접하여 있는데, 그 사람들은 용맹스러우면서도 거짓말을 잘한다. 그러므로 우리는 병기를 수선하고 식량을 저축하여, 그들을 방어할 계책을 세워야 한다."

《백제본기》의 기록으로 온조가 백제를 건국하고 불과 2년밖에 되지 않았을 때 내린 영이다. 온조는 한성에 백제를 건국했으므로 말갈이 한성 주위에 있는 것이다. 이를 보면 말갈은 원시족이고 토착민을 일컫는 용어라는 사실을 알 수 있다.

백제는 말갈족의 침략으로 골머리를 앓고 있었다.

말갈족은 10세기를 전후하여 여진족으로 불리게 되었다. 발해가 멸망한 후에 만주에서 남동쪽으로 이주한 말갈족은 생여진生女眞, 서쪽에서 거란의 통치를 받은 말갈족을 숙여진熟女眞이라고 불렸다.

1115년 생여진 완안부完顔部의 추장 아골타阿骨打가 부족을 이끌고 궐기하여 금金나라를 세웠다.

완안부는 송화강 일대 하얼빈의 동남부에 있었다. 거란인인 야율아보기가 세운 요나라의 지배를 받지 않은 생여진으로 고구려와 발해의 땅에 흩어져 살았다. 완안부는 생여진의 한 부족으로 점차 부

▲ 여진 혹은 여직이라고 불리던 말갈인들이 살던 두만강. 건주여진에서 누르하치가 일어나 청나라를 세웠다.

족을 통일해 나갔다. 이들은 두만강 일대까지 진출했다. 그렇다면 아골타와 완안부는 어느 민족인가. 고구려시대 이후 만주는 우리와 직접적으로 함께 하지 않았다. 긴 세월이 흐르는 동안 언어도 달라지고 풍속도 달라졌다.

아골타가 세운 금나라는 서쪽으로 진격하여 거란을 몰아내고 중국 대륙 대부분을 차지했다. 그러나 금나라는 발해의 구성원이었던 발해 유민인 말갈족이 세운 나라였다. 말갈족을 부정하게 되면 고구려와 발해도 부정하게 되고 말갈족을 우리 민족으로 받아들이면 금나라가 우리 역사로 편입되어야 한다.

중국 대륙을 휩쓸던 금나라는 불과 1백여 년을 존재했다가 멸망했다. 말갈족은 다시 역사의 뒤안으로 사라졌다.

한반도에는 고려가 멸망하고 조선이 건국되었다. 금나라가 멸방한 뒤에 흩어진 말갈족의 일부는 압록강까지 내려와 조선과 충돌했다.

이두란은 여진 출신이었으나 고려에 귀순했고 이성계를 주군으로 모셔 조선인이 되었다.

세종의 업적 중 빼놓을 수 없는 것이 4군四郡, 압록강 상류의 여연閭延, 자성慈城, 무창武昌, 우예虞芮과 6진六鎭, 두만강 하류 남쪽에 종성, 회령, 경원, 경흥, 온성, 부령을 개척한 일이다. 이는 압록강과 두만강 이남이 우리 영토로 확보된 결정적인 계기였다.

고려를 개국했을 때는 압록강과 두만강 남쪽의 대동강까지 발해의 영토였다. 그러나 발해가 거란족이 세운 요遼 나라의 태조 야율아보기耶律阿保機에 의해 멸망함으로서 이 지역은 무주공산이 되어 여진족이 자리 잡고 있었다.

고려는 건국 이후 차츰 북방으로 진출하여 의주와 함주咸州, 함흥 일대까지 영토로 확장했으나 백두산 일대는 산세가 험준했기 때문에 방치해 두고 있었다.

여진족은 압록강 일대에서 활약하면서 조선을 침략하고 약탈했다.

1418년세종 원년 함길도 경원 병마절제사 조비형曹備衡이 장계를 올렸다.

"신사민新徙民, 새로 이주한 백성 4백 호 가운데서 그 당시 도착한 사람은 다만 1백 80호에 불과했으므로, 무인년(1398)에 공주성孔州城을 중수하여 경원부慶源府를 설치하고, 도내의 부유한 백성들을 이주시 켰으나 그 후 또 다시 병란을 겪게 되자 백성들이 사방으로 흩어지 고 말았습니다.”

태조 이성계는 함길도에 경원부를 설치하고 4백호, 약 2, 3천 명 의 백성들을 이주시켜 마을을 이루고 살게 했었다. 경원부는 두만 강과 인접해 있고 대륙의 여진족들이 언제나 건너올 수 있었다. 경 원부 일대에 살던 여진족들도 있었다. 그들은 이주민들이 들어오자 대륙으로 쫓겨 갔으나 고향을 잊지는 않았다. 걸핏하면 두만강을 건너 침략하여 약탈을 하고 부녀자들을 납치해 갔다.

조비형의 장계는 여진족들의 침략으로 이주민들이 견디지 못하 고 흩어졌다는 것이다. 이주민들은 원주민들이나 다름없는 여진족 들의 침략, 추위와 질병, 맹수들의 습격으로 정착을 하는데 많은 어 려움을 겪었다. 이주민들은 개척자였고 세종은 이들을 보호하기 위 해 모든 지원을 아끼지 않았다.

세종은 병조와 상의하여 함길도 도내에서 산업을 갖고 있지 않은 자들을 그곳으로 이주시켜서 3년 동안 요역徭役을 시키지 말고 조세 를 면제해 주게 했다. 세종은 부역과 세금까지 면제해 주면서 이주 정책을 실시하고 있던 것이다.

“평안도는 중국과 국경이 인접하였는데, 백성이 매우 드물고 적 으므로 하삼도下三道, 전라도, 경상도, 충청도의 백성들을 옮겨다가 충실하 게 하여 후환에 대비하고자 한 것이 1년 반이 되었다. 그러나 백성 들을 옮겨간다는 것은 중대한 일이어서 반드시 원성이 일어날 것이므로 아직껏 과단하여 실행하지 못하였다. 만약 그곳에 들어가 살게 한다면 10년 동안 복호復戶, 각종 부역에 종사하지 않게 하는 것하고 세금도 면제하는 것이 어떠하겠는가?"

세종이 대신들에게 물었다.

"오로지 평민만으로써 들어가 살게 한다면 원망이 매우 심할 것이지만, 만약 범죄자를 옮겨 간다면 거의 원망의 폐단이 없을 것입니다. 당나라 태종이 일찍이 남쪽 지방의 죄수들을 옮겨다가 요동을 충실하게 하였으니 마침내 인구가 조밀하게 되었습니다. 그 백성들이 비록 원망을 하더라도 어찌 죄 없는 백성과 같겠습니까."

우의정 맹사성이 대답했다. 백두산 일대는 개마고원의 험산준령이 놓여 있었다. 이러한 고원에 들어가 사는 것은 사실상 죽음을 각오하지 않으면 안 되었다. 농사를 지으면서 여진족과 전쟁까지 해야하는 이주민들은 많은 희생이 따랐다. 태고의 원시림에는 맹수들이 우글거렸고 강 건너에는 여진족들이 살고 있었다. 세종은 특단의 대책을 세워 십악대죄를 저지른 살인자 외의 범죄자들을 모두 무죄 방면하여 개척자가 되도록 내몰았다.

"죄수가 몇 사람이나 되느냐."

"범죄자는 반드시 많지 않을 것입니다. 또 강제로 옮기는 것은 인정상 어려운 일이니 갑자기 실행하는 것은 좋지 않습니다. 평안도의 백성이 비록 희소하였다고 하나, 지금은 평양에서 북으로 강계에 이르기까지, 서로 의주에 이르기까지 성보城堡가 서로 바라보이고, 닭우는 소리와 개짖는 소리가 서로 들립니다. 다만 근년에 흉년으로 인하여 타도他道로 떠난 자가 자못 많습니다. 이제 그들을 돌아오게 하는 것은 7, 8년 동안 그들의 요역徭役을 면제하고 조세를 감하여 준다면 처음에는 비록 원망할지라도 마침내는 반드시 고향으로 돌아온 것을 기뻐할 것입니다."

병조판서 최윤덕이 아뢰었다.

"그 법은 이미 정해져 있으니 마땅히 다시 거듭 밝혀 시행하여야 하겠다."

세종이 말했다. 세종은 맹사성의 건의로 압록강과 두만강 지역에 사람들을 이주시키기 위해 여러 가지 혜택을 베풀었다.

"양민이라면 그곳의 토관직을 주어 포상하고, 향리鄕吏나 역리驛吏라면 영구히 그의 이역吏役을 해제하여 주며, 노비라면 영구히 풀어주어 양민이 되게 해주어야 합니다."

세종은 병조의 건의를 받아들여 이주하는 백성들에게 특혜를 베풀었다.

말갈족은 이후 한동안 잠잠했다. 그러나 16세기 말이 되면서 건주여진建州女眞에 걸출한 영웅 누르하치가 태어나 여진을 통일하고 후금을 세웠다가 국호를 청나라로 바꾸었다.

청나라는 이후 조선을 침략하여 정묘호란과 병자호란을 일으킨 뒤에 중국을 통일하여 300년 동안 존속했다.

청나라의 태조인 누르하치는 건주여진 소위 말갈족이었다.

건주여진은 5개의 부족으로 되어 있었는데 누르하치의 부족은 약한 부족이었다. 그는 할아버지와 아버지가 명나라의 요동 장군이었던 이성량에게 피살되자 복수할 것을 피로 맹세했다. 그는 명나라를 공격하는 대신 건주여진 5부족을 먼저 통일하고 명나라와 싸워 대청제국을 건설했다.

금나라의 금은 여진말로 애신각라愛新覺羅라고 하여 한때 금나라가 신라의 후예가 만주에 가서 세운 나라라는 주장이 제기되기도 했다. 그러나 금나라는 만주족이 세운 나라고 만주족은 여진, 거슬러 올라가면 말갈족이다.

이제 우리는 말갈족이 누구인가를 살펴보아야 한다. 말갈족은 고구려와 발해의 구성원이고 토착민, 비주류다. 비주류라고 해서 우리의 조상이 아닌 것은 아니다. 복잡하기는 해도 금사와 청사도 우리 역사로 편입하면 동북공정을 실시하고 있는 중국은 어떤 표정을 지을까.

학자들은 말한다. 역사는 국수적이 되어서는 안 된다고. 고구려의 역사는 고구려인의 것이고 발해의 역사는 발해인의 것이고 그 땅에 살고 있는 사람들의 것이라고. 그렇다면 우리는 조상도 잃게 되고 뿌리도 사라지게 된다.

말갈족은 우리 조상의 역사에 들어와야 하는 것이다.

2장

삼국시대

04
도미부인은 누구인가

고조선과 부여는 신화시대이고 기록이 없기 때문에 전래의 시대다. 그러나 고구려와 백제, 신라가 개국되면서 기록의 시대가 되었다. 김부식이 편찬한 삼국사기는 《고기古記》《삼한고기三韓古記》《신라고사新羅古史》《구삼국사舊三國史》와 김대문金大問의 《고승전高僧傳》《화랑세기花郎世記》《계림잡전鷄林雜傳》 및 최치원崔致遠의 《제왕연대력帝王年代曆》 등의 방대한 기록을 바탕으로 집필한 것이다.

기록의 시대가 되면서 다양한 열전이 쓰여 삼국시대 사람들의 사상과 생활사를 엿볼 수 있게 되었다.

백제 사람들은 어떻게 살았을까? 백제는 한성에 도읍을 정했기 때문에 농경문화가 발전했다. 〈정읍사〉를 보면 상업도 발달했고 장사를 나간 남편이 무사히 돌아오기를 기다리는 여인의 마음이 잘 표현되어 있다. 백제 건국 초기에 남녀가 혼인을 하고 부부가 마음이 변치 않는 것을 미덕으로 여기는 풍속도 있었다. 이는 도미^{都彌}부인 설화에 잘 나타나 있다

　도미부인은 한성백제 사람이다. 그녀는 아름답고 정숙한 행실을 갖고 있었다. 남편 도미도 예의바르고 착한 사람이어서 도읍 위례성 사람들이 모두 좋아했다. 도미와 도미부인은 농사를 지으면서 행복하게 살았다. 도미의 부인이 아름답고 정숙한 여인이라는 소문이 널리 퍼지자 백제 제4대 개루왕^{蓋婁王}도 그 사실을 알게 되었다. 개루왕은 여자의 정절을 믿지 않았다.

　"도미의 부인이 그토록 정절이 뛰어나다는 말인가?"
　개루왕이 술을 마시면서 신하들에게 물었다.
　"과연 그러하옵니다."
　신하들이 일제히 대답했다.
　"여자가 정절을 어찌 지키겠느냐? 부귀와 권세가 있는 사람이 유혹을 하면 넘어갈 것이다."
　"신들은 알 수 없으니 도미를 불러 물어보소서."
　"그렇다면 도미를 불러라."
　개루왕이 왕명을 내렸다. 이에 군사들이 도미를 개루왕에게 데리고 왔다. 개루왕이 도미를 가만히 살피자 지극히 평범한 사내였다.
　'저런 인간이 뭐가 좋다고 정절을 지키겠는가?'
　개루왕은 도미가 가소로웠다.

"그대의 부인이 정절이 뛰어나다는 말을 들었다. 과연 그런가?"

개루왕이 도미를 가만히 살피면서 물었다.

"남자와 여자가 혼인을 하여 부부가 되면 정절을 지키는 것이 당연한 일입니다."

도미가 공손하게 대답했다.

"여자의 덕은 정절을 지키는 것으로 으뜸을 삼지만 본성은 그렇지가 않다. 부귀와 재물로 유혹을 하면 마음이 움직일 것이다."

"그런 여자도 있을 수 있으나 신의 아내는 그렇지 않을 것입니다."

"화려한 비단과 맛있는 음식에도 유혹되지 않겠는가?"

"유혹되지 않을 것입니다."

도미가 단호하게 대답했다. 개루왕은 마땅치 않은 시선으로 눈살을 찌푸렸다. 신하들도 도미부인이 유혹에 넘어갈 것이라느니 넘어가지 않을 것이라느니 하면서 수군대고 있었다.

"만약 아무도 없는 으슥한 곳에서 달콤한 말로 유혹을 하면 겉으로는 안그런 척 하면서 얼굴이 붉어지고 가슴이 뛸 것이다."

"사람의 일은 알 수 없는 것이지만 저의 아내는 목에 칼이 들어와도 변하지 않을 것입니다."

"그렇다면 내가 시험을 해볼 것이다."

개루왕은 도미를 왕궁에 머물러 있게 하고 건장한 무사를 왕으로 분장시켜 도미부인의 집으로 보냈다. 도미부인은 남편은 돌아오지 않고 화려한 왕의 수레가 무수한 시종들을 이끌고 오는 것을 보고

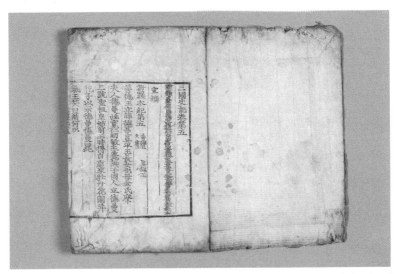

▲《삼국사기》고구려 · 신라 · 백제의 역사를 김부식 등이 편찬한 것이다. 국립중앙박물관 소장

깜짝 놀랐다. 길가에는 사람들이 구름처럼 모여들어 가짜 왕의 수레를 보고 환호하고 있었다.

'대체 무슨 일일까?'

도미부인은 미간을 곱게 접었다. 남편이 황궁에 불려가서 돌아오지 않고 왕이 그녀의 집으로 온 것이다. 왕의 수레가 도착하자 도미부인은 대문 앞에 나가 정중하게 맞이했다. 그녀는 수레를 타고 온 왕이 가짜라는 사실을 전혀 모르고 있었다.

"네가 정절이 뛰어나다는 말을 들었다. 내가 도미와 내기를 하여 이겼으니 이제부터 너의 몸은 내 것이다."

왕으로 가장한 자의 말에 도미부인은 당황했다. 남편 도미가 내기를 했다는 말을 믿을 수 없었다. 그녀는 가짜 왕을 방으로 맞아들이지 않았다.

"네가 나를 믿지 않느냐? 내가 거짓을 말한다고 생각하느냐?"

왕으로 가장한 자가 눈을 부릅뜨고 언성을 높였다.

"왕께서 거짓을 말할 리가 있겠습니까? 방으로 들어가십시오."

도미부인은 비로소 왕으로 가장한 자를 집으로 들어오게 하고 차를 대접했다. 그러나 어찌해야 좋을지 당혹스러웠다. 도미가 자신을 두고 내기를 하지 않았을 것이라고 생각했다. 도미부인은 가짜 왕에게 술과 음식을 대접하면서 생각에 잠겼다. 그러는 동안 밤이 왔다. 가짜 왕이 도미부인을 다시 불렀다.

"술을 따르라."

가짜 왕이 도미부인에게 명을 내렸다. 도미부인이 조심스럽게 술을 따랐다.

"네가 백제 제일의 미인이구나. 오늘 너를 품게 되어 기쁘구나."

왕으로 가장한 자는 도미부인에게 달려들어 음탕한 짓을 하려고 했다.

"대왕, 대왕께서는 불을 끄고 잠시 기다려주십시오. 소인이 목욕을 하고 옷을 갈아입은 뒤에 다시 오겠습니다."

도미부인은 방을 나와 여종을 단장시켜서 들여보냈다. 왕으로 가장한 자는 아침이 되어서야 자신이 속은 것을 알고 개루왕에게 고했다.

"계집이 교활하다. 도미의 두 눈을 도려내라."

개루왕은 대노하여 시종들에게 명을 내렸다. 시종들이 감옥으로 달려가 도미의 두 눈을 빼냈다.

"왕이여! 대왕이시여! 어찌하여 저에게 이런 잔인한 벌을 내리시는 것입니까?"

도미는 피눈물을 흘리면서 처절하게 울부짖었다. 개루왕은 군사를 시켜 눈이 보이지 않는 도미를 배에 태워 강으로 떠내려 보냈다.

"도미부인을 잡아오라."

개루왕이 군사들에게 명을 내렸다. 군사들이 도미의 집으로 달려가 도미부인을 끌고 왔다.

"네 남편은 죽었다. 그러니 나의 여자가 되어라."

개루왕은 강제로 도미부인을 범하려고 했다.

"남편이 죽어 혼자 몸이 되었으니 누구에게 부지하겠습니까? 다행이 왕께서 미천한 계집을 거두어주시려고 하니 몸 둘 바를 모르겠습니다. 다만 지금 소인이 여자의 몸이라 월경 중이오니 며칠이 지나 끝나면 목욕재계한 뒤에 대왕을 모시겠습니다."

도미부인은 정중하게 아뢰었다. 왕이 허락하자 도미부인은 한밤중에 왕궁을 탈출했다. 사방은 캄캄하게 어두웠고 비바람까지 사납게 몰아쳤다.

"대왕, 도미부인이 달아났습니다."

군사들이 달려와 개루왕에게 보고했다.

"당장 계집을 잡아오라."

개루왕이 대노하여 군사들에게 명을 내렸다. 도미부인은 쏟아지는 빗줄기를 맞고 어둠 속을 달려서 강어귀에 이르렀다. 그러나 강에는 배가 없었다. 뒤에서는 백제의 군사들이 쫓아와 활을 쏘고 있었다.

"하늘이여! 하늘이여! 저를 버리지 마십시오."

도미부인은 하늘을 우러러 통곡했다. 그러자 어둠 속에서 배 한 척이 물결을 따라 흘러왔다. 도미부인은 가까스로 배에 올라 백제 군사를 따돌리고 강 건너편 고구려 땅 천성도泉城島에 내렸다. 그녀는 며칠 동안 숲을 헤매다가 한 골짜기에 있는 움막을 발견했다.

"서방님!"

도미는 눈이 보이지 않았으나 그곳에서 풀뿌리를 캐어 먹으면서 연명하고 있었다.

"부인? 당신이오? 정녕 당신이오?"

도미가 부인의 손을 잡고 울음을 터트렸다. 도미와 도미부인은 고구려 경내인 산산蒜山 밑에서 살았다. 고구려인들이 그들을 불쌍하게 여겨 음식물과 옷을 주었다. 도미와 도미부인은 근근히 도움을 받아 가난하게 떠돌아 다니다가 생을 마쳤다.

도미부인 이야기는 여자의 정절을 강조한 듯 보이지만 실은 왕과 백성이 벌어지고 있는 상황을 보여주고 있다. 왕은 절대권력자가 되어 가고 백성들 위에 군림한다. 왕의 폭정을 견디다 못해 백성들이 떠나간다. 이런 이야기는 결말이 해피엔딩인데 오히려 구차하게 살았다고 끝을 맺어 읽는 사람을 애잔하게 하고 있다.

"개루왕은 백제 제4대 왕으로 기루왕의 맏아들이었다. 39년 동안 재위에 있었으나 기록은 한 페이지도 되지 않는다. 성품이 공손하고 행동을 바르게 했다. 재위 기간에 북한산성을 쌓고 신라의 이찬 길선이 반역을 도모하다가 실패하여 백제로 망명하자 받아들였다. 신라가 길선을 내어줄 것을 요청했으나 거절하여 전쟁이 일어났다. 신라는 성을 에워싸고 공격했으나 굳게 지켜 양식이 떨어져 돌아갔다."

《삼국사기》〈백제본기〉의 기록은 이처럼 간략하다. 도미부인 이야기는 《삼국사기》〈열전〉에 기록되어 있다. 신라의 설씨녀, 효녀 지은 이야기와 함께 《삼국사기》〈열전〉에 유일하게 기록되어 있는 여자의 정절 이야기다. 그러나 다른 각도에서 보면 왕이 폭군이 되어 백성을 괴롭히는 이야기다.

05
개로왕의 왕자 문주는
왜 공주에서 백제를 재건국했을까

백제의 건국설화는 비장하면서도 아름답다. 소서노召西奴의 힘을 빌려 고구려를 세운 주몽朱蒙은 부여에서 사귄 예씨禮氏부인이 낳은 유리 왕자가 오자 그를 태자로 삼고 소서노와의 사이에서 낳은 비류沸流 왕자와 온조溫祚 왕자를 박대했다.

"처음에 대왕이 부여에서 난을 피하여 우리 땅에 도망해 오자 어머니께서 가산을 모두 기울여 나라를 세웠으니 그 공로가 적지 않았다. 그런데 부여에서 유리 왕자가 오자 우리를 박대하고 있다. 대왕께서 세상을 떠나면 나라가 유리 왕자에게 돌아갈 것이니 우리는 비참하게 될 것이다. 차라리 어머니를 모시고 남쪽으로 내려가서 나라를 세우는 것이 좋지 않겠는가?"

비류가 온조에게 말했다. 그들은 고구려의 왕 주몽이 자신들을 버렸다고 생각했다.

"과연 형님의 말씀이 옳습니다."

온조가 고구려를 떠나자는 말에 찬성했다. 비류와 온조는 어머니 소서노와 상의했다. 소서노는 졸본부여 연타발延陀勃의 딸로 북부여 왕 해부루解扶婁의 서손庶孫 우태優台와 혼인하여 비류와 온조를 낳았다. 주몽朱蒙이 북부여에서 도망쳐오자 재혼하여 함께 고구려를 창건한 여인이었다. 고구려를 건국한 여인이었으나 두 아들의 비통해하는 모습을 보자 가슴이 아팠다.

"내가 너희들을 따르지 않으면 누구를 따르겠느냐? 졸본에서 멀리 떨어진 남쪽으로 가자."

소서노가 두 아들의 손을 잡고 말했다. 소서노도 주몽에게 배신을 당했다고 생각하여 비참했던 것이다. 온조와 비류는 오간烏干, 마려馬黎 등 열 명의 신하와 함께 남쪽 지방으로 떠났다. 백성 가운데 그들을 따르는 자가 많았다. 그들은 한산漢山에 도착하여 부아악負兒嶽에 올라가 거주할만한 곳을 찾았다.

"하남의 땅은 북쪽으로는 한수漢水. 한강가 흐르고, 동쪽으로는 높은 산이 둘러있고, 남쪽으로는 비옥한 들판을 바라보고, 서쪽으로는 큰 바다로 가로막혀 있으니 얻기 어려운 요새라 할 수 있습니다. 이곳에 도읍을 정하는 것이 어떻겠습니까?"

열 명의 신하가 아뢰었다. 온조와 소서노는 그 말을 옳게 여겨 한수 이남에 정착하여 나라를 세우고 국호를 십제十濟라고 하였다. 그러나 사람들이 많이 몰려오자 백제百濟로 바꾸었다. 도읍의 이름은 위례성慰禮城이었다.

십제는 열 명의 신하와 그 일족을 말하는 것이기도 하고 그들을 따라온 열 부족을 말하는 것이기도 하다. 백제는 부족이 연맹하여 나라를 세운 것이다.

비류는 한강 유역이 마음에 들지 않는다고 일단의 부족들을 거느리고 미추홀彌鄒忽로 갔다. 그러나 미추홀은 토양이 척박하고 습지가 많아 사람들이 살아가기에는 어려웠다. 비류는 미추홀에서 나라를 건설했으나 백성들이 따르지 않아 초라한 모습으로 온조를 찾아왔다.

"내가 아우를 볼 면목이 없네."

비류가 온조에게 사죄했다.

"형님과 저는 형제입니다. 사죄하실 필요가 없습니다."

온조는 비류를 따뜻하게 맞아주었다.

백제는 비옥한 한강 유역에서 성을 쌓고 도읍을 정했다. 백제의 왕들이 나라를 잘 다스렸기 때문에 점점 발전했다. 온조가 한성백제를 창업한 지 4백 년이 지났을 때는 고구려, 신라와 어깨를 겨룰 정도로 강성한 나라가 되고 왜와 무역을 하는 등 국위를 크게 떨쳤다. 그러나 고구려 장수왕이 도읍을 만주의 국내성에서 한반도의 평양으로 옮기면서 백제와 고구려가 충돌하게 되었다.

장수왕이 평양으로 천도했을 때 백제는 제21대 개로왕蓋鹵王, 455-475이 즉위해 있었다. 북방의 강력한 대제국 고구려와 국경을 접하게 된 백제는 새로운 전기가 필요했다. 개로왕은 백제의 북쪽 변경에 쌍현성을 수축하고 고구려를 정벌하기 위해 북위北魏에 사신을 보냈다.

"고구려의 내정이 혼란하니 백제와 북위가 동맹을 맺고 공격하면 승리할 수 있습니다."

백제 사신이 북위에 와서 말했다.

"알았소. 백제로 돌아가 있으면 사신을 보내 회답하겠소."

백제 사신의 동맹 제안을 받은 북위는 고구려에 그 사실을 알렸다. 고구려의 장수왕은 분개하여 장수들을 소집했다.

"백제가 이와 같은 짓을 하고 있으니 정벌하지 않을 수 없소."

고구려의 장수왕은 백제를 정벌하기로 결정했다. 그는 장수들과 회의를 거듭한 뒤에 밀정으로 승려 도림道琳을 파견했다.

도림은 원래 백제인이었으나 개로왕이 즉위하면서 탄압을 받았다. 백제는 십제로 불리는 여러 부족의 공동연맹체였으나 개로왕이 즉위하여 왕권을 강화하면서 많은 부족들이 살해되거나 권력을 잃고 뿔뿔이 흩어졌다. 도림은 이때 탄압을 받은 부족의 자손이었다.

'나는 백제를 반드시 멸망하게 할 것이다.'

도림은 피눈물을 흘리면서 맹세했다. 도림은 고구려에 망명하여 승려 생활을 하면서 바둑을 배웠다. 그가 고구려의 국수급의 실력자가 되었을 때 장수왕이 밀정을 찾았고 그는 기꺼이 자원했던 것이다.

도림은 고구려에 죄를 짓고 도망을 치는 것으로 위장하여 백제로 들어갔다. 개로왕은 장기와 바둑 등 잡기를 좋아했다.

"나는 어려서부터 바둑을 배워 국수의 경지에 이르렀으니 위례성에는 나와 대적할 자가 없을 것이다."

백제의 도읍 위례성에 이르자 도림이 큰소리로 말했다. 백제의 도읍 위례성은 한성에 있었다.

"승려가 바둑을 얼마나 잘 둔다고 큰소리야?"

사람들이 도림과 바둑을 두기 위해 구름처럼 몰려왔다. 도림은 그와 바둑을 두는 백제인들을 모두 이겼다.

"도림의 바둑 실력은 백제 제일일 것이다."

백제인들이 고개를 절레절레 흔들면서 말했다.

개로왕이 그 이야기를 듣고 도림을 왕궁으로 불렀다. 개로왕은 바둑을 좋아하여 호기심이 일어났다. 도림이 마침내 백제의 왕궁으로 들어왔다.

"네가 감히 대적할 자가 없다고 했느냐?"

개로왕이 도림을 쏘아보면서 물었다.

"감히 국수의 경지라고 자부합니다. 왕께서 시험해 보십시오."

개로왕이 그와 대국을 하자 과연 국수의 실력을 갖고 있었다. 개로왕은 크게 기뻐하여 그를 귀빈으로 대우하면서 바둑 친구로 삼았다. 보통 바둑을 두면서 많은 이야기를 한다. 도림은 옛이야기에 모르는 것이 없었고 말을 꺼내면 막힘이 없었다. 개로왕은 경치 좋은 곳으로 도림을 데리고 다니면서 바둑을 두었다. 바둑이 끝나면 주지육림에 빠져 지내느라고 정사를 돌보지 않았다.

위례성 앞에는 한강이 흐르고, 강변에는 갈대숲이 무성했다. 강둑에는 수양버들이 휘휘 늘어져 바람에 하늘거렸다.

"대사, 여기서 보는 풍광이 어떤가?"

개로왕이 바둑을 두면서 강 건너편을 가리켰다.

"백제의 도읍은 참으로 아름답습니다."

도림도 아차산 앞의 한강을 살피면서 대답했다.

"이 좋은 곳에서 바둑을 두니 신선이 부럽지 않네."

개로왕은 정사를 돌보지 않고 도림과 바둑을 두는 일

▲ 나무 아래서 한가롭게 바둑을 두는 《수하위기도樹下圍碁圖》. 백제 개로왕은 바둑 때문에 죽임을 당했다. 국립중앙박물관 소장

에 열중했다. 그렇게 여러 해가 흘렀다. 도림은 마침내 기회가 왔다고 생각했다.

"소인은 고구려 사람인데 대왕께서 저를 멀리 여기시지 않고 많은 은혜를 베풀어 주셨으나, 다만 한 가지 재주로 보답했을 뿐이고, 아직 털끝만 한 이익도 드린 적이 없습니다. 이제 한 말씀 올리려 하오나 대왕의 뜻이 어떠한지 알 수 없습니다."

도림이 하루는 개로왕을 모시고 앉아서 말했다.

"말해 보라. 만일 나라에 이롭다면 이는 대사의 공이다."

개로왕이 말했다.

"대왕의 나라는 사방이 모두 산, 언덕, 강, 바다이니 이는 하늘이 만든 요새이지 사람의 힘으로 된 지형이 아닙니다. 그러므로 사방의 이웃 나라들이 감히 엿볼 마음을 갖지 못하고 다만 받들어 섬기기를 원하고 있습니다. 그러므로 왕께서는 마땅히 숭고한 기세와 부유한 치적으로 남들을 놀라게 해야 할 것인데, 성곽은 수리되지 않았고 궁실도 무너져 있습니다. 또한 선왕의 해골은 들판에 가매장되어 있으며, 백성의 가옥은 자주 강물에 허물어지니, 이는 대왕이 취할 바가 아니라고 저는 생각합니다."

도림이 강개한 표정으로 말했다. 이는 과도한 토목공사를 부추기는 말이다.

"좋다. 내가 그리하겠다."

개로왕은 백성들을 동원하여, 대대적인 토목공사를 벌이기 시작했다. 흙을 구워 성을 쌓고, 그 안에는 궁실, 누각, 사대射臺를 지으니 웅장하고 화려하지 않은 것이 없었다. 한강에서 큰 돌을 캐다가 관을 만들어 아버지의 해골을 장사하고, 풍납토성 동쪽으로부터 숭산 북쪽까지 강을 따라 둑을 쌓았다. 이로 말미암아 창고가 텅 비고 백성들의 원성이 높아졌다. 백성들은 세금과 토목공사의 고통을 이기지 못해 백제를 탈출했다. 도림은 뜻을 이루자 백제를 탈출했다.

"도림이 달아났다니 그게 무슨 말이냐?"

개로왕은 도림이 고구려로 달아났다는 말을 듣고 펄펄 뛰었다.

"이제는 백제를 공격해야 할 때입니다."

도림이 장수왕에게 보고했다. 장수왕은 백제를 공격하기 위해 장수들을 소집하고 군사를 나누어 주었다. 한강 일대는 순식간에 전운이 감돌았다.

"백제왕이 폭정을 일삼아 민심을 잃었다. 이때를 놓치지 말고 공격하라."

장수왕은 3만 군사를 동원하여 백제를 공격했다.

"고구려가 침략해 온다."

백제는 고구려의 대군이 달려오자 당황했다. 개로왕이 부랴부랴 군사를 소집하여 방어에 나섰다. 고구려군은 파도가 몰아치듯 백제의 국경을 돌파하여 단숨에 한강에 이르렀다. 한강에는 백제군이 방어선을 치고 있었다.

"백제는 한 곳만 방어하고 있다. 군사들은 네 방면으로 나누어 공격하라."

백제군은 한 곳에서 고구려군을 방어하고 있었다. 고려군은 세 방면에서 강을 건너 위례성까지 순식간에 들이닥쳤다. 고구려군과 백제군 사이에 치열한 공성전이 벌어졌다.

"바람이 불고 있다. 화공을 전개하라."

고구려군은 위례성을 향해 맹렬하게 불화살을 쏘았다. 성문이 불에 타고 성안에서 시커먼 연기가 치솟았다. 백제의 도읍은 아비규환의 참상이 벌어졌다. 고구려군이 불에 탄 성문을 돌파하여 성안으로 쏟아져 들어왔다.

"대왕, 성문이 뚫렸습니다. 속히 피하십시오."

군사들이 달려와 개로왕에게 아뢰었다.

"어느 문으로 나가야 하느냐?"

개로왕은 얼굴이 사색이 되어 벌벌 떨었다.

"서문이 비었으니 서둘러 나가셔야 합니다."

개로왕은 기병 수십 명을 거느리고 성문을 나가 서쪽으로 달아나기 시작했다. 그러나 그것은 고구려 장수 걸루桀婁의 책략이었다. 걸루는 서문 밖을 비워 놓고 군사들을 먼 골짜기에 매복시켜 놓고 기다리고 있었다. 개로왕은 그러한 사실을 모르고 서문을 나온 것이다.

"백제왕이다."

고구려군은 벌떼처럼 달려들어 개로왕을 포위했다.

'함정이었구나.'

개로왕은 가슴이 철렁하여 얼굴이 흙빛이 되었다.

"백제왕이시군."

고구려 장수 걸루가 개로왕을 보고 말에서 내려 절을 하고, 그의 얼굴을 향하여 세 번 침을 뱉었다.

"너는 백제의 왕이면서 토목공사를 일으켜 백성들을 도탄에 빠트렸다. 바둑과 같은 잡기에 빠져 정사를 돌보지 않아 나라를 위험에 빠트렸다. 그러니 죽어 마땅하지 않은가?"

걸루는 개로왕을 큰소리로 꾸짖고 아단성阿旦城으로 보냈다. 고구려의 대로對盧, 고구려의 2등급 벼슬 제우齊于는 개로왕을 아단성 밑에서 참수했다.

이에 앞서 고구려군이 침략하자 개로왕이 태자 문주文周에게 말했다.

"내가 어리석고 총명하지 못하여, 간사한 사람의 말을 믿다가 이렇게 되었다. 백성들은 쇠잔하고 군대는 약하니, 비록 위급한 일을 당하여도 누가 기꺼이 나를 위하여 힘써 싸우려 하겠는가? 나는 당연히 나라를 위하여 죽어야 하지만 네가 여기에서 함께 죽는 것은 유익할 것이 없으니, 난리를 피하여 있다가 나라의 왕통을 잇도록 하라."

문주가 곧 목협 만치와 조미, 걸취를 데리고 남쪽으로 떠났다. 그들은 웅진熊津, 공주에 이르러 백제를 재건했다.

한성백제는 온조가 B.C 18년에 한강 유역에 건국한 뒤에 4백여 년 동안 부침을 거듭했다. 마한을 통일하고 북쪽으로 중국 한나라가 설치한 한사군과 맞섰다. 한성백제는 한반도의 중심 세력으로 발전한 것이다. 그러나 고구려에 광개토대왕이 등장하자 위기를 맞이하게 되었다.

한성백제 아신왕은 광개토대왕의 침공을 받아 58개 성 7백여 촌을 빼앗기는 손실을 입기도 했다. 아신왕이 죽자 왕비족이 진 씨에서 해 씨로 바뀌며 귀족들 사이에 분열이 일어났다. 해 씨는 해부루, 해모수의 후손으로 고구려 왕들의 성씨였다.

고구려에서 이주해 온 해 씨들로 인하여 한성백제의 귀족사회가 분열되고 개로왕이 장수왕의 침공으로 아차산성 밑에서 죽자 그의 아들 문주왕이 한성을 탈출하여 웅진을 도읍으로 삼고 백제를 재건했다. 이로 인하여 한성백제 시대는 막을 내린다.

한성백제의 도읍이었던 하남 위례성으로 추정되는 몽촌토성은 송파구 방이동 올림픽 공원 내에 있고, 풍납토성은 송파구 풍납동 일대에 있다.

한성백제는 송파구 일대에서 약 5백 년 동안 찬란한 문화를 꽃피웠다.

백제가 부여와 공주에서 활약한 시기는 불과 200년도 안 된다.

06
낙화암에서 뛰어내린
백제의 삼천궁녀는 어디로 갔을까

　부여의 낙화암洛花巖을 방문한 사람들은 정말 삼천궁녀가 여기에
서 뛰어내려 죽었을까 하는 의문을 갖게 된다. 낙화암이 천길 벼랑
도 아니고 백제에 삼천 명이나 되는 궁녀가 있었느냐 하는 의문이
자연스럽게 일어나는 것이다. 아울러 의자왕이 정말 폭군이었나 하
는 의문까지 품게 된다.

　의자왕과 삼천궁녀에 대한 기록이 처음으로 언급된 것은 조선시
대의 문인 김흔金訢의 시였다. 김흔은 김종직의 문하에서 공부를 한
뒤에 과거에 급제하여 공조참의를 지냈으나 성품이 고결하고 지조
가 있다는 평가를 받은 인물이었다. 그는 우연히 부여 낙화암에 들
렀다가 백제의 멸망이 안타까워 〈낙화암〉이라는 제목의 시를 써서
처음으로 삼천궁녀를 언급했다.

부여의 왕기가 날로 쇠미해지니	扶餘王氣日衰替
달도 차면 기우는 것 애꿎은 점장이만 죽였구나	月滿當虧枉黷筮
은은한 고각 소리 탄현을 뒤흔들고	鼓角聲殷炭峴動
누선 그림자가 백마강을 덮었네	樓船影壓白江蔽
약석 같은 충신의 말이 처음은 입에 써서	藥石忠言口初苦
호강만 누리더니 끝내는 후회막급	宴安鴆毒臍終噬
삼천궁녀들이 모래에 몸을 맡겨	三千歌舞委沙塵
꽃 지고 옥 부서지듯 물 따라 가버렸네	紅殘玉碎隨水逝

김흔의 시에는 삼천궁녀가 아니라 삼천가무로 표현되어 있다. 가무는 노래하고 춤을 추는 여자를 말한다. 김흔은 왜 궁녀라고 하지 않고 가무라고 했을까? 이는 백제의 멸망을 염두에 두고 의자왕이 폭정을 했다는 의미인 것이다. 그렇다면 의자왕은 폭군이었을까? 많은 사람들이 백제의 멸망을 의자왕의 폭정에서 찾기 위해 역사의 기록자들이 인위적으로 조작한 것으로 주장한다.

한반도의 통일이 가까워지자 삼국의 정세는 요동치기 시작했다. 고구려 · 백제 · 신라는 삼국이 균형을 이루면서 어느 한쪽이 강성해지는 것을 경계해 왔다. 그러나 신라의 통일정책으로 당나라와 신라가 동맹을 맺으면서 상황이 달라졌다. 신라에서 김춘추와 김유신이 강력한 통일정책을 추진하고 있을 때 백제는 의자왕이 즉위해 있었다.

의자왕은 무왕의 장남으로 어릴 때부터 용맹하고 결단력이 있었다. 형제간에 우애가 깊어 해동증자라는 별명으로 불렸다.

제30대 무왕武王의 이름은 장璋이다. 그의 어머니는 과부였는데 도읍 남쪽 연못가에 집을 짓고 살다가, 그 연못의 용과 정을 통하여 아들을 낳았다. 어려서의 이름은 서동薯童이다. 서동은 재주와 도량이 커서 헤아리기 어려웠다. 늘 마를 캐서 팔아 생활하였기 때문에 나라 사람들이 이것으로 이름을 삼았다.

서동은 신라 진평왕眞平王의 셋째 공주 선화善花가 너무나 아름답다는 말을 듣고 머리를 깎고 신라의 서울로 들어갔다. 동네의 아이들에게 마를 나누어 주었더니 아이들이 친하게 여겨 그를 따랐다. 그래서 곧 동요를 지어서 아이들을 꾀어 노래 부르도록 하였으니, 그 노래는 이러하다.

선화 공주님은
남 몰래 짝을 맞추어두고,
서동 서방을
밤에 몰래 안고 간다.

동요가 서울에 널리 퍼져 궁궐에까지 이르렀다. 이 노래의 내용이 사실이라고 믿은 모든 관료들이 강하게 주장하여 공주를 먼 지방으로 귀양 보내게 되었다. 길을 떠나려고 할 때 왕후가 순금

한 말을 여비로 쓰라고 주었다. 공주가 유배지로 가는데 서동이
도중에 나타나 절을 하고는 자신이 모시고 가겠다고 했다. 공주
는 비록 그가 어디서 왔는지 몰랐지만 맑고 깨끗한 용모가 마음
에 들었다. 그래서 함께 유배길에 올랐고 또 몰래 정도 통하였다.
공주는 그런 뒤에야 서동의 이름을 알게 되어 동요의 내용이 신
기하게 맞았다고 생각했다.

서동과 선화공주는 함께 백제로 왔다. 공주는 어머니인 왕후가
준 황금으로 생계를 꾸리려고 생각했다. 서동이 크게 웃으면서
물었다.

"이것이 무슨 물건이요?"

공주가 말하였다.

"이것은 바로 황금이지요. 한 평생의 부를 이룰 수 있을 것입니
다."

그러자 서동이 말하였다.

"내 어려서부터 마를 캐던 땅에 이런 것들이 흙더미처럼 쌓여
있소."

공주가 크게 놀라며 말하였다.

"이것은 세상에서 가장 귀한 보물입니다. 당신이 지금 황금이 있
는 곳을 안다면 그 보물을 부모님이 계신 궁전으로 보내는 것이
어떻겠습니까?"

"좋소!"

서동은 금을 모아 산더미처럼 쌓아놓고는 용화산龍華山 사자사師

子帛의 지명법사知命法師에게 가서 금을 보낼 수 있는 방법을 물었다.

"내가 신통력으로 보낼 수 있소. 금을 가지고 오시오."

지명법사가 웃으면서 말했다. 공주가 편지를 써서 금과 같이 사자사 앞에 가져다 놓았는데, 법사가 신통력으로 하룻밤만에 신라 왕궁으로 보냈다. 진평왕은 그 신기한 조화를 이상하게 여겨서 서동을 더욱 더 귀하게 여겼으며, 늘 편지를 보내 안부를 물었다. 서동은 이후로부터 인심을 얻어서 왕위에 오르게 되었다.

《삼국유사》의 기록으로 보면 서동은 백제의 무왕이고 의자왕은 서동과 선화공주의 아들인 셈이다.

무왕과 선화공주의 아름다운 사랑은 한낱 야사에 지나지 않는다. 미륵사에서 2009년에 발굴된 기록에 무왕의 왕후 좌평 사택적덕沙宅積德의 딸이 창건했다고 나오기 때문이다. 그러나 왕비는 여럿일 수도 있어서 선화공주가 왕비일 수도 있다. 그러나《신라본기》〈진평왕조〉에 선화공주 이야기가 없고 서동의 어머니가 용과 정을 통하여 서동을 낳았다는 것도 야사로 볼 수밖에 없는 대목이다.

의자왕은 즉위하자 왕자와 공주들과 우애 있게 지내는 모습을 보여주었다. 그러나 즉위 다음 해 어머니인 태후가 죽자 동생인 왕자 교기, 공주 4명과 그 남편 등 왕실 친인척 40여 명을 대대적으로 숙청하여 섬으로 추방했다. 그는 자신의 왕권부터 강화한 것이다.

의자왕은 자신의 반대파를 숙청한 뒤에 사면령을 내리고 백제의

▲ 백제가 멸망하자 삼천궁녀가 꽃처럼 떨어져 죽었다는 낙화암. 저자 촬영

각 지방을 순행하여 민심을 얻었다. 왕권을 강화하고 신라를 공격하여 성을 빼앗는 등 신라를 압도했다.

신라는 백제의 집요한 공격으로 전전긍긍하면서 고구려와 당나라에 구원을 청했다. 당나라는 여러 차례에 걸쳐 의자왕을 만류했으나 신라를 계속 침략했다. 신라는 백제의 침략으로 나라가 위기에 빠졌다. 김유신 등이 화랑과 함께 백제를 막아내는데 전력을 기울여야 했다.

의자왕은 국력이 신라를 압도하게 되자 왕권을 더욱 강화하는 일련의 조치를 취했다. 그는 왕의 서자 41명을 좌평에 임명하여 귀족들을 놀라게 했다.

"대왕이 우리 귀족들을 몰아내고 있다."

백제의 귀족들은 의자왕의 처사에 크게 반발했다. 의자왕은 반발하는 귀족들을 대대적으로 숙청했다.

"귀족들이 없어도 신라를 공격할 수 있다."

의자왕은 장군 윤충允忠에게 대야성大耶城을 공격하게 했다. 백제군은 질풍처럼 대야성으로 달려갔다.

"백제의 대군이 공격해 오고 있습니다."

대야성에서 구원을 청하는 파발이 빗발치듯 날아왔다.

"어떤 일이 있어도 대야성을 방어하라."

김춘추金春秋는 백제군이 대야성을 공격하자 걱정이 되었다. 대야성의 성주 품석은 그의 사위였다. 딸이 사위와 함께 대야성에 가 있었다.

윤충의 백제군과 품석의 신라군은 치열한 공방전을 벌였다. 그러나 윤충이 여러 날 동안 공격을 해도 대야성은 완강하게 버티었다.

"대야성을 에워싸라."

윤충은 대야성을 포위하고 고사 작전을 펼쳤다. 그때 대야성의 사지舍知 벼슬에 있던 검일黔日이 비밀리에 성을 나와 윤충을 찾아왔다.

"그대는 무슨 일로 나를 찾아왔는가?"

윤충이 검일을 불러 물었다. 검일은 대야성 도독 품석이 자신의 아내가 아름다워 그녀를 빼앗아 간음했다고 눈물을 흘리면서 말했다. 검일은 품석에게 이를 갈면서 원통하게 여기다가 윤충이 대야성을 공격하자 복수하기 위해 윤충을 찾아온 것이다.

"나는 반드시 품석이 죽는 것을 보고 싶소."

검일은 윤충에게 품석을 죽이게만 해주면 무엇이든지 하겠다고
말했다.

"공이 군량창고에 불을 지르라. 그렇게 하면 반드시 품석을 죽이
게 될 것이다."

윤충이 기뻐하면서 말했다. 검일은 대야성으로 돌아와 밤이 되자
군량창고에 불을 질렀다. 화염이 충천하여 군량창고가 순식간에 타
버리자 대야성의 신라군은 사기가 떨어지고 민심이 흉흉해졌다.

'대야성의 군량 창고가 불에 탔다고? 그렇다면 대야성이 위태롭
지 않은가?'

김춘추는 대야성에서 파발이 날아오자 잠을 이루지 못하고 근심
했다. 대야성이 함락되면 딸의 목숨도 위태로워진다. 그러나 백제
의 공격이 여러 곳에서 이루어지고 있었기 때문에 구원병을 파견할
수 없었다.

대야성의 품석은 군량창고가 불에 타자 전의를 잃고 말았다. 군량
이 떨어져 굶어가면서 싸울 수는 없었다.

품석의 비장인 아찬 서천西川이 성에 올라가 백제 진영의 윤충을
향해 말했다.

"장군이 우리를 죽이지 않는다면 성문을 활짝 열고 항복하겠습니
다. 장군께서 약속할 수 있습니까?"

서천의 말에 윤충은 크게 기뻐했다.

"약속할 수 있소. 투항하는 군사를 죽이지 않는 것은 군자의 행동
이오."

윤충은 신라군을 죽이지 않을 것이라고 약속했다,

"장군은 어떻게 약속을 하겠습니까?"

"장부의 일언은 중천금이라고 했소. 만약 약속을 하고도 지키지 않는다면 밝은 태양이 있으니 태양을 두고 맹세합시다. 신라 군사들은 모두 병기를 버리고 맨손으로 성 밖으로 나와야 하오. 우리가 술과 고기를 준비하여 기다리겠소."

윤충은 하늘을 가리키면서 맹세했다. 서천이 비로소 품석과 여러 장병들에게 권하여 성 밖으로 나가려고 했다.

"백제는 번번이 말을 바꾸는 나라이므로 믿을 수 없습니다. 윤충의 말이 달콤한 것은 우리를 유인하려는 계책입니다. 성 밖으로 나가면 반드시 복병이 기다리고 있다가 우리를 도륙할 것입니다. 포로가 되어 쥐새끼처럼 사는 것보다는 차라리 호랑이처럼 용감하게 싸우다가 죽는 편이 더 낫습니다."

죽죽竹竹이 분연히 외치면서 항복을 반대했다. 품석은 죽죽의 말을 듣지 않고 성문을 열었다. 병사들이 먼저 나가자 백제가 복병을 매복시키고 있다가 닥치는대로 도륙하기 시작했다. 죽죽은 황급히 성문을 닫고 성 아래를 내려다보았다. 매복하고 있던 백제군에게 포위당한 신라군이 처절한 비명을 지르면서 죽어가고 있었다. 그들의 비명소리에 신라군은 공포에 떨었다.

'아아 내가 판단을 잘못하여 우리 군사들이 억울하게 죽었구나. 장차 황천에 가서 무슨 낯으로 그들을 만나겠는가?'

품석은 비통하여 자기의 처자를 죽인 다음 자신의 목을 찔러 자결했다. 이 부분은 《신라본기》 〈죽죽열전〉에 있는 기록이다.

"8월, 장군 윤충을 보내 군사 1만 명을 거느리고 신라의 대야성을 공격하였다. 성주 품석이 처자를 데리고 나와 항복하자 윤충이 그들을 모두 죽이고 그의 목을 베어 서울에 보내고 남녀 1천여 명을 사로잡아 서쪽 지방의 주, 현에 나누어 살게 하고 군사를 남겨 그 성을 지키게 하였다. 왕이 윤충의 공로를 표창하여 말 20필과 곡식 1천 석을 주었다."

《백제본기》의 기록이다. 열전과 본기가 약간 차이가 있는 것이다.

품석과 딸이 죽었다는 소식은 즉시 김춘추에게 날아왔다.

'이놈들이 내 딸을 죽였구나.'

품석의 부인은 김춘추가 애지중지하면서 키운 딸이다. 김춘추는 급보를 받고 온종일 기둥에 기대서서 눈도 깜빡이지 않은 채, 사람이나 물체가 앞을 지나가도 알아보지 못했다.

"무엇으로 위로를 해도 공의 아픈 가슴을 위로할 수는 없을 것이오. 이럴 때일수록 기운을 차려 적을 반드시 멸합시다."

김유신이 김춘추를 찾아와 위로했다.

김춘추는 딸의 죽음에 통곡하고 이를 갈았다. 백제는 이후에도 신라를 계속 공격했다. 신라는 김유신이라는 걸출한 장군이 있어서 백제가 여러 차례 공격했으나 실패했다.

신라는 백제의 공격이 계속되자 반격할 준비를 하기 시작했다. 당나라와 동맹을 맺고 군사를 양성했다. 신라의 상황이 심상치 않자 충신 성충이 경고했다.

"신 성충은 삼가 절하고 엎드려 아뢰옵나다. 옛 말에 이르기를 충신은 두 임금을 섬기지 않고 나라가 위태로워도 임금을 잊지 않는다고 했습니다. 신이 비록 옥에 있다고하나 어찌 계책이 없겠습니까? 나당연합군이 침략을 하여 도읍이 위태로우니 우선 유리한 지형을 잡아야 할 것입니다. 수로로 오는 적은 기벌포에서 막고 육로로 오는 적은 침현에서 막아야 합니다. 기회는 한 번 뿐이니 반드시 이와 같이 해야할 것입니다."

의자왕은 성충의 경고를 귀담아 듣지 않았다. 의자왕은 보위에 오른 지 15년이 되자 사치에 빠졌다. 태자궁을 화려하게 짓고 왕의 서자 41명을 좌평에 임명했다. 의자왕의 이러한 행동은 귀족들의 즉각적인 반발을 불러왔다. 의자왕의 외조부인 사택적덕은 관직에서 물러나 은거하고 흥수와 성충 같은 충신들이 간신으로 몰려 귀양을 가거나 옥에서 죽었다 .

사실 엄밀하게 따지면 의자왕은 태자궁을 건축하면서 타락한 것이 아니었다. 그는 서자만 41명을 둘 정도로 많은 후궁들을 두고 있었다. 41명의 서자가 있었다면 딸도 그 정도 있을 것으로 추정되고 후궁들 또한 수십 명에서 1백 명 안팎이었을 것이라고 본다면 의자왕은 즉위한 지 얼마 되지 않아 타락했다고 볼 수 있는 것이다.

서력 660년 마침내 나당연합군이 백제를 향해 달려오자 부랴부랴 대책을 수립하기 시작했다. 의자왕은 감옥에 있는 흥수에게 대책을 묻게 했다.

"당나라 군사는 숫자가 많을 뿐 아니라 군율이 엄하고 분명합니다. 더구나 신라와 함께 우리의 앞뒤를 견제하고 있으니 만일 평탄한 벌판과 넓은 들에서 마주하고 진을 친다면 승패를 장담할 수 없습니다. 백강과 탄현은 우리나라의 요충지로서, 한 명의 군사와 한 자루의 창을 가지고도 만 명을 당할 수 있을 것이니, 마땅히 용감한 군사를 선발하여 그곳에 가서 지키게 하여, 당나라 군사로 하여금 백강으로 들어오지 못하게 하고, 신라 군사로 하여금 탄현을 통과하지 못하게 하면서, 대왕께서는 성문을 굳게 닫고 든든히 지키면서 그들의 물자와 군량이 떨어지고 군사들이 피곤하여질 때를 기다린 후에 분발하여 갑자기 공격한다면 반드시 이길 수 있을 것입니다."

홍수가 말했으나 의자왕은 옳게 여기지 않았다. 나당연합군은 순식간에 부여성으로 육박해왔다. 계백장군이 황산벌에서 패하자 의자왕은 부여성을 버리고 웅진성으로 피했다. 웅진성은 예식진禰寔進이라는 장군이 성주로 있었다. 예식진은 의자왕에게 불만을 갖고 있었다. 그는 당나라 소정방과 밀통하여 의자왕에게 항복하라고 압박했다.

"나는 죽어도 항복할 수 없다."

의자왕은 예식진에게 배신을 당하자 비통하여 울부짖었다. 그러나 예식진의 협박에 계속되자 마침내 성을 나와 당나라군에 항복하고 말았다.

"웅진의 성주가 의자왕을 잡아 항복하라고 하니 왕이 항복하지 않고 동맥을 끊어……."

신채호의 《조선상고사》는 의자왕이 백제 장수에게 배신을 당해 포로가 되었다고 밝히고 있다.

"대장 예식진이 의자왕을 데리고 와서 항복했다."

《구당서》 〈소정방 편〉에 있는 기록이다.

의자왕이 웅진성에서 포로가 되자 나당연합군은 부여성으로 들이닥쳤다. 그들은 부여성에 불을 지르고 노략질을 일삼았다. 재물을 약탈하고 부녀자들을 겁탈했다. 백제 여자들은 나당연합군에게 겁탈을 당하지 않기 위해 부소산으로 달려 올라갔다. 먼저 궁녀들이 올라가고 뒤이어 귀족 여자들과 일반 여자들이 올라가 산이 하얗게 변했다.

그때 나당연합군이 함성을 지르면서 부소산으로 달려왔다. 여자들은 깎아지른 듯한 절벽에 이르러 더 이상 나아갈 수 없었다. 그런데도 여자들이 비명을 지르며 달려와 밀치는 바람에 절벽에서 백마강으로 추락했다.

"그때 사녀士女들이 온 언덕과 들에 퍼져서 구해 달라고 울부짖다가 적의 기병이 갑자기 들이닥치니 순식간에 거의 다 차이고 밟혀 혹은 끌려가고 혹은 바닷물에 빠져 죽어, 바람에 휘날리는 낙엽과 같았으니 참혹함이 이루 말할 수가 없었다."

병자호란 때 청나라 군사에 쫓겨 강화도로 피난을 가려던 수많은 조선 여인들이 강화도 앞바다에 빠져 죽었다는 《연려실기술》의 기록이다.

삼천궁녀는 낙화암에서 자발적으로 뛰어내린 것이 아니라 나당연합군에게 쫓겨 추락한 백제여인들이라고 보는 것이 가장 타당할 것이다.

낙화암에서 삼천궁녀가 빠져 죽었다는 기록은 조선시대의 문인 김흔의 시 〈낙화암〉에 처음 등장했고 그보다 수십 년 뒤의 문신 민 제인의 〈백마강부〉에서도 찾아볼 수 있다.

백제의 왕기는 연기와 안개 같이 허공으로 사라지고

扶蘇王氣烟霧空兮

낙화암 아래 강물은 동쪽으로 흐르는구나　　洛花巖下江波東兮

검은 동풍이 일어 손은 배를 돌리고　　　　鴉札東風客回棹兮

멀고 아득한 봄 시름을 방초에 맡기도다　　范茫春愁寄芳草兮

(중략)

구름같은 삼천궁녀 바라보니　　　　　　　望三千其如雲

삼천궁녀는 백년 후 황준량의 시에서도 언급이 되었다.

천년 도읍 자취 남은 황량한 성 슬퍼하며　千年王迹弔荒城

다시 가벼운 배 띄워 달빛 거슬러 가노라　更泛輕舟返月行

차가운 백마강은 오열하며 흘러가고　　　白馬江寒流咽恨

오래된 낙화암은 애간장을 끊는구나　　　落花巖老斷腸情

가을 든 바다에는 은빛 조수 넘실대고　　秋連海口銀潮立

서리 물든 산에는 비단 잎이 선명하네　　霜染山顏錦葉明

흥망이 아직 다 끝나지 않았는지	算却興亡猶未了
고란사에서 종소리가 들려오네	皐蘭寺裏送鐘聲
무정한 강산은 예와 다르지 않거늘	山水無情似舊時
패왕의 성패는 달처럼 찼다 지네	伯王成敗月盈虧
푸른 바위가 삼천궁녀 애한을 아는 듯한데	蒼巖若解花飛恨
비바람은 해마다 몇 번이나 불었을까	風雨年年幾度吹

　　왕조가 멸망한 장소에 가면 성이 무너지고 잡초가 무성한 것을 볼 수 있다. 화려했던 왕성의 모습은 사라지고 폐허가 되어 있는 옛터에서 시인은 흥망성쇠의 무상함을 느꼈을 것이다. 삼천궁녀가 아니더라도 백제의 옛터인 부소산성과 낙화암, 고란사길을 걸으면서 백제인을 추모하는 시를 짓게 되는 것이다.

07
고구려의 왕 성씨가 해^解씨에서
고^高씨로 바뀐 이유는 무엇일까

역사의 기록은 완전하지 않다. 오래된 기록일수록 모호하고 누락되고, 왜곡된 경우가 많다. 우리나라의 역사서 중 고구려 백제 신라를 다룬 것은 《삼국사기》가 유일하고 《삼국유사》는 야사적인 성격이 강하다.

《백제본기》나 《신라본기》도 의문스러운 부분이 많지만 《고구려본기》 중에 가장 의문스러운 부분이 6대 태조왕 부분이다. 태조는 대개 나라를 창업한 왕에게 올리는 시호인데 6대왕에게 올린 것이 그렇다. 또한 그는 118세를 살았고 94년 동안 재위에 있었다.

고구려의 국성은 해 씨였다. 주몽은 해모수와 유화부인의 아들이고 유리왕은 주몽과 예씨부인의 아들이다.

대무신왕大武神王이 왕위에 올랐다.[혹은 대해주류왕大解朱留王이라고도 한다.] 그의 이름은 무휼無恤이며, 유리왕琉璃王의 셋째 아들이다.

민중왕閔中王의 이름은 해색주解色朱이며, 대무신왕의 아우이다. 대무신왕이 돌아가셨을 때, 태자가 나이가 어렸기 때문에 정사를 담당할 수 없었다. 이에 나라 사람들이 해색주를 추대하여 왕으로 세웠다.

모본왕慕本王의 이름은 해우解憂[또는 해애루解愛婁라고도 한다.]이며, 대무신왕의 맏아들이다. 민중왕이 돌아가시자 뒤이어 왕위에 올랐다.

《삼국사기》의 기록으로 1대서부터 5대까지 모두 왕의 성씨가 해 씨라는 사실을 알 수가 있다. 그러나 6대 태조왕은 해 씨가 아니었다.

고구려의 5대왕 모본왕은 포악한 임금이었다. 그는 사람을 깔고 앉고 베고 누웠다. 자신이 앉아 있을 때 움직이는 자가 있으면 가차 없이 죽였고 직언을 올리는 신하는 활로 쏘아 죽였다.

두로杜魯는 모본 출신으로 왕의 측근이었으나 포악한 왕에게 죽을까봐 때때로 눈물을 흘리면서 울었다.

"그대는 어찌하여 우는가?"

두로와 친한 사람이 물었다.

"대왕이 나를 죽일까봐 우네."

"대장부가 울고만 있어야 하는가? 옛말에 이르기를 '나를 어루만지면 임금이요 나를 학대하면 원수'라고 했다. 임금이 포악한 짓을 하여 백성을 해치니 이는 백성의 원수다. 그대가 임금을 죽이라."

두로는 그 사람의 말에 크게 깨달았다. 하루는 두로가 가슴에 칼을 품고 어전으로 들어갔다.

"경은 어찌하여 이제 오는가?"

"대왕께 아뢸 말씀이 있습니다."

"가까이 오라."

두로는 모본왕에게 가까이 가서 칼을 꺼내 찔렀다.

고구려 모본왕은 측근인 두로에게 시해당했다. 모본왕의 아들인 태자는 어리석고 못났다는 이유로 왕으로 즉위하지 못하고 유리왕의 손자인 고추가古鄒加 재사再思의 아들이 6대 태조왕으로 즉위했다. 그는 태조왕, 또는 국조왕으로 불렸다. 태조왕이나 국조왕 모두 나라를 새로 연 임금에게 올리는 시호다.

태조왕의 이름은 궁이었다. 성은 기록되지 않았고 이후의 왕들에게서도 성은 사라지고 보이지 않는다. 공자가 쓴《춘추春秋》는 자세한 기록이 없어서 후대의 학자들이 전傳을 지었다.

모본왕이 시해된 것은 반란이 분명하지만《고구려본기》는 이를 자세하게 기록하지 않고 있다.《삼국사기》에도 전이 필요하지만 전도 바탕이 되는 기록이 있어야 한다.

▲ 고구려는 국내성으로 도읍을 옮긴 뒤에 강성해졌다. 중국이 만리장성의 동쪽 끝이라고 주장하지만 고구려 발해의 영토였기 때문에 고구려성이다. 압록강 건너 단동의 장성. 저자 촬영

왕은 태어났을 때부터 눈을 떠서 볼 수 있었으며 어려서부터 뛰어났다. 그러나 왕이 되었을 때 7세밖에 되지 않았기 때문에 어머니 부여夫餘부인이 섭정을 했다.

태조왕이 활약하던 시기는 한나라가 강성했을 때였다. 태조왕은 열 살이 되었을 때 한나라를 방어하기 위해 성을 쌓고 열한 살이 되었을 때 동옥저를 정벌하고 국경을 정비하여 강역이 동으로는 창해, 남쪽으로는 살수에 이르렀다.

태조왕은 94년 동안 재위에 있으면서 많은 업적을 남겼다. 이 기록에 많은 역사학자들의 고개를 갸우뚱하게 했다. 모본왕에서 태조

왕으로 바뀌는 과정도 석연치 않고 왕이 94년을 다스렸다는 것은 유례가 없는 일이기 때문이다. 그러나 《삼국사기》의 기록이 유일하니 부정할 수도 없다.

태조왕에게는 수성遂成과 백고伯固라는 동생이 있었다. 수성은 태조왕에게 아들이 있었으나 호시탐탐 왕이 되려고 했다. 100세가 넘은 왕에게 어린 아들이 있다는 것은 의문스러운 일이다.

태조왕이 즉위하고 94년이 되었을 때 수성이 왜산倭山 아래서 사냥하면서 가까운 신하들에게 말했다.

"대왕이 늙었으나 죽지 않고, 내 나이도 들어가니 기다릴 수 없다. 그대들은 나를 위하여 계책을 생각해보라."

근신들이 모두 말했다.

"삼가 명령에 따르겠습니다."

이때 한 사람이 혼자 나서서 말하였다.

"지난번에 왕자는 상서롭지 않은 말을 하였는데, 근신들이 직간하지 못하고 모두 '삼가 명령에 따르겠다'고 하였으니, 이는 간사하고 아첨하는 것이라고 할 수 있다. 내가 직언을 하려 하는데 왕자의 뜻이 어떠한지 모르겠다."

수성이 말하였다.

"그대가 직언을 한다면 그것은 나에게 약과 침이 되는 것인데 어찌 의심하겠는가?"

그 사람이 대답하였다.

"지금 대왕이 현명하여, 안팎으로 다른 마음을 가진 사람이 없다.

왕자께서는 비록 국가에 공이 있다고 하지만, 간사스럽고 아첨하는 사람들의 무리를 거느리고 현명한 임금의 폐위를 위해 모의한다면 이것은 한 가닥의 실로 만 균鈞, 1균은 30근의 무게를 매어놓고 거꾸로 끌어당겨 보려는 것과 무엇이 다르겠는가? 비록 어리석은 사람이라도 그것이 불가능하다는 것을 알 것이다. 만일 왕자께서 생각을 바꾸어 효성과 순종으로 대왕을 섬기면, 대왕께서는 왕자의 선함을 깊이 아시어 반드시 왕자에게 양위할 마음을 가질 것이다. 그렇게 하지 않는다면 앞으로 화가 미칠 것이다."

수성은 이 말을 불쾌하게 여겼다. 근신들은 그의 정직함을 질투하여 수성에게 참언하였다.

"왕자께서는 대왕이 연로하여 국가의 운명이 위태로워질까를 염려하여 후일에 대한 계책을 도모하려는 것입니다. 그런데 이 사람이 이와 같이 망령된 말을 하니, 우리는 이러한 사실이 누설되어 후에 근심을 초래할까 염려됩니다. 마땅히 이 사람을 죽여 입을 다물게 해야합니다."

수성이 그 말을 옳게 여겨 참언하는 신하를 죽였다.

태조가 장수를 보내어 한나라 요동의 서쪽 안평현安平縣을 습격하여 대방帶方의 수령을 죽이고 낙랑 태수의 처자를 노략질하였다.

우보 고복장이 태조에게 말하였다.

"수성이 장차 반란을 일으키려 하니, 바라건대 먼저 그를 처형하십시오."

태조가 말하였다.

"나는 이미 늙었고, 수성은 나라에 공을 세웠다. 나는 수성에게 장차 왕위를 물려주려 하니 그대는 염려하지 말라!"

복장이 말하였다.

"수성은 사람됨이 잔인하고 어질지 못해 오늘 대왕의 왕위를 받으면 내일은 대왕의 자손을 해칠 것입니다. 대왕은 다만 어질지 못한 아우에게 은혜를 베푸는 것만 알고, 무고한 자손들에게 재앙이 미칠 것을 알지 못하시니 대왕께서는 깊이 헤아려 주십시오."

태조는 복장의 말을 듣지 않았다. 이에 복장이 물러나 벼슬을 사직했다. 태조가 수성에게 말했다.

"나는 너무 늙어서 모든 일에 권태를 느낀다. 하늘의 운수가 너의 몸에 있고, 게다가 네가 안으로는 국정에 참여하고 밖으로는 군사를 총괄하여 오랫동안 사직의 공로를 쌓았으며, 신하와 백성들의 바람을 채워주었으니 내가 의지하고 일을 맡길 수 있는 사람을 얻었다고 말할 수 있다. 이제 너는 왕위에 올라 영원히 경사를 누릴 것이다!"

임금은 왕위를 내어주고 별궁으로 물러나 태조대왕이라고 칭하였다.

《해동고기海東古記》를 살펴보면, '고구려 국조왕國祖王 고궁高宮은 후한 건무建武 29년에 즉위하니, 이때 나이가 7세여서 국모國母가 섭정하였다. 효환제孝桓帝 본초本初 원년에 이르러, 친동생 수성에게 왕위를 물려주니 이때 궁의 나이가 100살이었고 왕위에 있은

82

지 94년째였다.'라고 한다. 건광 원년은 궁이 재위한 지 69년째에 해당한다. 즉《한서》에 적힌 기록과《고기》의 기록이 서로 다르고 합치되지 않는다.《한서》의 기록이 틀린 것이 아닌가?

김부식은《삼국사기》에《후한서》의 기록과《해동고기》의 기록도 올렸다.《해동고기》에 태조왕의 이름을 고궁^{高宮}이라고 하여 고구려의 국성이 해 씨에서 고 씨로 이때 바뀌었다는 사실을 알 수 있다.

김부식은《삼국사기》를 쓰면서《해동고기》,《삼한고기》,《본국고기》,《신라고기》등을 참고로 했는데 이 책들은 현재 전하지 않는다.

태조왕의 이름은 고궁이고 유리왕의 손자 고추가 재사의 아들이다. 유리왕의 증손자라면 해 씨가 되어야 하는데 고 씨가 되어 있다. 고추가는 고려 연맹체의 부족에게 사용되던 호칭이다. 모본왕이 죽으면서 역성혁명이 일어났고 해 씨는 몰락하고 고 씨가 정권을 잡은 것으로 보인다.

08
광개토대왕은 왜
삼국을 통일하지 않았나

고구려 역사에서 또는 우리나라 역사에서 광개토대왕廣開土大王은 가장 호쾌하고 영웅적인 인물이다. 드넓은 만주벌판을 정벌하고 백제와 왜를 정벌하여 고구려의 강역을 넓혔다. 그는 불과 18세에 고구려의 왕이 되어 광활한 요동 벌판과 연해주 일대를 장악했다. 중국 역사서에는 고구려 전성기의 강역이 사방 5천 리로 기록한 곳도 있고 사방 9천 리로 기록한 곳도 있다.

그렇다면 이처럼 뛰어난 광개토대왕이 어찌하여 백제와 신라를 정복하여 통일하지 않았는지 의문을 갖는 사람이 많다. 그러나 강대한 고구려는 압록강 건너 만주에 있었고 백제와 신라는 한반도의 작은 나라에 지나지 않았다.

광개토대왕의 이름은 담덕談德이고, 고구려 18대 고국양왕故國壤王

의 아들이다.

"그는 태어나면서부터 웅위한 체격을 갖고 있고, 뜻이 대담했다."

《삼국사기》의 기록으로 남다른 야망을 갖고 있다는 사실을 알 수 있다. 그는 고국양왕 3년에 태자가 되었다.

> 겨울 10월, 복숭아와 오얏 꽃이 피었다. 소가 말을 낳았는데 발이 여덟, 꼬리가 두 개였다.

《삼국사기》의 기록은 놀랍지만 광개토대왕이 태자가 되었을 때 이변이 있었다는 것을 말하는 것이다. 광개토대왕의 태자 시절은 기록에 없다. 그러나 이러한 이변을 통해 그가 장차 정복군주가 된다는 사실을 암시하고 있는 것이다.

광개토대왕이 18세가 되었을 때 아버지 고국양왕이 죽어 그는 즉위하여 고구려 제19대 왕이 되었다.

> 가을 7월, 남쪽으로 백제를 공격하여 10개의 성을 점령하였다.
> 9월, 북쪽으로 거란을 공격하여 남녀 5백 명을 생포하고, 또한 본국에서 거란으로 도망갔던 백성 1만 명을 달래어 데리고 돌아왔다.

광개토대왕은 즉위하자마자 백제와 전쟁을 벌이고 거란을 공격한다. 그는 고구려의 백성 1만 명을 회유하여 다시 고구려로 데리고 온다. 광개토대왕이 용맹하기만 한 것이 아니라 지혜로운 왕이라는 사실을 알 수 있다.

광개토대왕 시절 백제는 제17대 아신왕阿莘王이 재위에 있었다.

아신왕이 한성의 별궁에서 태어났을 때 신비로운 광채가 밤을 밝혔다. 그가 장성하자 의지와 기풍이 호방하였으며, 매사냥과 말타기를 좋아하였다. 아버지인 침류왕枕流王이 죽었을 때, 그는 나이가 어렸기 때문에 그의 숙부 진사가 왕위를 이었는데 진사왕辰斯王이 재위 8년에 사망하자 비로소 즉위하여 아신왕이 되었다.

아신왕은 고구려가 남하정책을 추진하자 고구려에 대항하기 시작했다.

"관미성은 우리나라 북쪽 변경의 요새다. 그 땅이 지금은 고구려의 소유로 되어 있다. 이것을 과인은 애통해 하니, 그대는 응당 이 점에 마음을 기울여, 이 땅을 빼앗긴 치욕을 갚아야 할 것이다."

아신왕이 백제 진무眞武장군에게 말했다.

"신이 목숨을 다해 명을 받들겠습니다."

아신왕은 마침내 1만 명의 군사를 동원하여 고구려의 남쪽 변경을 칠 것을 계획하였다. 진무는 병졸보다 앞장 서서 화살과 돌을 무릅쓰고 석현 등의 다섯 성을 회복하기 위하여 먼저 관미성을 포위했는데, 고구려 사람들이 성을 둘러싸고 굳게 방어하였다. 진무는 군량의 수송로를 확보하지 못하여 군사를 이끌고 돌아왔다.

"실망하지 마라. 내일이 있다."

아신왕이 진무장군을 위로했다.

아신왕 4년 8월, 좌장 진무 등에게 명하여 고구려를 치게 했다. 고구려는 광개토대왕이 손수 군사 7천 명을 거느리고 패수에 진을 치고 달려와 백제군을 대파했다. 백제군은 사망자가 8천 명에 이르렀다. 백제의 장수들이 초라한 모습으로 아신왕에게 무릎을 꿇었다.

"고구려왕이 그토록 용맹하다는 말인가?"

광개토대왕의 용맹을 듣고 아신왕은 한숨을 내쉬었다.

"이제는 내가 직접 출정하여 고구려왕에게 복수할 것이다."

아신왕은 패수 전투의 패배를 보복하기 위하여 11월이 되자 직접 군사 7천 명을 거느리고 한수를 건너 청목령 아래에 진을 쳤다. 그때 마침 큰 눈이 내려 병졸들 가운데 동사자가 많이 발생하자 왕은 회군하여 한산성에 이르렀다.

"눈이 내려 퇴각한 것은 하늘이 돕지 않기 때문이다. 때가 오면 하늘이 우리를 도울 것이다."

아신왕은 군사들을 위로했다.

아신왕은 이후에도 고구려를 공격하기 위해 군사를 양성하고 성을 쌓았으나 백성들이 고통스러워 신라로 달아나기까지 했다.

아신왕은 끝내 고구려를 공격하지 못하고 항복하여 광개토대왕에게 무릎을 꿇기까지 했다. 《백제본기》나 《고구려본기》는 없으나 광개토대왕비에 그 내용이 실려 있다.

영락 6년 태왕께서는 손수 수군을 끌고 백제를 쳐서 58성城과

7백 촌을 공파하고, 영원히 노객奴客이 되겠다는 백제 아신왕의 항복을 받아낸 뒤 백제의 왕제王弟와 대신大臣 10인을 비롯한 포로 1천 명을 얻어 개선했다.

광개토대왕비의 기록이다.

고구려는 백제를 속국을 만들고 인질까지 잡아갔다. 아신왕은 영원히 노예가 되겠다고 맹세하여 겨우 나라의 명맥을 유지할 수 있었다.

광개토대왕이 백제를 멸망시키지 않은 것은 항복을 하면 나라를 멸망시키지 않는 것이 관습이었기 때문이었다. 그러나 백제 아신왕은 복수를 꿈꾸지 않을 수 없었다. 여러 차례 고구려를 침공할 계획을 세웠으나 끝내 뜻을 이루지 못하고 죽었다.

고구려와 백제의 대립은 숙명적이었다. 광개토대왕이 죽고 장수왕이 즉위하자 그는 평양으로 천도하여 백제를 긴장하게 만들었다. 그러나 백제의 개로왕은 고구려 장수들에게 사로잡혀 처형을 당해 죽고 백제는 결국 공주까지 남하하여 부여 백제시대를 열게 되는 것이다.

신라는 고구려에 조공을 바치고 있었으나 왜와 가야의 침략을 받았다.

"폐하, 왜국과 가야국이 신라를 침공했습니다. 신라왕이 사신을 보내 구원을 청하고 있습니다."

고구려 철기군단이 환도성으로 개선하자 국상 소문신이 아뢰었다. 광개토대왕은 피로를 풀 여가도 없이 가야와 신라에 대한 자세한 동정을 보고 받았다.

"왜가 가야와 동맹을 맺고 신라를 치는 것은 용납할 수가 없다. 신라는 우리 속국이 아닌가? 또한 백제가 가야국을 병합하여 신라를 침공한 뒤에 고구려의 남방을 유린하면 대륙 정벌을 할 수가 없다."

광개토대왕은 철기군단을 이끌고 남정을 하기로 결정했다.

"폐하, 숙군성을 공격한 군사가 돌아온 지 얼마 되지 않았습니다.

▲ 고구려는 광개토대왕 시절에 사방의 강역이 5천 리가 넘을 정도로 강성해 졌다. 광개토대왕 릉비. 국립중앙박물관 소장

지금 다시 남정을 하면 군사들이 지쳐서 승리할 수가 없습니다."

대신들이 일제히 반대했다.

"왜가 신라를 치는 것을 용납해서는 안 된다. 왜는 백제와 연합하여 우리를 공격했는데 어찌 방임할 수 있겠는가? 신라왕에게 들으니 왜는 걸핏하면 신라를 침공하여 약탈을 해가고 있다고 한다. 또 신라의 밑에는 가야라는 여러 나라들이 있다고 하니 이 나라들을 정복하여 복속하게 할 것이다. 군사들은 내가 설득할 것이다."

광개토대왕이 어전에서 영을 내린 뒤에 철기군단의 장수들을 소집했다.

"그대들은 내 말을 한 마디도 빠트리지 말고 군사들에게 전하라. 나는 신라를 침공한 가야와 왜를 정벌하기 위해 남정을 할 것이다. 철기군단의 군사들이 숙군성을 공략하고 돌아온 지 얼마 되지 않아 피로가 누적되어 있다는 것을 알고 있다. 가야와 왜는 우리가 숙군성에서 돌아온 지 얼마 되지 않아 남정을 하지 못할 것으로 생각하고 있을 것이다. 우리는 가야와 왜의 허를 찌른다. 나는 천손이고 왕중의 왕 태왕이다. 나는 너희들을 이끌고 남정을 단행한다. 신라를 구원하고 가야를 정벌하여 남쪽의 땅 끝을 보리라. 그대들은 남쪽 땅 끝을 본 일이 있는가. 나는 그대들에게 남쪽 땅 끝, 세상의 끝을 보여줄 것이다. 나와 함께 남정을 하는 자는 역사에 영원히 이름이 남으리라!"

광개토대왕이 철기군단의 장수들에게 영을 내리자 장수들이 군사들에게 그대로 전했다. 철기군단의 군사들은 광개토대왕을 따라 남진하겠다고 자원했다.

"신라의 도읍 금성까지 닷새에 주파한다, 적을 기습하는 것은 기동력이다."

광개토대왕은 군사를 4로로 나누어 진격하게 했다. 고구려 철기군단은 무인지경으로 신라의 강역을 휩쓸면서 금성으로 달려갔다. 금성은 이미 왜국 군사들과 가야국 군사들이 겹겹이 에워싸고 공격을 하는 한편 주위의 촌락에서 재물을 약탈하고 부녀자들을 겁탈하여 아비규환의 참상이 벌어지고 있었다.

"가야는 어떤 나라인가?"

광개토대왕이 사벌주에 진을 치고 장수들에게 물었다.

"가야는 원래 아홉 개 촌락의 촌장이 각 촌을 다스리는 부족국가였는데 금관가야국의 수로왕이 통일했다고 합니다. 지금은 여섯 가야가 연맹을 이루고 있습니다. 중국과 왜와 무역을 하고 농사를 주로 짓고 있습니다."

가야에 대해서 비교적 정통하게 파악하고 있는 사벌주 태수가 아뢰었다.

"왜국은 나라꼴도 제대로 갖추지 못한 미개한 자들이다. 왜국 군사들을 철저하게 도륙하여 다시는 침략하지 못하게 하고 가야는 고구려의 속국을 만든다."

광개토대왕이 장수들에게 영을 내렸다.

"폐하, 군령을 내려주십시오."

"왜국 군사들과 가야국 군사들이 금성을 포위하여 공격하고 있다. 전군은 4로로 나누어 동서남북에서 일제히 공격하라! 진군하라!"

광개토대왕의 군령이 떨어졌다.

"예!"

철기군단의 대장군들이 일제히 군례를 바쳤다.

"전군 속보로 진군!"

고구려군은 전고를 울리면서 가야군과 왜국 군을 향해 질풍처럼 달리기 시작했다. 가야군은 고구려군이 질풍처럼 달려오자 대경실색하여 싸우지도 않고 달아나기 시작했다.

"왜군을 하나도 살려 보내지 마라. 왜군은 백제를 도와 우리 고구려를 공격하는 자들이다!"

고구려군은 파도가 몰아치듯이 왜국 군사들을 공격했다.

"저들이 어디서 온 군사들이냐?"

왜군은 고구려의 철기군단을 보고 경악했다. 왜군은 나라꼴도 제대로 갖추지 않은 채 지방의 족장들이 무리를 지어 신라를 공격하여 재물을 약탈해 가고는 했다. 그들은 갑옷이나 활조차 변변하지 않았고 군대의 편제도 갖추지 않은 해적들에 지나지 않았다. 그러나 일본의 기후가 농사를 짓기에 적합하지 않았고 농사를 짓는 방법도 서툴러 부족한 식량을 신라를 약탈하여 대신하곤 했던 것이다. 고구려의 철기군단은 왜국 군사들에게 지옥의 사신이나 다를 바 없었다.

"성덕이 높으신 왕중의 왕 태왕께서 몸소 천군을 거느리고 서라벌까지 왕림하는 수고로움을 끼쳤으니 몸 둘 바를 모르겠습니다. 신라는 고구려를 상국으로 모실 것이며 해마다 조공을 바칠 것입니다."

신라의 내물왕이 절을 하고 말했다.

영락 10년 태왕께서는 신라를 구원하기 위해 보기步騎 5만을 파견해 임나가라任那加羅, 가야와 신라까지 가서 왜를 토멸했다.

광개토대왕비의 기록이다. 5만의 대군이 신라를 휩쓸고 위기에 빠진 서라벌을 구원한 것이다.

광개토대왕은 재위 22년, 40세에 유명을 달리했다.

고구려의 웅대한 역사를 되찾는 작업은 우리 민족의 혼과 얼을 되살리는 일이다.

중국은 동북공정으로 끊임없이 우리의 역사를 위협하고 있다. 중국은 고구려 역사와 발해사를 자국의 역사로 편입시키려는 위험한 시도를 하고 있다.

태왕 광개토는 우리 역사에서 영토를 넓힌 왕으로 추앙을 받고 있는데, 실제로 어느 정도 영토를 넓혔는지 기록이 일천하여 추정하기가 쉽지 않다.

고구려의 왕들은 대부분 무덤이 있는 땅의 이름을 시호로 삼았다. 그러나 초기의 몇몇 왕들과 광개토, 장수왕 등은 특이하게 공적으로 시호를 삼았다. 그렇다면 태왕 광개토가 어느 정도 영토를 넓혔는지, 고구려의 강역이 어느 정도였는지 궁금하지 않을 수 없다.

중국의 사서들이 발해가 고구려의 강토 대부분을 회복했다는 기록을 남긴 것을 감안할 때 발해의 강토가 곧 고구려의 강토라는 추정이 가능해진다. 발해는 강역이 사방 9천 리에 이른다. 그렇다면 고구려의 영토도 사방 9천 리에 이른다고 보아야 할 것이다.

장수왕은 부왕에게 광개토라는 시호를 올리고 국강호태왕광개토라는 비석을 세웠다.

대륙을 호령한 민족의 영웅. 위대한 황제 태왕 광개토는 수많은 백성들의 애도 속에 안장되어 대륙의 신화가 되고 전설이 되었다.

09
강이식은 어떻게
수나라 30만 대군을 격파했나

을지문덕乙支文德은 수隋나라 백만대군을 격파하고 위기에 빠진 고구려를 구하여 민족의 영웅으로 자리매김하고 있다. 그러나 을지문덕의 출생이나 죽음에 대해서 전혀 알려지지 않았고 그의 어린 시절이나 가계에 대해서도 기록이 없다. 그러나 수나라 백만대군을 격파하여 고구려의 이름을 오랫동안 대륙에 떨쳤다.

고구려는 주몽이 개국을 한 뒤에 서서히 주변의 작은 나라들을 정복하면서 강자의 면모를 과시해 오다가 광개토대왕 시절에 명실공히 대륙을 지배하는 강대국이 되었다. 그러나 장수왕이 평양으로 천도를 하고 점차 대륙에서 멀어지기 시작했다. 고구려가 요하 일대에 쌓은 비사성, 요동성, 부여성, 숙군성, 현도성 등이 건재했으나 국내성에 도읍이 있을 때와는 달랐다.

중국은 한나라 이후 3백여 년 동안 혼란기에 이르러 있었고 남북조시대였다. 북주의 권력자였던 양견楊堅은 어린 황제를 핍박하여 양위를 받아 황제가 된 뒤에 나라 이름을 수나라로 바꾸었다. 이어 남조로 불리는 진을 멸망시켜 중국을 다시 통일했다. 양견은 수문제가 되었다.

고구려는 영양왕이 즉위해 있었다. 영양왕은 고구려 제26대 왕으로 25대 평원왕의 장남이었다. 20년이 넘는 태자생활을 하면서 정치와 군사를 익히고 왕이 되어 본격적으로 국가를 다스렸다. 중국 대륙을 수나라가 통일하자 대륙의 동정이 심상치 않다고 판단한 그는 백제와 신라를 공격하여 남쪽 국경을 안정시키고 돌궐과는 외교를 강화했다.

고구려는 요하 동쪽을 장악하고 있었다. 수나라와 고구려는 요하를 사이에 두고 팽팽하게 대치했다. 수나라는 고구려에 사신을 보내 조공을 강요했다. 중국은 5호 16국 시대를 거치면서 오랫동안 분열되어 있었으나 수나라가 천하를 통일하여 강력해져 있었다.

그들은 고구려의 변경을 자주 침략하면서 충돌했다.

"수나라 놈들이 함부로 우리 국경을 침범한다. 이놈들에게 본때를 보여줘야 돼."

고구려는 말갈 군사 1만여 명을 동원해 영주를 공격했다.

"고구려는 동이東夷의 변종이다. 이들이 영주를 침략하고 조공을 바치지 않으니 마땅히 공격하여 정벌해야 한다."

수나라 문제文帝는 고구려와 전쟁을 벌이기로 했다. 그는 수백 년 만에 중국 대륙을 통일했기 때문에 스스로를 위대하다고 생각했다. 그는 30만 군사를 일으켜 고구려를 침략할 준비를 했다.

고구려는 수나라가 침공할 기미를 보이자 이에 맞설 준비를 했다.

"수나라가 침략하면 고구려의 사활을 걸고 싸워야 합니다."

태학박사 이문진李文眞이 영양왕에게 말했다. 고구려는 건국초기에 유기留記라는 역사서 1백여 권을 기록하고 있었는데 방대한 고구려 역사를 신집新集 5권으로 정리한 사람이었다. 학문이 높았기 때문에 병서에도 밝아 영양왕의 총애를 받았다.

"우리는 얼마의 군사를 동원해야 하는가?"

"10만입니다. 그러나 각 성을 방비해야 하기 때문에 실제로는 5만 군사를 동원할 수 있습니다."

"병마원수兵馬元帥는 누가 적임인가?"

"강이식姜以式 장군이 적임입니다."

강이식 장군은 영양왕이 영주를 공격할 때 선봉을 맡았었다.

"침략자가 우리의 영토에 한 발자국도 들어오게 할 수 없다."

고구려는 명장 강이식을 병마원수에 임명하여 수나라 대군을 방어하게 했다. 강이식은 훗날 진주 강씨晉州姜氏의 시조가 되는 사람으로 정병 5만 명을 이끌고 수나라 군사를 막기 위해 출전했다. 양군은 대륙의 광활한 초원에서 대진을 하고 전투할 준비를 하기 시작했다.

수나라는 요서총관遼西摠管 위충이 대장군에 임명되어 고구려 침공의 선봉을 맡고 있었다. 위충은 대군을 거느리고 질풍노도처럼 고구려를 침공했다.

"수나라 군사는 먼 행군에 지쳐 있다. 그들을 공격하다가 패한 척하고 유인하라!"

강이식은 수나라 요서총관 위충과 접전하다가 임유관으로 거짓 후퇴했다. 이에 수나라의 문제는 한왕漢王 양양楊諒을 행군대총관으로 삼아 30만 대군을 임유관으르 보내고, 주나후周羅喉를 수군총관水軍摠管에 임명하여 바다로 출전시키면서 평양을 공격한다고 소문을 퍼트렸다.

수문제도 나름대로 전략을 세운 것이다. 수나라와 고구려의 전략이 불꽃을 튀기는 순간이었다.

"수나라의 수군이 평양을 공격하러 오는 것이 아니라 한왕 양양의 군대에 군량을 대주려는 전략이다."

강이식은 수문제의 전략을 꿰뚫어 보고 있었다. 강이식은 결사대를 이끌고 임유관에서 나와 평양으로 향했다.

강이식이 지휘하는 고구려 결사대는 한밤중에도 강행군을 계속하여 닷새 만에 평양에 이르렀다.

"수나라 군사는 바다를 이용해 군량을 운반하려는 전략을 세우고 있다. 우리가 그들의 군량선을 격파하면 임유관에 있는 적은 굶어죽게 될 것이다. 고구려군은 수나라 군사들을 모조리 수장하라!"

강이식은 고구려군을 지휘하여 한밤중에 바다에 나가 주나후의 군량선을 공격했다.

"불화살을 쏴라!"

▲ 고구려는 전통적으로 상무의 기질을 갖고 있었다. 씨름을 하는 고구려인. 무용총.

강이식은 불화살로 수나라 수군을 불태웠다. 수나라 수군은 고구려군의 기습을 받고 우왕좌왕하다가 대부분의 군량선이 불에 타거나 침몰했다. 강이식은 군사들에게 평양의 벽루壁壘를 지키라고 엄명을 내리고 다시 임유관으로 이동했다. 수나라의 30만 대군은 임유관 앞에 도착했으나 군량이 보급되지 않고 전염병이 나돌아 전의를 상실했다.

중국에서 수천리 길을 행군하여 임유관에 당도한 수나라 군사들은 장마로 인하여 육로의 보급로가 차단되고 수로를 이용한 군량 수송마저 봉쇄당하자 극심한 고통을 당했다. 그들이 진을 친 곳에 물이 무릎까지 차오르고 흙탕물이 흘러 마실 물조차 없었다. 게다가 전염병이 돌아 군진에 군사들의 시체가 즐비하여 전투가 시작되기도 전에 전의를 상실했다.

"비가 이렇게 억수같이 쏟아지니 수나라의 30만 대군은 분명히 군진에서 기아와 질병으로 죽어가고 있을 것이다. 전군은 성을 나가 수나라 군사를 공격하라!"

강이식이 지휘하는 고구려 군사는 일제히 성문을 열고 나가 수군을 공격했다. 고구려군은 전염병으로 기진맥진해 있는 수나라 군사를 대대적으로 공격하여 도륙했다.

수나라의 30만 대군은 불과 수천명이 살아 돌아가 수나라의 군세는 크게 위축되었다. 고구려도 더 이상 전쟁을 하는 것은 국토가 피폐해질 것을 우려하여 수나라에 사신을 보내 평화 협정을 맺고 형식적으로 조공을 바치기로 결정했다. 이것이 고구려와 수나라 사이에 일어난 제1차 전쟁이었다. 고구려는 강이식과 같은 뛰어난 장수들이 있어서 강온 양면 전략을 효과적으로 사용하고 있었다.

그렇다면 강이식은 누구인가?

강이식은 수나라 30만 대군을 격파한 장군이었으나 정사에는 아쉽게도 그의 기록이 남아 있지 않다. 그에 대한 기록은 《서곽잡록西郭雜錄》과 《대동운해大東韻海》에 남아서 전해졌다고 하나 두 권도 사라져 찾을 수 없다.

조선후기의 문신 강석규가 남긴 시문집 《오아재집鰲丫齋集》에는 고구려 때의 원수元帥라고만 짧게 기록되어 있다. 신채호가 쓴 《조선상고사朝鮮上古史》에서 강이식에 대해 병마원수로 정병 5만을 끌고 수나라 30만 대군을 격파했다고 말하고 있다. 고려 때 거란족을 물리친 강감찬 장군도 강이식 장군의 후손이다.

10
미실은 어떻게
신라 최고의 요부가 되었나

　신라 여인 미실美室은 화랑들의 일대기를 모은《화랑세기花郎世記》
에 나오는 여인으로 드라마 〈선덕여왕〉 때문에 더욱 널리 알려졌다.
《화랑세기》는 매우 기묘한 책으로 역사서이면서 지나치게 성적인
문제를 여과없이 다루고 있어서 처음 읽는 사람들을 당혹스럽게 한
다. 위서 논쟁이 치열하게 벌어졌으나 위서라고 해도 참으로 잘 쓰
인 책이라고 할 수 있다.

　《화랑세기》의 저자는 김대문金大問으로 기록에 의하면 〈고승전〉,
〈화랑세기 약본〉, 〈한산기〉 등을 지었다고 전해진다. 김부식은《삼
국사기》에서《화랑세기》를 인용하여 '어진 재상과 충성스러운 신하
가 이에서 나왔고, 훌륭한 장수와 용감한 병사가 이에서 생겼다賢佐
忠臣, 從此而秀, 良將勇卒, 由是而生' 라고 했고,《삼국사기 열전》에도 같은

내용이 기록되어 있다. 이를 보면《화랑세기》는 실제로 존재했던 책이지만 사라졌다가 1989년에 갑자기 필사본 형태로 나타나 위서로 보고 있는 것이다.

《화랑세기》에는 신라를 신국神國, 신라 여인들이 색공을 연마하고 근친상간을 하는 등 역사서에서는 보기 힘든 부분이 많이 나온다. 《화랑세기》의 상당 부분을 미실이 차지하고 있고 그녀를 성모처럼 묘사하고 있는 것도 일반 역사서와는 다른 점이다.

미실의 출생과 실존 여부는 알려지지 않고 있다.《삼국사기》나 《삼국유사》에는 그 이름이 보이지 않고 오로지《화랑세기》에만 이름이 나오고 있기 때문이다.

《화랑세기》는 화랑의 족보다. 기록의 대부분이 화랑들과 신라 왕녀들의 혼인, 애정, 성애로 채워져 있어서 잘못 읽으면 음란한 문서를 읽는 기분이 든다. 특히 혈통을 보존하기 위해 근친을 서슴지 않고 있다. 그러한 까닭에《화랑세기》가 여성이 쓴 것처럼 느껴지기도 하고 성적 판타지를 표현한 문학작품같이 느껴질 때도 있다. 그렇지만 역사서가 한정되어 있는 상황에서 그나마 신라의 정치, 사회, 성풍속도를 폭넓게 살필 수가 있다.

화랑은 진흥왕 때 창설되었으나 그 이전에 창설되었을 것이라는 설도 있다.

화랑이라는 말이 공식적으로 사용되기 이전에 신라에는 낭도郞徒라고 불리는 무리들이 있었다.

화랑을 공식적으로 설치한 것은 《삼국사기》에 의하면 서기 576년 (진흥왕 37년)의 기록으로, 이 해에 처음으로 원화源花, 신라 때 사회의 전통적 가치와 질서를 익히며 예절과 무술을 닦은 청소년 단체의 우두머리를 받들게 해 남모南毛와 준정俊貞이라는 아름다운 두 여자를 뽑아 300여 명의 무리를 거느리게 했다는 기록이 있다. 이들 두 여자는 질투 끝에 준정이 남모를 살해하여 원화제도가 폐지되고 화랑제도가 설치된다.

《삼국사기》의 기록으로는 서기 576년이지만 562년 신라 진흥왕 때의 장군 이사부異斯夫가 대가야를 정벌할 때 이미 화랑 사다함斯多含의 행적이 나오고 있어서 실질적으로 진흥왕 이전에 존재했을 가능성이 높다.

신라는 오랫동안 씨족 사회가 지속되었기 때문에 일족一族을 보호하고 지키려는 기풍을 갖고 있었다. 그런데 이 기풍은 고대 그리스와 같이 남자의 아름다운 육체와 아름다운 정신을 숭상하는 것이었다. 화랑花郎이라는 이름 자체가 꽃처럼 아름다운 남자를 지칭하는 것이다. '얼굴이 아름다운 남자를 뽑아 곱게 가꾸고 단장시켜, 화랑이라는 이름으로 부르게 했다擇貴人子弟之美者, 傅粉粧飾之, 名曰花郎' 라는 삼국사기의 구절에서도 신라는 아름다운 남자를 숭상했다는 사실을 찾아볼 수 있다. 또한 종교와 밀접한 관련이 있는 것은 국선國仙이니, 풍월주니 하는 용어에서도 확인된다.

"우리나라에는 현묘한 도道가 있다. 이를 풍류風流라 하는데 이 도道를 설치한 근원은 《선사仙史》에 자세히 실려 있거니와, 실로 이는 3교三敎, 유불선를 포함한 것으로 모든 민중과 접촉하여 교화敎化하였다."

최치원의 《난랑비서문鸞郎碑序文》에 있는 말로 신라는 불교가 중흥을 이루기 전에 이미 선도仙道를 지향하고 있었다. 따라서 국선國仙이니 풍월주風月主니 하는 용어 모두 선도에서 나왔다고 볼 수 있다. 화랑이나 원화라는 이름으로 불리기 이전에 신라는 아름다운 남자들의 조직체가 있어서 낭도들이라고 불린 것이다.

화랑의 대장은 풍월주로 불린다. 1대 풍월주 위화랑은 옥진궁주와의 사이에서 딸 묘도를 낳는다. 묘도는 2대 풍월주 미진부와의 사이에서 미실을 낳아 처음으로 《화랑세기》에 등장하게 된다.

옥진궁주는 대원신통大元神統이다. 대원신통은 왕과 혼인을 할 수 있는 인통姻統을 의미한다. 인통은 모계 계승으로 이루어진다. 태어날 때부터 왕이나 왕실의 여자로 결정되어 있기 때문에 막강한 권력을 가지고 있었다.

미실은 태어났을 때부터 미모가 출중했고 지혜로웠다. 그녀는 진흥왕을 받들고 있다가 궁에서 추방되었다. 그녀는 한때 서라벌에서 가장 아름다운 남자인 화랑 사다함을 연모했다.

'나의 남편은 사다함 같아야 한다.'

미실은 입버릇처럼 말했었다. 사다함도 미실을 한 번 보고 사랑에 빠졌다. 그러나 그들의 사랑은 이어질 수 없었다.

"너는 신라를 지배할 운명을 가지고 태어났다."

미실은 어머니 묘도에 의해 색공色功을 연마했다. 색공은 남녀의 정사를 말하는데 대원신통의 여자들이 이를 연마했다. 미실은 색공 연마를 마치자 궁으로 들어가 남자들을 사로잡았다. 사다함은 절망했으나 어쩔 수가 없었다. 그러나 미실은 여인들의 암투로 다시 궁에서 쫓겨났다.

'미실이 궁에서 쫓겨난 것은 하늘이 나에게 기회를 준 것이다.'

사다함은 미실을 찾아가 사랑을 고백했다. 미실은 이미 색공을 연마하여 요부가 되어 있었다. 외로움 때문에 잠을 이루지 못하던 미실에게는 꿈과 같은 일이었다. 두 남녀는 즉시 사랑에 빠져 색사에 돌입했다. 미실은 온갖 기교로 사다함을 사로잡았다.

서기 561년 진흥왕은 대가야를 정벌하라는 영을 내렸다. 사다함이 선봉으로 출정하겠다고 청했으나 나이가 어려서 허락하지 않았다.

"나라가 전쟁을 하는데 나이가 어리다고 가만히 있을 수는 없다."

사다함은 진흥왕이 전쟁에 나가는 것을 허락하지 않자 자신의 낭도들을 이끌고 스스로 출정할 준비를 했다.

설성은 사다함의 의부였으나 그의 휘하에 들어갔다. 사다함이 어머니쪽으로 신분이 높았기 때문이었다. 신라의 골품제는 철저하게 신분제로 이루어져 있었기 때문에 의부이면서도 사다함을 깍듯이 받들어야 했다.

사다함이 전쟁터로 출정하려고 하자 미실이 울면서 반대했다.

"낭군께서 전쟁터로 떠나면 나는 견딜 수가 없을 것입니다. 차라리 깊은 산속이나 바닷가 섬으로 달아나서 살아요."

미실이 사다함을 끌어안고 몸부림을 쳤다.

"나는 화랑이오. 임금에게 충성하고 부모에게 효도해야 하오."

사다함도 미실과 헤어지는 것이 가슴이 타는 것 같았으나 화랑의 임무를 다해야 했다.

"낭군이 떠나면 나는 어떻게 합니까?"

미실은 온갖 색공으로 사다함을 위로하면서 밤을 새웠다. 마침내 날이 밝아 사다함이 출정하게 되었다. 서라벌의 궁성 앞에 대군이 집결하고 사다함은 낭도들을 거느리고 출정식에 참가했다. 진흥왕이 이사부에게 군령검을 하사하고 군대가 북소리에 맞춰 행군하기 시작했다.

그때 사람들이 웅성거리면서 성루를 쳐다보았다. 언제 나타났는지 성루에서 아름다운 여인이 춤을 추면서 노래를 부르고 있었다.

바람이 분다 하되 님 앞에서 불지 말고
물결이 친다 하되 님 앞에서 치지 마오
님이여 어서 돌아와 안아 주오
사랑하는 님이여, 잡은 손을 놓을 수가 없네

미실이 사다함을 위하여 부른 출정가였다. 미실이 계속 노래를 부르고 출정하는 군사들이 따라 불렀다. 사다함도 성루에서 흰옷을 입고 춤을 추는 미실을 바라보면서 출정가를 따라 불렀다.

사다함은 미실의 애절한 노랫소리를 가슴에 담고 출정했다.

이사부가 대가야의 반란을 진압하고 있을 때 사다함은 불과 16세밖에 되지 않았으나 선봉이 되어 맹활약을 했다. 가야왕은 대가야의 도읍인 주산성株山城, 고령에서 신라군을 방어했다. 사다함은 정예 병사 5천 명을 이끌고 대가야의 주산성으로 질풍처럼 달려갔다.

"신라군을 막아라!"

대가야군은 성 앞 벌판에서 치열하게 저항했다.

"가야는 백제와 연합하여 관산성을 공격했다. 이제 관산성의 복수를 해야할 때다. 군사들은 나를 따르라."

사다함은 대가야 진영을 종횡무진으로 누비며 장창을 휘둘렀다. 대가야군은 점점 뒤로 밀리기 시작했다.

"퇴각하라!"

"성안으로 들어가라!"

가야군은 마침내 주산성으로 퇴각하여 성문을 굳게 닫아걸었다. 신라군은 주산성을 빽빽하게 에워싸고 공격을 퍼부었다. 성루에 사다리를 놓고 올라가기도 하고 도끼로 성문을 부수기도 했다. 그러나 그때마다 가야군은 화살을 쏘거나 돌을 굴려 신라군을 죽였다. 신라군은 주산성 산 밑에서 무수히 죽어갔다.

"대장군, 희생이 이렇게 커서는 주산성을 공격하는 일이 쉽지 않습니다."

장군들이 이사부에게 맹목적인 공격을 반대했다.

"전쟁에 나왔으면 물러나지 말아야 한다. 전군은 계속 돌격하라!"

이사부는 장군들의 만류를 듣지 않고 대대적으로 주산성을 공격하기 시작했다. 양측의 공방은 치열했다. 그러나 주산성의 가야군이 죽음을 각오하고 방어를 했기 때문에 쉽사리 주산성을 함락할 수가 없었다. 신라군은 한 달 동안이나 주산성을 맹렬하게 공격했으나 성을 함락하지 못했다.

대가야의 왕 도설지는 사력을 대해 신라군을 막다가 피로가 누적되어 쓰러졌다. 주산성은 식량이 떨어지고 화살이 떨어졌다. 군량을 대느라고 백성들의 반이 굶어 죽는 참극까지 일어났다. 그래도 가야군은 항복하지 않았다. 11월 하순이 되었다. 겨울을 재촉하는 찬바람이 휘몰아치기 시작할 무렵 가야군은 더 이상 항전을 할 수 없는 상태에 이르고 말았다.

"군량을 모조리 불태우라!"

도설지가 영을 내렸다. 주산성 군사들은 일제히 군량을 태우고 성안의 관사와 민가에 불을 질렀다. 집과 군량이 타는 연기가 하늘을 새카맣게 뒤덮고 화염이 충천했다.

"전쟁에 나온 군사가 공성을 하다가 죽는 것은 당연한 본분이다. 공성을 계속하라!"

이사부가 강경하게 명령을 내렸다. 신라군은 대가야의 주산성을 맹렬하게 공격했으나 가야가 최후의 저항을 하고 있었기 때문에 많은 희생자가 발생했다. 신라군은 공격을 멈추고 주춤했다.

"폐하의 명을 받아 출정을 한 것은 아니나 화랑의 기백을 보여줄 때가 되었다. 나는 마땅히 선두에 서서 적과 싸울 것이다. 임전무퇴, 화랑은 결코 전투에서 물러나지 않는다."

사다함은 결연히 외치고 주산성을 향해 달려갔다. 그 뒤를 화랑이 함성을 지르며 따라갔다. 신라의 대군은 주산성을 에워싸고 맹렬하게 공격을 퍼부었다.

사다함은 장창을 무섭게 휘두르면서 가야군을 도륙했다. 그가 장창을 휘두를 때마다 가야군이 추풍낙엽처럼 쓰러졌다.

'저 자는 누구인데 저처럼 용감한 것인가?'

대가야 왕 도설지는 백의를 입고 가야군을 도륙하는 사다함을 보고 전신을 부르르 떨었다. 사다함의 백의는 어느 사이에 피를 뒤집어써서 혈의로 변해 있었다. 어찌나 많은 군사들이 그의 몸에 피를 뿌리고 죽었는지 그의 발밑에는 시체가 즐비했고 옷에서는 혈우血雨를 맞은 것처럼 피가 뚝뚝 떨어지고 있었다.

"가야군은 항복하라! 항복하는 자는 죽이지 않는다."

사다함은 맹수처럼 소리를 지르면서 장창을 휘둘렀다. 그가 장창을 휘두를 때마다 피보라가 자욱하게 일어나고 처절한 비명소리가 난무했다.

"무서운 장군이다."

가야군은 공포에 질려서 뿔뿔이 흩어져 달아났다.

사다함은 마침내 성루에 올라가 깃발을 꽂았다.

그 뒤를 따라 신라군이 질풍노도처럼 성위로 올라와 가야군을 도륙했다. 가야군은 탈진하여 성루에 주저앉거나 누워서 꼼짝도 하지 못하고 있었다.

신라군은 당당하게 주산성으로 입성했다. 주산성은 사다함이 생각했던 것보다 훨씬 더 비참한 상태에 빠져 있었다. 주산성 곳곳에 가야의 백성들이 시체와 해골이 되어 나뒹굴어 목불인견의 참상이 벌어져 있었다.

가야군 일부는 성을 버리고 달아났다.

신라와 가야의 전쟁이 끝났다. 이사부와 사다함이 개선하여 서라벌로 돌아왔다. 그러나 그가 사랑했던 미실은 궁에 들어가 세종의 부인이 되어 있었다. 사다함은 미실이 다른 남자의 부인이 되었다는 말을 듣고 미친 듯이 광야를 뛰어다니며 청조가靑鳥歌를 지어 부르면서 슬퍼했다.

▲ 신라 김알지金閼智의 탄생설화를 그린 조속의 금궤도金櫃圖. 미실은 《화랑세기》에 등장하는 여인이다. 국립중앙박물관 소장

청조야 청조야

저 구름 위의 청조야

어찌하여

내 품 속에 내려왔는가

청조야 청조야

내 콩밭의 청조야

어찌하여 다시 날아올라

구름 속으로 들어갔는가

이미 왔으면 가지나 말지

또 가려거든 무엇하러 왔는가

눈물을 비처럼 흘리게 하고

애가 타고 몸이 말라

죽어 가게 만드는가

나 죽으면 무슨 귀신이 되려나

나 죽으면 신병神兵이 되리

위용이 당당한 대궐에 날아가

아침이나 저녁이나

청조 부부 보호하며

천만 년 동안 길이 사라지지 않으리

청조가는 미실을 새에 빗대어 부른 애절한 사랑노래다. 대궐에서 살다가 자신의 마음을 흔들고 대궐로 다시 들어간 미실에 대한 원망으로 시작된다.

사다함이 풍월주에 오른 것은 이화랑이 진흥왕을 수행하느라고 화랑을 이끌 시간이 없었기 때문이다. 이에 사다함을 5대 풍월주로 삼고 금진낭주가 시노侍奴, 시중을 드는 남자 종 설성과 정을 통해 낳은 사다함의 동모동생 설원랑을 부제로 삼았다.

설성은 가야와의 전투에서 사다함을 위해 죽었다.

사다함의 어머니 금진낭주는 천성이 음란한 여인이었다. 한때 시노였던 설성이 사다함을 위하여 전쟁에 출정했다가 전사하자 새로운 남자들을 찾기 시작했다. 화랑들에게 추파를 던지더니 급기야 아들의 친구인 무관랑에게 접근했다.

"낭주님, 신은 사다함과 친구입니다. 낭주님께서는 신을 곤란하게 하지 마십시오."

무관랑이 금진낭주를 거절했다.

"호호호. 너는 색사의 즐거움을 모르느냐?"

금진낭주가 자신의 저고리 앞섶을 풀어 헤쳤다. 무관랑은 결국 사다함의 어머니 금진낭주와 사통했다. 젊은 화랑과 중년 여인의 정염은 무섭게 타올랐다. 두 사람이 매일 같이 사랑을 불태우자 낭도들 사이에 소문이 파다하게 퍼졌다.

'어머니께서 어찌 이리 색사가 심한 것인가?'

사다함은 금진낭주의 음란한 행각에 머리를 땅바닥에 짓찧으며 슬퍼했다. 무관랑은 사다함을 보는 것을 두려워하여 어쩔 줄을 몰라했다. 사다함과 무관랑은 생사를 같이하기로 한 벗이었다.

"잘못은 그대가 아니라 어머니에게 있네. 나와 그대는 목숨을 걸고 전쟁터를 누빈 벗일세. 작은 일로 근심하지 말게."

사다함은 슬픈 표정을 감추지 않고 무관랑을 위로했다. 무관랑이 금진낭주의 방을 출입하자 낭도들이 일제히 비난했다. 그런데도 금진낭주는 무관랑을 가두고 놓아주지 않았다. 무관랑이 도망가려고 밤에 궁궐의 담장을 넘다가 구지滿池: 월성 담 밑에 있는 연못에 떨어져 다쳤는데 얼마 지나지 않아 죽었다. 사다함은 친구의 죽음을 애통해하다가 7일 만에 숨이 넘어가게 되었다.

'내가 사랑하는 사람이 이렇게 허망하게 죽다니⋯⋯.'

미실은 사다함의 죽음에 통곡했다.

화랑의 6대 풍월주 세종世宗은 색공지신으로 유명한 미실의 남편이다. 《화랑세기》에 등장하는 풍월주들 중에 가장 독특한 인물로 서라벌을 색사로 뒤흔든 미실을 평생 동안 사랑하고 정치적 동지로 받들었다. 명석한 두뇌를 소유하고 있고 병법에도 뛰어나 많은 전쟁에서 공을 세웠다. 미실이 옳은 일을 하지 않을 때는 직언을 올리고 화랑들을 잘 이끌었다.

세종은 이사부의 아들로 어머니는 지소태후였다. 진흥왕에게는 아버지가 다른 동생이다. 세종은 단아하고 아름다운 풍채를 갖고 있었으며 지소태후에게 효도하고 진흥왕에게 충성했다. 진흥왕도 항상 세종을 막내동생이라고 부르면서 늘 곁에 있게 하고 잘못을 해도 조금도 책망하지 않았다.

세종은 소년이 되자 낭문에 들어가 화랑이 되었다. 사서삼경을 공부하고 병법을 익혀 화랑들 사이에서 명성을 떨쳤다.

지소태후는 세종이 장성하자 짝을 지어주기 위해 서라벌 귀족들의 딸을 태후궁으로 불러서 선을 보였다. 신라의 내로라하는 귀족 딸들이 화려하게 치장을 하고 태후궁으로 들어와 인사를 올렸다. 태후궁은 그녀들로 인하여 색색의 꽃이 피어난 것 같았다. 지소태후와 진흥왕, 그리고 세종이 자리에 앉자 여인들이 꽃향기를 풍기면서 차례로 들어와 절을 올렸다.

"미진부의 딸 미실이 인사올립니다."

여인들이 절을 올릴 때 한 여인이 세종의 시선을 사로잡았다. 발그스레한 볼과 영리하게 반짝이는 눈, 붉은 입술… 절을 하면서 얼굴을 들어 바라볼 때 눈이 마주치자 세종은 벼락을 맞은 듯이 몸을 부르르 떨었다.

'세상에 이토록 아름다운 여인은 다시 없을 것이다.'

세종은 다소곳이 절을 하는 미실에게서 시선을 떼지 못했다. 귀족의 딸들이 절을 마치자 지소태후가 마음에 드는 여자가 있느냐고 세종의 의향을 물었다.

"미실이 아름답습니다."

세종은 미실에게 정신을 빼앗겨 눈빛이 몽롱해져서 대답했다. 이에 지소태후가 미실을 궁중으로 불러들였다. 미실은 이미 진흥왕의 여자가 되어 있었다. 그런데 동생인 세종이 그녀를 거느리게 된 것이다.

미실은 타고난 요부로 세종을 치마폭에 휘어감아 자신의 남자로 만들었다. 세종은 그녀의 치마폭에서 헤어나지 못하고 색사에 깊이 빠져 들어갔다.

지소태후는 숙명공주를 사랑하여 그녀로 인통姻統, 혼인으로 대통을 잇는 것을 잇기 위해 사도왕후를 폐위하려고 했다.

'사도왕후는 나의 이모인데 폐위시키기면 안 된다.'

미실은 사도왕후에게 달려가 그와 같은 사실을 알렸다. 사도왕후는 얼굴이 하얗게 변해 안절부절못했다.

"당황하지 마십시오. 속히 대왕에게 가서 눈물로 호소하십시오. 대왕은 숙명공주를 사랑하지 않습니다."

미실의 말을 들은 사도왕후가 진흥왕에게 즉시 달려갔다.

"폐하, 첩을 살려주시옵소서."

사도왕후는 울면서 진흥왕에게 호소했다.

"왕후는 무슨 말을 하는 것이오?"

진흥왕이 어리둥절하여 사도왕후를 안아서 등을 쓰다듬었다.

"태후께서 숙명공주를 왕후로 삼으려고 첩을 폐위시킨다고 하옵니다."

"내가 그대를 사랑하니 염려하지 마오."

지소태후는 아무 것도 모르고 진흥왕을 불러서 사도왕후를 폐위시키라고 지시했다.

"왕후는 죄가 없는데 어찌 폐위시킵니까?"

진흥왕은 사도왕후를 사랑하여 그녀를 폐위시키라는 지소태후의 말을 듣지 않았다.

"너에게 세종을 받들라고 한 것은 좋은 음식과 옷을 지어 바치라는 것인데 감히 사사로이 색사로 세종을 미혹하니 그 죄를 용서할 수 없다."

지소태후는 미실에게 출궁을 명령했다. 그리고 법흥왕의 동생 진종의 딸 용명을 세종의 정비로 삼았다. 미실은 왕궁에서 쫓겨나자 실망했다. 지소태후와 세종을 원망하여 다시는 궁에 들어가지 않겠다고 결심했다.

세종은 미실이 궁을 떠나자 비통해 했다. 그는 먹지도 못하고 잠을 자지도 못했다. 눈만 감으면 환하게 웃는 미실의 아름다운 얼굴이 떠올랐다. 세종은 점점 몸이 말라갔다.

"사내대장부가 어찌 한낱 계집 때문에 병을 앓는가?"

지소태후는 세종이 비통해 하는 것을 보고 다시 미실을 왕궁으로 불러들였다. 세종이 미친 듯이 기뻐하며 미실에게 달려가자 지소태후가 한숨을 내쉬고 미실에게 세종을 모시도록 지시했다.

"내 생애에 당신처럼 아름다운 여인은 다시 만나지 못할 것이오."

세종은 미실에게 감사해 하면서 말했다.

"전군께서는 결코 두 마음을 가져서는 안 돼요."

"나는 낭주만을 사랑하오."

"그러면 용명을 왕궁에서 추방하세요. 그래야 두 마음을 갖지 않는 거예요."

"그대 역시 두 마음을 갖지 마오."

세종은 미실과 두 마음을 갖지 않기로 맹세하고 용명을 대궐에서 추방했다.

세종은 6대 풍월주가 되자 낭도들을 잘 이끌어 인심을 얻었다. 신라 왕실은 여자들의 권력 투쟁으로 춤을 추었다.

《화랑세기》는 매우 특이하게 신라를 신국으로 표현하고 있다. 그러나 많은 사람들을 놀라게 한 것은 근친혼이나 성관계가 자유롭게 이루어지고 있다.

이러한 근친혼이나 자유로운 성관계는 고려 때까지 이어진 것으로 보인다. 고려는 고구려를 계승한다고 선언했으나 실제로는 신라의 풍속이나 관습을 따르고 있었다. 고려 왕실의 혼인은 초기에 삼촌 간, 사촌 간에 이루어졌다. 자매가 왕에게 시집을 가는 일도 흔했고 삼촌에게 시집을 간 왕녀들도 많았다. 이혼도 자유롭게 했다. 천추태후와 김치양의 관계에서 보이듯이 태후마저 연인과 사랑을 나누었고 그녀의 언니 역시 불륜을 저질렀다.

이러한 일은 신라의 풍속이고 관습이었다.

《화랑세기》에 의하면 미실은 색공을 연마했다. 역사서에 색공이라는 말이 등장하는 일은 거의 없다.

미실은 색공을 연마한 뒤에 진흥왕에게 보내져 시중을 든다. 그러나 그녀는 5세 풍월주인 사다함을 열렬하게 사랑했다.

사다함은 신라가 가야를 공격할 깨 선봉에 서겠다고 자청했다. 그러나 진평왕은 그의 나이가 어리다고 출정을 허락하지 않았다. 평소에 무예를 연마하고 심신을 단련한 것은 이러한 때에 쓰이기 위해서다.

사다함은 진평왕이 허락하지 않자 사사로이 낭도들을 이끌고 출정했다. 그가 출정할 때 마실이 성루에 올라가 청조가를 불렀다.

미실이 사다함을 위하여 부른 출정가였다. 대가야를 정벌하러 간 장군은 이사부였다. 이사부는 신라군을 이끌고 가야성을 맹렬하게 공격했다. 그러나 가야도 맹렬하게 저항하여 쉽사리 정복할 수 없었다. 이에 사다함이 무리들을 이끌고 공격하여 마침내 가야국을 멸망시켰다.

군사가 돌아오자 왕은 그의 전공을 책정하여 가야 인구 3백을 주었다. 그러나 그는 받는 즉시로 전부 석방하여 한 명도 남겨두지 않았다. 그에게 또한 토지를 주었으나 굳이 사양하므로 왕이 받을 것을 강권하니 알천에 있는 불모지만을 요청하였다. 사다함은 애초에 무관랑과 목숨을 같이하는 벗이 되기를 약속하였는데, 무관이 병들어 죽자 너무나 슬프게 울다가 7일 만에 자기도 죽으니 당시 나이가 17세였다.

《신라본기》〈열전〉의 기록이다. 이 기록으로 살피면 사다함은 가야를 멸망시키는데 큰 공을 세웠고 임금이 주는 상도 받지 않을 정도로 대쪽 같은 인물이나 친구를 지나치게 사랑하여 죽은 것으로 나온다.
〈열전〉에는 미실이 전혀 나오지 않는다. 그러나 《화랑세기》에는 무관랑의 죽음에 대해 좀 더 자세한 기록이 나온다.

금진낭주는 미실의 외할머니 동생으로 수많은 남성 편력을 하다가 아들 사다함의 친구인 무관랑을 유혹했다. 무관랑은 절친한 친구인 사다함의 어머니와 정을 통하고 싶지 않았다. 그러나 음란한 금진낭주의 손을 벗어날 수 없었다.

"호호. 내가 너를 어여삐 여기는데 어찌 얼굴을 찡그리는 것이냐?"

금진낭주는 밤마다 무관랑을 침실로 끌어들였다.

"아아 나는 사다함의 친구입니다. 아들의 친구에게 어찌 이럴 수가 있습니까?"

"아들의 친구가 무슨 상관이냐? 너는 나에게 어여쁜 사내일 뿐이다."

금진낭주는 무관랑을 성의 노리개로 삼았다. 어머니의 음란함 때문에 사다함은 괴로웠다. 무관랑도 사다함의 얼굴을 똑바로 보지 않고 괴로워했다.

"벗이여, 그대는 잘못이 없다. 괴로워하지 말라."

사다함은 눈물을 흘리면서 무관랑을 위로했다. 무관랑은 금진낭주의 마수에서 벗어나기 위해 월성을 탈출하다가 성루에서 떨어져 죽었다.

'오오 어찌 이럴 수가 있는가?'

사다함은 무관랑의 시체를 끌어안고 통곡했다. 그는 지나치게 슬퍼한 나머지 7일 만에 죽었다.

무관랑과 사다함의 죽음에는 의문점이 많다. 사다함이 친구의 죽음을 애통해하다가 죽었다는 것은 두 사람 사이가 연인 관계였을 가능성이 높은 것이다.

'사다함이 이렇게 허망하게 죽다니 믿어지지 않는구나.'

미실은 깊은 슬픔에 빠졌다. 지소태후는 사랑하는 아들 세종을 혼인시키기 위해 인통의 처녀들을 소개했다. 그러나 세종은 미실을 한 번 보자 그녀의 아름다움에 빠지고 말았다. 미실은 옥진궁주에게 배운 색공으로 세종을 사로잡았다.

지소태후는 미실을 며느리로 삼고 싶지 않았다. 그녀는 용명을 세종의 부인으로 맞아들였다. 세종은 지소태후에 의해 용명을 부인으로 억지로 맞아들였으나 미실을 잊을 수가 없었다. 그는 음식도 먹지 않고 앓기 시작했다. 지소태후는 세종을 지극히 사랑하여 미실을 다시 불러들여 세종의 부인이 되게 했다.

미실은 세종의 부인이 된 뒤에 진흥왕을 색공으로 사로잡고 국정을 농단하기 시작했다.

신라의 국정은 미실의 차마폭에 휘어감겼다. 그러나 이 시기에 신라는 한강까지 진출하는 등 국력이 크게 신정되었다. 고구려와 신라는 강성한 신라 때문에 위기감까지 느껴야 했다.

진흥왕은 늙었다. 미실은 다음 세대의 권력을 잡기 위하여 동륜태자에게 접근했다. 동륜태자는 아버지의 후궁인 미실과 사랑에 빠졌다. 미실은 늙은 진흥왕보다 젊은 동륜태자가 좋았다. 그러나 동륜태자는 미실의 과도한 욕망에 지쳐 보명궁주를 사랑하기 시작했다.

'네가 나를 배신하면 나도 너를 용서할 수가 없다.'

미실은 동륜태자의 동생 금륜에게 접근했다.

"네가 나를 사랑한다면 태자로 만들어 신국의 왕이 되게 해주겠다."

"저는 미실궁주를 사랑하겠습니다."

"그러면 나를 왕후로 삼아야 한다."

"당연히 그렇게 하겠습니다."

금륜은 미실의 제안을 기꺼이 받아들였다. 금륜은 미실과 정염을 불태우기 시작했다.

동륜태자는 보명궁주를 만나기 위해 담을 넘다가 개에게 물려 허망하게 죽었다. 미실은 금륜을 태자로 만들고 진흥왕이 죽자 즉위하게 하여 진지왕으로 만들었다.

진지왕은 왕이 되자 미실과의 약속을 저버리고 지도부인을 왕비로 맞아들였다. 지도부인은 가야파인 기오공의 딸로 이로 인해 신라는 가야파와 신라파가 대립하게 되었다.

'네가 감히 나를 배신해?'

미실은 진지왕에게 분노했다. 그의 마음을 돌리려고 했으나 듣지 않았다.

미실은 진지왕을 폐출시키고 동륜태자의 아들 백정을 진평왕으로 즉위시켰다. 진평왕은 7세밖에 되지 않았기에 미실의 수중에 있게 되었다.

미실은 진평왕이 여자를 알게 되자 자신의 치마폭에 휘어감고 신라의 국정을 농단했다. 미실은 점점 늙어갔다.

세종은 미실의 남편으로 오랫동안 권력의 중심에 있었다. 그러나 그의 권력은 미실로 인한 것이었다. 세종은 한 평생 미실의 뜻에 따

▲ 신라의 월성 앞에 있는 안압지. 안압지에서는 신라의 연회가 자주 벌어졌다. 《화랑세기》에 의하면 신라는 성풍속이 자유로워 미실이 국정을 농단하고 수많은 남자를 편력했던 기록이 나온다. 미실이 궁주가 되었을 때 서라벌에서는 1만 명의 남녀가 축하 잔치를 벌였고, 미실은 장막에서 진흥왕과 정염을 불태웠다. 저자 촬영

리 난시에는 전쟁터에 나가고 평화시에는 재상으로 신라를 통치했다. 인물은 공명정대했으나 미실의 그늘에서 살았다.

미실에게 죽을 때까지 충성을 바친 인물은 설원랑이다. 설원랑은 금진낭주의 아들로 사다함의 동생이기도 하다. 미실은 58세가 되었을 때 중병을 앓았다. 설원랑이 밤낮으로 옆에서 지키면서 간호했다.

"미실의 병을 신이 앓게 하고 궁주를 낫게 하소서."

설원랑은 밤마다 천지신명에게 기도하여 미실이 회복되었다. 그러나 자신은 미실의 병이 옮아와 죽었다.

"나도 또한 오래지 않아 그대를 따라갈 것이다."

미실은 설원랑의 죽음을 슬퍼하면서 자신의 속옷을 벗어 설원랑의 관속에 넣고 장사를 지냈다. 미실은 그 해가 가기 전에 신라를 뒤흔들던 요부의 일생을 마쳤다.

미실이 등장하는 《화랑세기》는 기묘한 책이다. 중국의 고서에도 이런 책은 드물다. 특히 왕조를 뒤흔든 요부 미실의 이야기가 상세하게 나와 있어 더욱 그렇다. 화랑의 일대기를 다루고 있지만 전쟁이나 정치보다 혼인과 남녀의 정사를 주로 다루고 있다.

미실은 신라를 뒤흔든 색녀요, 권력의 화신이었다.

11
장보고의 해상왕국 청해진은
왜 사라졌을까

신라는 삼국을 통일한 뒤에 당나라와 일본과의 외교를 활발하게 하면서 번영을 누렸다. 서라벌의 귀족들 집은 금칠을 했고 서라벌의 아궁이에 불을 때는 사람이 없었다. 서라벌 사람들이 숯을 사용하여 음식을 끓여먹을 정도로 사치스럽고 호화로운 생활을 한 것이다. 게다가 풍속도 퇴폐적이었다. 《화랑세기》에 의하면 서라벌에 유화가 1만 명이나 되었다고 했고 경치 좋은 곳에서 심신을 단련하기 위해 만들었다는 화랑도 신라 통일 이후 변질된 것으로 보인다.

신라의 전성시대에 서라벌 안 호수가 17만 8천여 호戶에 1360방坊이요, 주위가 55리里였다. 서른다섯 개 금입택金入宅이 있었다. 제49대 헌강대왕憲康大王 때에는 성 안에 초가집이 하나도 없었으

며 추녀가 맞붙고 담장이 이어져 있어서 노래와 풍류소리가 길
에 가득 차 밤낮으로 그치지 않았다.

《삼국유사》의 기록이다. 서라벌이 사치와 향락에 빠져 있을 때 농
민들과 어민들은 피폐한 삶을 살고 있었다.

장보고張保皐는 해도海島, 완도에서 태어났고 어릴 때부터 무예를 좋
아하여 활을 잘 쏘았다. 어릴 때 이름은 궁복 또는 궁파라고 불렸다.

장보고의 친구인 정년鄭年은 수영을 잘하여 한번 물속에 들어가면
나오지를 않았다. 장보고와 정년은 50리를 가도 숨이 차지 않았다
고 하니 물귀신이나 다름없었다.

해도는 신라에서 당나라로 유학을 가거나 장사를 하는 사람들이
오가는 길목이었다. 장보고는 어촌에 살면서도 물고기를 잡는 것보
다 무예에 더 열중했다.

'나는 반드시 당나라에 가서 출세할 것이다.'

장보고는 푸른 바다를 보면서 그렇게 생각했다. 장보고는 성년이
되자 정년과 함께 바다를 건너 중국에 가서 무령군이 되었다. 그들
은 전투마다 목숨을 걸고 싸웠기 때문에 소장으로 진급하여 부유하
게 살게 되었다.

산동에는 신라인들이 모여 사는 신라방新羅坊이 이었다. 장보고는
고향 소식을 듣기 위해 신라방에 자주 오갔는데 많은 신라인들이
노예로 끌려와서 고통스럽게 살고 있는 것을 볼 수 있었다.

장보고가 울적한 기분으로 친구 정년의 집으로 가자 그가 여종을

매질하고 있었다.

"정년 이게 무슨 짓인가?"

장보고는 깜짝 놀라 물었다.

"내가 산 노예니 상관하지 말라."

정년이 퉁명스럽게 말했다.

"자네 여종은 신라인이 아닌가? 동족에게 어찌 이럴 수가 있는가?"

장보고는 정년을 만류했다.

"놔라."

정년이 무섭게 눈을 부릅떴다. 장보고는 정년에게 동족을 해치지 말라고 권했으나 정년은 안하무인이었다.

"정년, 네가 이런 놈인지 몰랐다."

장보고는 화가 나서 집으로 돌아왔다. 그는 신라인들이 당나라에서 고생하는 것을 보자 참을 수가 없었다. 당나라와 장사를 하는 사람들도 해적들에게 약탈을 당하거나 목숨을 잃는 일이 허다했다.

'그래. 신라로 돌아가 해적들을 소탕하자.'

장보고는 신라로 돌아오자 서라벌로 가서 흥덕왕興德王을 찾아갔다.

"공의 이름은 김양으로부터 들었다. 당나라에 가는 해도에는 풍랑이 심하다는데 사실인가?"

흥덕왕이 장보고를 살피면서 물었다. 흥덕왕은 둘째 아들 능유能儒가 승려 9명과 함께 당나라에 들어갔다가 돌아오는 길에 풍랑을 만나 죽었기 때문에 해도에 대해 관심이 많았다.

"그러하옵니다. 하오나 해도가 위험한 것은 풍랑보다 해적들 때문입니다. 해적들을 방비하기 위하여 청해진을 설치하여 당나라와 신라가 교역을 활발히 하고 사신들이 자유롭게 오가게 해야 할 것입니다. 청해진을 설치할 수 있도록 윤허하여 주소서."

장보고가 조용히 아뢰었다.

"청해진을 설치하면 군사가 얼마나 있어야 하는가?"

"1만이 있어야 하옵니다."

장보고의 말에 어전에 있던 대신들이 일제히 웅성거렸다.

홍덕왕은 섣불리 군사를 내주려고 하지 않았다. 그러나 홍덕왕의 사촌인 김균정金均貞이 지원을 하여 1만 명의 군사를 얻을 수 있었다. 장보고는 1만의 군사를 이끌고 해도로 돌아왔다. 그는 군사를 수군으로 훈련시키고 배를 건조했다. 진鎭의 이름을 청해진으로 하고 해적 소탕에 나섰다.

장보고가 해적을 소탕하자 신라와 당나라를 오가면서 무역을 하는 사람들이 마음 놓고 장사를 할 수 있게 되었다. 장보고는 무역을 하는 상인들로부터 중개료를 받기도 하고 직접 무역선을 운영하여 당나라와 일본, 멀리 페르시아까지 무역을 했다. 몇 년이 지나자 바다는 안정이 되고 장보고는 막대한 부를 축적하여 해상왕국을 건설하게 되었다.

장보고는 청해진대사淸海鎭大使에 임명되어 신라에서 가장 강력한 군벌이 되었다.

▲ 장보고가 활약했던 청해진 유적지. 천년의 세월이 흘러 장보고의 흔적은 찾아볼 수 없으나 푸른 파도가 옛 영광을 들려주는 것 같다. 저자 촬영

정년은 당나라에 머물러 있었으나 오랜 세월이 흐르자 가난하고 비참해졌다

"나는 신라로 돌아갈 것이다."

정년은 당나라 장수 풍원규馮元規를 찾아가서 말했다. 그는 장보고와 정년과 친밀하게 지내던 사람이었다.

"그대가 신라로 돌아가면 장보고가 반드시 죽일 것이오."

풍원규는 장보고가 정년에게 화를 내고 신라로 돌아간 사실을 기억하고 있었다.

"이국에서 추위와 굶주림에 죽는 것은 전장에서 죽는 것만 못합니다. 비록 장보고의 손에 죽는다고 하더라도 고향에서 죽는 것이니 억울할 바가 없습니다."

정년은 풍원규와 작별을 하고 그렇게 해도로 돌아왔다.

"자네가 정년인가?"

해도는 눈보라가 사나웠다. 장보고는 눈보라가 날리는 청해진의 보루에 서 있다가 거지꼴이 되어 돌아온 정년을 보고 달려 나와 그의 두 손을 잡았다.

"자네를 볼 면목이 없네."

정년이 장보고에게 무릎을 꿇었다.

"핫핫핫! 그렇잖아도 눈보라 속에서 자네를 생각하고 있었네. 자네 같은 걸출한 인재가 내 곁에 있었으면 얼마나 좋을까 하는 생각을 하는데 자네가 온 것일세."

장보고가 정년의 어깨를 안아 일으켰다. 정년은 자신도 모르게 눈물이 핑 돌았다. 장보고는 정년과 함께 청해진을 더욱 발전시켰다.

장보고는 견당매물사遣唐買物使를 조직하여 당나라에 파견했다. 견당매물사는 소위 무역사절이었다. 장보고가 파견한 무역사절은 당나라 상인들과 교섭을 하여 많은 상품을 신라로 수입하고 신라의 상품들을 당나라에 수출했다.

일본에도 회역사廻易使를 파견했다.

청해진은 나날이 발전했으나 신라는 흥덕왕이 죽고 권력투쟁이 치열하게 벌어졌다. 흥덕왕의 사촌 김균정과 조카 김제륭金悌隆 사이의 권력투쟁은 서라벌을 피로 물들였다. 결국 김제륭이 승리하여 회강왕이 되고 김균정은 살해되었다.

김균정의 아들 김우징金祐徵은 서라벌을 탈출하여 장보고에게

왔다.

"그대가 나를 도와주면 딸을 태자비로 삼겠소."

장보고는 김우징과 약속하고 정년을 선봉으로 내세워 서라벌로 달려갔다. 장보고와 정년은 서라벌에서 민애왕閔哀王을 죽이고 김우징을 왕위에 앉혀 신무왕神武王을 세웠다.

민애왕은 흥덕왕의 동생 김충의 아들이었다. 그는 김균정과 치열한 권력투쟁 끝에 회강왕을 즉위시키고 상대등上大等이 되었으나 다시 반란을 일으켜 회강왕을 자살하게 하고 스스로 왕위에 올라 민애왕이 되었다.

장보고는 서라벌에서 정치를 하기 시작했다. 신무왕은 장보고의 딸을 태자비로 삼겠다고 했으나 약속을 지키지 않았다. 그는 왕이 된지 불과 3개월 만에 죽고 아들이 문성왕文聖王으로 즉위했다. 장보고는 문성왕의 제2왕비로 자신의 딸을 보내려고 했으나 서라벌의 귀족들이 반대했다.

"어촌의 천민 딸을 왕비로 세울 수 없다."

장보고는 분개하여 청해진으로 돌아왔다. 문성왕은 장보고가 반란을 일으킬까봐 두려워하여 염장閻長을 보내 장보고를 암살했다. 장보고가 암살되자 염장은 청해진을 접수했다. 문성왕은 청해진을 해산시키고 주민들을 벽골군碧骨郡으로 이주시켜 장보고의 해상왕국 시대는 막을 내렸다.

장보고의 해상왕국은 왜 사라진 것일까? 장보고는 청해진대사에 만족하지 않고 김우징을 도와 민애왕을 살해했다. 신라의 왕이나 귀족들은 장보고의 부와 힘을 두려워했다. 겉으로는 어촌의 천민이라고 멸시했지만 실제로는 그가 반란을 일으킬까봐 두려워하고 있었다.

장보고는 청해진대사에 만족하지 않고 권려을 탐하여 중앙정게에 뛰어들었다가 패망하게 된 것이다.

12
천년 왕국 신라는
왜 멸망했을까

고구려와 백제는 약 7백 년, 신라는 약 천년의 왕국을 유지하다가 멸망했다. 동양에서 가장 오랫동안 존재했던 왕국이다. 중국 역대 왕조인 하夏나라와 상商나라가 각각 5백 년, 주周나라가 약 8백 년을 존재했다고 보면 가장 오래 존재한 나라인 것이다.

신라는 진흥왕眞興王 시대부터 국력이 강해지기 시작해 문무왕 김춘추시대에 가장 강성했다. 그러나 삼국을 통일한 신라는 서서히 기울어가기 시작했다. 귀족과 백성들은 사치와 향락에 빠졌고 국경에서 위급한 상황이 발생하지 않아 군사력도 약해졌다. 중앙의 귀족들과 지방의 호족들 사이에도 알력이 심해졌다.

마침내 신라의 북쪽에서 후고구려가 일어나고 신라의 서쪽에서 후백제가 일어났다. 이는 서라벌의 왕실과 귀족들이 부패하여 지방에 세금을 과다하게 징수하여 곳곳에서 도적이 횡행하고 반란이 일어났기 때문이다.

궁예弓裔는 처음 죽주竹州의 기훤箕萱에게 의탁했으나 그가 오만하자 북원北原의 양길梁吉을 찾아갔다. 양길은 궁예에게 군사 1백 명을 주고 북쪽을 공략하라는 명을 내렸다. 궁예는 신라 북쪽 변경을 공략하여 강릉에 이르렀을 때는 3천 명이 넘는 군사를 수하에 두고 철원에 와서 도읍을 정하고 후고구려를 열었다가 훗날 태봉泰封으로 국호를 바꾸었다.

후백제는 견훤甄萱이 무진주에서 일어나 백제의 원한을 갚겠다고 선언하여 민심을 얻은 뒤에 완산完山, 전주에 도읍을 정하고 국호를 후백제로 하여 나라를 열었다.

후삼국시대가 본격적으로 열렸으나 신라는 이에 제대로 대처하지 못했다. 궁예는 송도의 왕건王建까지 받아들이면서 국세가 더욱 커져 신라를 압도하게 되었다. 그러나 궁예는 관심법에 빠져 포악해지고 왕비가 간음했다고 의심하고, 왕건이 반란을 일으킨다고 의심했다. 왕건은 결국 궁예를 몰아내고 후고구려를 장악한 뒤에 민심을 얻기 시작했다.

후백제는 후고구려와 동맹을 맺고 인질을 교환했다. 그러나 인질로 가 있던 견훤의 외조카 진호眞虎가 갑자기 죽자 왕건의 사촌 왕신을 죽이고 웅진까지 진격하여 동맹을 깼다.

견훤과 왕건의 전략은 전혀 달랐다. 견훤은 군사를 동원하여 신라를 공격하여 여러 성을 빼앗고 왕건은 민심을 얻어 자발적으로 귀순하게 만들었다.

신라의 지방 호족들은 왕건에게 귀순하기 시작했다.

경애왕景哀王은 신덕왕神德王의 아들이고 어머니는 헌강왕憲康王의 딸이었다. 경명왕景明王이 아들이 없이 죽자 왕이 되었다. 경애왕은 고려와 동맹을 맺고 고려가 후백제를 공격할 때 군사를 보내 지원했다.

견훤은 대노하여 군사를 이끌고 신라를 대대적으로 공격했다. 경애왕은 고려에 구원을 청했으나 고려의 원군이 도착하기 전에 백제군이 순식간에 서라벌까지 쳐들어왔다.

경애왕은 비빈들과 함께 포석정鮑石亭에서 술을 마시고 있었다.

후백제군은 경애왕을 죽이고 비빈들을 능욕했다. 고려군이 서라벌로 달려왔을 때 후백제군은 썰물처럼 빠져 나간 뒤였다.

> 견훤은 왕을 협박하여 자살하게 하고, 왕비를 강간하고, 그의 부하들로 하여금 비첩들을 강간하게 하였다. 왕은 전 왕의 시체를 서쪽 대청에 모시고, 여러 신하들과 함께 통곡하였다.

《삼국사기》의 기록이다. 신라는 발칵 뒤집혔다. 신라의 귀족들은 진골 김부金傅를 왕으로 추대했다. 김부는 경애왕의 장사를 지내고 고려와 더욱 가깝게 지냈다.

후백제는 경애왕을 죽인 뒤에도 신라를 계속 침략했다.

경순왕과 신라의 귀족들은 무능했다. 그는 왕건이 백제군과 싸워서 승리하자 사신을 보내 만날 것을 요청했다. 왕건이 서라벌로 경순왕을 찾아왔다.

"내가 하늘의 도움을 얻지 못하여 점점 환란이 닥쳐오고 있다. 견훤이 불의의 행동을 자행하여 나의 나라를 망치고 있으니, 어떠한 통분이 이와 같을 것인가?"

왕이 말을 마치고 눈물을 흘리자, 좌우에서 목이 메어 흐느끼지 않는 자가 없었고, 왕건도 또한 눈물을 흘리면서 위로했다. 이로부터 태조가 수십 일 체류하다가 돌아가려 하므로 왕이 혈성까지 나가서 송별하고, 종제 유렴을 볼모로 삼아 태조를 따라가게 하였다.

"이전에 견훤이 왔을 때는 마치 범이나 이리 떼를 만난 것 같았는데, 오늘 왕공이 왔을 때는 부모를 만난 것 같았다."

서라벌 백성들이 왕건을 칭송했다. 경순왕은 고려에 귀순하기로 결정했다.

"나라의 존속과 멸망은 반드시 하늘의 운명에 달려 있으니, 다만 충신 의사들과 함께 민심을 수습하여, 우리 자신을 공고히 하고 힘이 다한 뒤에 망할지언정, 어찌 1천 년의 역사를 가진 사직을 하루아침에 경솔히 남에게 주겠습니까?"

태자는 귀순을 반대하고 개골산으로 들어가 풀뿌리만 캐어먹으면서 일생을 마쳐 마의태자麻衣太子로 불리게 되었다.

"고립되고 위태로운 상황이 이와 같아서는 나라를 보전할 수 없다. 강하지도 못하고 약하지도 않으면서, 무고한 백성들이 참혹하게 죽도록 하는 것은, 나로서는 차마 할 수 없는 일이다."

경순왕은 마침내 고려에 항복했고 왕건은 자신의 딸까지 주면서 환대했다. 이로써 천년 왕국 신라는 역사에서 사라졌다.

신라는 왜 멸망한 것일까?

신라는 삼국통일 후 위기가 없어 귀족들이 사치와 향락을 일삼았다. 신라의 귀족들은 이러한 비용을 백상들에게 세금으로 징수했고 백성들이 등을 돌리는 계기가 되었다. 백성들 중에 유력한 자들은 호족으로 성장했다. 신라의 중앙정부는 이들을 통제할 능력이 없었다. 도적이 되고 반란이 일어나도 토벌하지 못하고 멸망의 길을 재촉했다.

3장

발해시대

13
발해를 세운
대조영은 누구인가

발해는 고구려에 이어 우리 민족이 초원의 대륙에 세운 대제국이다. 고구려가 멸망한 후에 고구려인들은 끊임없이 복국투쟁을 해왔고 마침내 고구려의 웅대한 땅에 나라를 세운 것이다.

연개소문이 죽고 그의 맏아들 남생이 부친을 대신하여 막리지가 되었다. 처음 정사를 맡아 여러 성을 순행하면서, 그의 두 아우 남건과 남산으로 하여금 조정에 남아 뒷일을 처리하게 하였다. 어떤 자가 두 아우에게 말했다.

"남생은 두 아우가 자기의 자리를 빼앗을까 두려워하여, 당신들을 처치하려 합니다. 먼저 계책을 세워 도모하는 것이 좋겠습니다."

두 아우가 처음에는 이를 믿지 않았다. 어떤 자가 남생에게 또 말했다.

"두 아우가, 형이 돌아오면 자기들의 권세를 빼앗을까 두려워하여 형에게 대항하여 조정으로 들어오지 못하게 하려 합니다."

남생은 남몰래 자기의 심복을 평양으로 보내, 두 아우의 동정을 살피게 하였다. 두 아우가 이를 알고 남생의 심복을 체포하고, 곧 왕명으로 남생을 소환하였다. 남생은 감히 돌아오지 못하였다.

고구려의 멸망은 연개소문 아들들의 권력투쟁에 의한 것이었다. 고구려의 만주 일대 세력은 장수왕 때 평양으로 천도하면서 대륙에 남은 세력과 한반도로 이주한 세력이 대립하고 있었다. 기록에는 보이지 않지만 광개토대왕 시절에 대륙을 휩쓸던 고구려가 돌연 평양으로 천도한 것은 많은 의문이 남는다. 두 세력이 대립을 하면서 나당연합군이 고구려를 침공할 때 대륙의 고구려인들은 방어하지 않았다. 결국 고구려는 멸망했고 대륙의 고구려인들도 나라를 잃게 되었다.

당나라의 지배를 받게 된 고구려 유민들은 영주로 강제 이주 당해 살게 되었다. 고구려의 구성원이었던 속말말갈 출신의 걸걸중상乞乞仲象과 걸사비우乞四比羽는 많은 말갈인들을 거느리고 있는 추장이었다.

당나라의 요서 일대를 다스리는 인물은 영주도독 조문화趙文翽였다. 조문화는 고구려 유민들과 거란인들을 가혹하게 탄압했다.

"걸사비우, 이제 더 이상 조문화에게 당하고 살고 싶지 않네."

걸걸중상이 걸사비우를 만나 말했다.

"어떻게 할 생각인가?"

"거란과 손을 잡고 조문홰를 몰아내야 하네."

"위험해. 잘못하면 우리 두 부족이 몰살을 당할 수도 있어."

"거란과도 손을 잡으면 돼."

"거란이 우리와 손을 잡겠어?"

걸사비우는 부정적이었으나 걸걸중상은 아들 대조영을 데리고 이진충李盡忠을 만나 담판을 지었다. 이진충은 그러잖아도 반란을 일으키려던 참이었다.

이진충과 걸걸중상이 반란을 일으키자 당나라는 대군을 보내 토벌하려고 했다. 그러나 이진충과 걸걸중상은 당나라군을 격파하고 조문홰를 죽였다. 조문홰를 몰아낸 지 일년도 되지 않아 이진충이 병으로 죽어 처남 손만영孫萬榮이 거란군의 대추장이 되었다.

걸걸중상은 당나라에 반기를 들었으나 거란과의 연합에서 크게 활약하지는 않았다.

당나라는 거란의 저항이 맹렬하자 이이제이以夷制夷 전법을 썼다. 오랑캐를 오랑캐로 제압한다는 전략에 따라 돌궐군에게 거란을 치라는 명령을 내렸다. 이에 돌궐군이 거란을 공격하여 붕괴시켰다.

"때가 왔다. 이제 고구려를 다시 부흥시킬 때가 왔다."

걸걸중상은 걸사비우와 손을 잡고 말갈족에 선언했다. 말갈족이 속속 걸걸중상에게 호응해 왔다. 그러나 걸걸중상과 걸사비우가 모두 당나라군과의 싸움에서 전사했다.

▲ 고구려의 유민 대조영이 당나라와 격전을 치루고 나라를 세운 천문령 전투 기록화. 작가 이광호. 전쟁기념관 소장

"우리는 더욱 강해져야 한다. 흩어지면 당나라와 거란의 지배를 받는다."

대조영은 말갈족을 결집시켜 당나라군과 대적했다.

"거란군에게 말갈족을 공격하게 하라."

측천무후가 명령을 내렸다. 거란군은 손만영이 죽은 뒤에 이해고 李楷固가 이끌고 있었다. 이해고는 696년 8월의 황장곡黃長谷 전투에서 비색(긴 밧줄을 던져 적의 목을 낚아채는 무기)으로 당의 장수들인 장현우, 마인절 등을 사로잡아 당군을 섬멸하는데 큰 공을 세웠다. 그는 비색 뿐 아니라 기사騎射, 말을 타고 활을 쏘는 것에도 능했고 무삭(긴 창으로 적을 찌르는 것)에도 능하여 당군이 연전연패하는데 주역이 되었던 용맹한 무장이었다. 그러나 그는 거란군이 돌궐군에 대패하자 당에 투항했다.

'우리는 고구려의 전통적인 전략을 써서 거란군을 유인하여 섬멸할 것이다.'

대조영은 이해고의 거란군과 싸우기 위해 치밀한 계획을 세웠다. 그는 1년 동안이나 국지적인 전투를 벌이면서 거란군을 유인했다.

'지독한 놈이다. 꼬리를 잡으려고 하면 달아나기만 하니 언제 전쟁을 치른다는 말인가?'

이해고는 대조영을 추격하다가 지치기 시작했다.

'이제는 최후의 결전을 벌일 때가 되었다.'

대조영은 천문령에 이르자 거란군과 한판 승부를 벌이기로 결심했다. 거란군은 1년이나 대조영의 부흥군을 추격하느라고 지쳐 있었다. 설인귀가 당나라군 5만 명을 이끌고 뒤를 바치고 있었으나 1백 리 밖이었다.

대조영은 이해고의 거란군을 격파하기 위해 철저한 준비를 했다. 그는 이해고를 천문령의 계곡으로 유인한 뒤에 삼면에서 일제히 공격을 퍼부었다.

거란군과 부흥군과의 전투는 하루 종일 계속되었다.

"돌격!"

전투가 서서히 지쳐갈 무렵 고구려 부흥군에서 장문휴가 죽음의 결사대를 이끌고 중앙에서 진격했다.

거란군은 전세가 불리하자 적극적인 전투를 하지 않았다. 마침내 거란의 대군이 무수한 사상자를 남기고 모래알처럼 흩어졌다.

"돌격하라!"

대조영은 거란군을 30리까지 추격한 뒤에 대오를 정리하고 구릉 양쪽에 군사들을 매복시켰다.

"설인귀가 당나라군을 이끌고 올 것이다. 우리가 거짓으로 퇴각하는 척하고 유인할 테니까 함정에 들어오면 몰살시키라!"

대조영은 군사들을 매복시킨 뒤에 다시 거란군을 추격하기 시작했다.

"당나라군이 온다!"

그때 천지를 진동하는 듯한 말발굽소리와 함께 자욱한 흙먼지를 일으키면서 당나라군이 달려오기 시작했다.

"당군을 공격하라! 당군은 오합지중이다!"

대조영은 군사를 휘몰아 당나라 군사와 부딪쳤다.

"부흥군을 몰살시켜라!"

설인귀도 당군을 휘몰아 고구려 부흥군을 공격했다.

"퇴각하라!"

대조영은 당군과 싸우는 척하다가 퇴각했다.

"추격하지 마라. 적군이 매복하고 있을지 모른다."

설인귀는 백전노장이었다. 부흥군을 추격하지 않고 대오를 정리했다. 대조영은 설인귀가 말려들지 않자 다시 군사를 정돈하여 다시 당군과 치열한 공방전을 벌였다. 그렇게 세 번이나 치열한 접전을 벌이자 당군은 마침내 부흥군이 패퇴하는 것으로 알고 깊숙이 추격해 들어왔다.

"당군이 함정에 걸렸다. 전군은 당군을 섬멸하라!"

대조영의 영이 떨어지자 양쪽 구릉에 매복하고 있던 부흥군이 일제히 함성을 지르면서 쏟아져 나왔다.

"매복이다!"

당군은 당황하여 우왕좌왕하기 시작했다.

"당군을 도륙하라!"

대조영은 사자처럼 함성을 질렀다.

"물러서지 마라. 대오를 정돈하여 적을 물리치라!"

설인귀는 군사들을 정돈하려고 했으나 한 번 기세가 꺾인 군사들의 사기를 올릴 수가 없었다. 고구려 부흥군은 설인귀의 당나라 대군을 철저하게 몰살시켰다.

대조영은 맹장 이해고가 이끄는 거란군을 천문령에서 대파했다. 거란이 돌궐의 휘하로 들어가면서 막강해지자 당은 돌궐을 견제하느라고 대조영을 공격할 수 없었다.

대조영은 무리들을 이끌고 옛 읍루의 땅이자 고구려의 땅인 동모산東牟山에서 나라를 열고 이름을 진국震國이라고 했다. 성산자산성을 쌓고 내외에 선포하자 더욱 많은 고구려 유민과 말갈인들이 몰려왔다.

서력 698년이었다. 발해는 이후 대인선황제 때까지 존재하다가 926년에 거란에 멸망했다.

14
발해 공주 홍라녀는 누구인가

　초원의 대제국 발해는 대조영에 의해 건국되어 제2대 무왕 때에 고구려의 고토를 대부분 회복하기에 이른다. 발해의 3대 문왕은 이름이 대흠무이며 부왕이 정복한 강역에 문화를 융성하게 하여 다스렸다. 문왕은 57년 동안이나 재위에 있었는데 발해 황궁에서 궁중 암투가 벌어졌다. 암투의 원인이나 암투를 벌인 사람들이 누구인지 밝혀지지 않았으나 이 과정에서 불과 여섯 살의 공주가 살아남아 백두산으로 가게 되었다.

　백두산의 장백폭포 근처에 장백성모長白聖母라는 여인이 살고 있었다. 그녀의 이름은 불고륜마특법으로 고구려와 발해의 무예를 익힌 여인이었다. 발해의 시조 대조영이 나라를 건국할 때 창 한 자루를 들고 초원을 누비던 여장군이라는 말도 있었다.

▲ 전설의 발해공주인 홍라녀는 백두산에서 장백성모에게 무예를 배웠다. 백두산 오르는 길. 저자 촬영

"우리 발해인은 세 사람만 모이면 호랑이 사냥을 한다."

장백성모는 공주에게 하루 종일 무예를 가르쳤다.

"여자도 창 한 자루를 들고 전쟁터를 누벼야 한다. 네가 우리 민족의 영산 장백산에 온 것은 하늘의 뜻이다."

공주가 장백성모에게 무예를 배운 지 10년이 되자 활은 눈을 감고도 백발백중이었고 검술은 신기에 가까웠다. 장백폭포에서 천지까지 하루에도 몇 번씩 오르내려 흡사 날아다니는 것 같았다.

"장백산에 두 선녀가 산다."

백두산을 오르내리는 사람들이 그녀들을 보고 말했다. 장백성모와 공주는 살고 있는 집 앞에 인삼을 키웠다.

공주는 얼굴이 춘삼월에 핀 복숭아꽃처럼 아름답고 허리는 실버들 같았으며, 살결은 백옥처럼 희었다고 한다. 그녀는 고니털과 기러기털로 저고리와 우단치마를 짜서 입고 저고리는 인삼즙을 내서 하얗게 물들이고 우단치마는 인삼 열매로 붉게 물들여 입었기 때문에 홍라녀로 불리게 되었다.

'나는 누구일까?'

홍라녀는 때때로 백두산 천지에 올라서 북쪽의 광활한 만주 벌판을 바라보면서 생각에 잠기고는 했다. 여섯 살에 장백산에 온 공주는 자신의 신분을 몰랐다. 장백성모는 그녀에게 이름조차 가르쳐주지 않았다.

"이 아이는 은도바특리라고 하오."

하루는 늙수그레한 사내와 영준한 소년이 장백산에 올라와 장백성모와 인사를 나누었다.

"날이 저물어 그러니 쉬어가게 해주시오."

"그러시지요. 보아하니 무인인 것 같은데 그대의 제자와 내 제자가 비무를 하는 것이 어떻소?"

장백성모의 청에 의해 홍라녀는 은도바특리와 무예를 겨루게 되었다. 은도바특리는 창술이 뛰어났으나 홍라녀의 상대가 되지 않았다. 은도바특리는 매우 부끄러워했다.

"그대의 제자가 창술이 부족하니 백일만 나에게 배우게 하시오."

"성모의 뜻을 따르리다."

늙수그레한 사내는 떠나고 은도바특리는 남아서 창술을 배웠다.

홍라녀는 불과 16세였다. 자신과 같은 또래의 소년을 처음 보았다. 그와 이야기를 하고 그와 무예를 연마하는 것이 좋았다. 그와 눈이 마주치면 자신도 모르게 얼굴이 붉어지고 가슴이 뛰었다. 은도바특리가 장백산에 온 지 100일이 지났다.

"홀한성忽汗城, 상경용천부에서 만납시다."

백일이 지나자 은도바특리는 장백산을 떠났다. 홍라녀는 그가 떠나자 가슴이 타는 것 같았다.

'나도 홀한성으로 돌아가고 싶구나.'

홍라녀는 은도바특리가 떠난 북쪽 땅을 하염없이 바라보면서 그리워했다. 그때 거란이 발해를 침략한다는 소식이 장백산까지 전해졌다.

"이제 발해의 도읍 홀한성으로 가라. 가서 거란의 침략을 막아라."

장백성모는 홍라녀의 신분을 알려주고 공주의 신표인 옥패를 주었다. 홍라녀는 장백성모에게 절을 하고 두만강을 건너 발해의 도읍 홀한성으로 갔다.

홀한성은 거란이 침략하여 어수선했다. 홍라녀는 홀한성에서 은도바특리를 만났다. 그녀는 은도바특리와 경박호라는 호수를 걸으면서 사랑을 속삭였다.

홀한성에서는 거란과 싸울 장수를 모집하기 위해 무예대회를 열었다.

'아바마마를 찾아가는 것보다 먼저 나라에 공을 세우자.'

148

홍라녀는 황제를 찾아가지 않고 무예대회에 출전했다. 무예대회에는 황제의 조카이자 홍라녀와 사촌인 대영사도 출전하고 있었다. 그는 발해에서 가장 무예가 뛰어난 청년이었다. 그러나 대영사는 그의 아버지와 함께 발해의 황제 자리를 노리고 있었다.

마침내 무예대회에서 홍라녀와 대영사 두 사람만이 남게 되었다. 사람들은 여자인 홍라녀가 대영사와 무예를 겨루는 것을 보고 감탄했다. 대영사는 눈이 부리부리하고 기골이 장대한 사내였다. 두 사람의 마지막 대결은 궁술이었다.

먼저 대영사가 활을 쏘았는데 첫 번째 화살이 백보 밖의 과녁에 정확하게 꽂혔다.

"와아!"

구경을 하던 군중들이 일제히 환호했다.

대영사가 두 번째 활을 쏘자 첫 번째 화살을 가르고 과녁에 꽂혔다.

"귀신같은 솜씨다."

군중들이 모두 탄성을 터트렸다. 홍라녀는 사람들 머리 위에 향불 세 개를 얹어 놓고 백보 밖에서 화살 세 개를 한꺼번에 쏘아 정확하게 불만 꺼트렸다.

"와아!"

군중들이 홍라녀의 활솜씨에 함성을 질렀다.

무예대회는 홍라녀의 승리로 끝이 났다. 사람들은 아름다운 홍라녀의 모습에 열광했다.

'계집년이 감히 나를 방해해?'

대영사는 홍라녀가 돌아가는 길목에 숨어 있다가 그녀를 죽이기 위해 활을 쏘았다.

쇄애액!

바람을 가르는 화살 소리가 들려오자 홍라녀는 뒤도 돌아보지 않고 맨손으로 화살을 잡아 대영사를 향해 쏘았다. 화살은 맹렬한 속도로 날아가 대영사의 상투를 꿰뚫었다. 홍라녀는 대영사를 죽일 수도 있었으나 사촌이라 죽이지 않은 것이다.

발해의 황제 문왕 대흠무는 무예대회에서 승리한 홍라녀를 불렀다. 홍라녀는 비로소 옥패를 꺼내 자신이 공주라는 신분을 밝혔다.

"공주야, 네가 내 딸이었구나."

대흠무는 홍라녀의 옥패를 보고 그녀가 딸이라는 사실을 알고 눈물을 흘렸다. 대흠무는 홍라녀와 은도바특리를 혼인시키겠다고 했으나 홍라녀는 거란을 물리치고 돌아와 혼인하겠다고 사양했다.

발해의 황궁은 거란의 침략과 반란의 조짐이 있어서 위기에 빠져 있었다.

홍라녀는 대장군이 되어 전쟁터로 출전하고 은도바특리는 홀한성에 남아 역모사건을 조사했다. 은도바특리는 황궁의 반란사건을 수사하기 시작했다. 그는 대영사와 그의 아버지가 10년 전에 이미 발해 황궁을 습격한 사실을 밝혀냈다. 대영사는 은도바특리가 10년 전의 반란 사건을 밝히려고 하자 독살했다.

홍라녀는 거란과의 치열한 전투에 돌입했다. 발해의 운명을 건 전투였다. 홍라녀는 6개월 동안의 긴 전쟁에서 거란군을 격파하고 구국의 영웅이 되어 돌아왔다. 그러나 그녀가 전쟁을 하는 동안 발해의 조정은 대영사가 장악하고 사랑하는 남자 은도바특리는 독살을 당한 뒤였다

'아아 어찌 이럴 수가 있는가?'

은도바특리의 무덤 앞에서 홍라녀는 통곡하고 복수를 맹세했다.

대영사는 늙은 대흠무를 위협하여 홍라녀와 혼인을 하겠다고 선언했다. 그는 홍라녀와 혼인을 한 뒤에 대흠무를 죽이고 황제가 될 생각이었다. 홍라녀는 아버지인 대흠무 때문에 억지로 대영사와 혼인을 하기로 했다.

구국의 영웅 홍라녀는 발해인들의 열광적인 사랑을 받아 혼인을 하는 날 구름 같은 군중이 몰려왔다.

'오늘이 복수하는 날이다.'

홍라녀는 칼을 품속에 숨겼다. 혼인식이 거행되고 신랑신부가 나란히 섰다. 홍라녀는 기회를 놓치지 않고 재빨리 칼을 뽑았다.

"자객이다!"

대영사가 황급히 물러서고 그의 부하들이 홍라녀를 막아섰다.

"비켜라. 내 앞을 막는 자는 모두 죽인다!"

홍라녀의 처절한 복수전이 시작되었다. 홍라녀는 대영사와 그의 부하들 수십 명을 죽여 은도바특리의 원수를 갚았다.

'은도바특리가 없는데 내가 살아서 무엇을 하나?'

홍라녀는 은도바특리와 무덤 앞에서 자결했다. 발해인들은 그녀

의 죽음을 안타까워하여 경박호에 사당을 짓고 해마다 제사를 지
냈다.

홍라녀는 만주 경박호 일대에 13개 이상의 전설이 흩어져 있다.
발해공주에서 어부의 딸, 용왕의 딸, 홍라녀와 쌍둥이 자매라는 녹
라녀 전설, 구국영웅에서부터 음탕한 여자로 나타나기도 한다.

홍라녀의 전설은 우리가 잘 모르는 발해인들의 의식과 생활사가
잘 드러나 있다는 특징이 있다.

15
발해는
왜 멸망했을까

발해는 강역이 사방 9천리에 이를 정도로 거대한 제국이었다. 서쪽으로는 요하 동쪽, 북쪽으로는 흑수라고 불리던 흑룡강, 동쪽으로는 극동지역인 블라디보스토크, 남쪽으로는 대동강 이북까지 강역을 넓혀 5경 62주에 이르는 행정 조직을 갖고 있었다. 발해는 698년에 건국되어 926년에 멸망하여 229년 동안 만주와 연해주 일대를 다스렸다. 이러한 거대한 제국이 홀연히 사라져 많은 억측을 낳았다.

발해의 멸망에 대해서는 다양한 학설이 존재하고 있다. 일본인들이 주장하는 백두산 화산폭발설, 발해의 마지막 황제 대인선의 폭정설 등이 가장 설득력을 갖고 있다. 그러나 역사가 제대로 기록되지 않았거나 기록되었더라도 사라져 사실을 알 수는 없는 것이다.

전통적으로 유목생활을 하는 중국 북방의 거란족들은 부족에 따라 8부八部, 여덟 부족로 나뉘어져 있었는데 3년마다 질립제迭立制, 선거제로 대족장을 추대했다. 그 여덟 부족 중 일라부가 낳은 불세출의 영웅 야율아보기耶律阿保機는 실위室韋, 돌궐, 해족 등을 공략하여 명성을 얻은 뒤 스스로 일라부 부족의 칸위汗位에 올랐다.

야율아보기는 그후 거란 8부의 제부대인諸部大人, 대족장을 차례로 살해하고 심복을 제부대인에 임명한 뒤 요국遼國을 세웠다. 야율아보기가 초원에 대제국을 건설한 것이다.

"중국 땅은 비옥하다. 우리는 중원을 차지해야 한다."

야율아보기는 대륙 정복의 야욕을 불태웠다. 그러나 거란의 남쪽에 발해국渤海國이라는 강대한 나라가 있어서 함부로 군사를 움직이지 못하였다. 이에 야율아보기의 심복들은 중원 정복에 나서기 전에 발해부터 정벌할 것을 건의했고 야율아보기는 발해의 군사력이 두려워 발해와 전쟁을 하는 대신 동맹을 맺을 것을 결정했다. 그러나 발해는 이족夷族, 오랑캐족과 동맹을 맺는 것은 해동성국海東聖國이라는 명성을 저버리는 것이라고 하여 동맹을 거절했다. 이에 요국 태조 야율아보기는 발해를 멸망시키는 것이 자신의 소원이라고 대신들에게 누차 말할 정도로 노골적인 적개심을 드러냈다.

"발해는 강대하다. 우리가 싸워서 이길 수 있겠는가?"

야율아보기는 발해와 전쟁을 하는 것을 망설였다.

"발해를 공격하지 않고 중국을 공격할 수 없습니다."

야율아보기는 신하들의 주장에 3만 군사로 발해의 부여성夫餘城을 공격했다. 그러나 부여성은 한 달 동안의 공격에도 무너지지 않았다. 오히려 야율아보기가 군사를 독려하러 갔다가 매복에 걸려 죽임을 당할 뻔하기도 했다.

"서정을 하려면 발해를 먼저 멸망시켜야 한다."

야율아보기는 깊은 생각에 잠겼다. 서력 924년 발해가 멸망하기 불과 2년 전에 발해와 거란의 국경에 있는 부여성에 일단의 사람들이 나타났다. 부여성은 발해의 서북단에 위치해 있는 성으로 거란과의 국경을 접하는 요충지였다.

"우리는 거란인이다. 발해에 귀순하러 왔다. 문을 열어라."

일단의 거란인들이 수레와 말을 타고 성 밑에 와서 소리를 질렀다. 군사들이 재빨리 성주에게 달려가 보고했다.

"문을 열어주라."

부여성 성주는 그들을 맞아들였다. 수레와 말을 탄 거란인들이 성으로 들어왔다.

"나는 거란의 황제 야율아보기의 삼촌 야율할저耶律轄底요. 야율아보기가 거란족을 통일하고 발해를 침략하려고 하고 있소. 내가 반대하자 두 눈을 뽑아 장님으로 만들었소."

야율할저는 눈물을 흘리면서 비통해 했다. 부여성 성주는 야율할저가 야율아보기의 황숙이라는 사실에 깜짝 놀랐다.

"이제 우리 발해가 보호해 줄 테니 걱정하지 마시오."

부여성 성주는 간단한 심문을 한 뒤에 야율할저를 발해의 도읍 홀한성으로 보냈다. 부여성에서 발해 도읍 홀한성까지는 2천 리가 넘는다. 부여성 성주의 통행증을 받은 야율할저 일행은 그들의 보호를 받으면서 홀한성에 이르렀다.

'과연 발해의 수도는 위엄이 당당하구나.'

야율할저는 주위의 눈을 피해 발해의 수도인 홀한성을 살피며 감탄했다. 홀한성은 수십 리에 걸쳐 축성되어 있는 외성과 내성으로 나뉘어 있었고 황제가 거처하는 황궁은 당나라의 수도 장안을 능가할 정도로 규모가 크고 웅장했다. 성안에는 귀족들의 장원莊園이 즐비했고 저자에는 물건을 사고파는 사람들이 인산인해를 이루고 있었다.

발해의 수도 홀한성이 당나라에서까지 동경東京으로 불리고 있는 까닭을 야율할저는 비로소 이해할 수 있었다.

발해의 대신들은 야율할저의 귀순을 받아들이느냐 받아들이지 않느냐로 논의가 분분했고 그 까닭에 사흘이나 지체하게 된 것이다. 그러나 발해의 조정도 문관들이 득세하고 있었다. 그들은 귀순자를 우대한다는 명분에 얽매여 야율할저를 받아들이기로 했다.

야율할저에게 황궁으로 들어오라는 명이 떨어졌다.

야율할저는 홀한성에 도착한 지 사흘 만에 자신이 거란에서 데리고 온 무리들을 이끌고 황궁에 들어가 발해의 대인선大諲撰 황제를 알현했다.

"신 야율할저 삼가 폐하를 뵈옵니다."

야율할저는 두 아들의 부축을 받아 인선황제에게 9배九拜를 올렸다. 황제가 정사를 보는 어림청御臨廳이었다. 용상 뒤에는 금방이라도 승천할 것처럼 쌍룡이 꿈틀대는 현무도玄武圖가 그려진 병풍이 둘러져 있었고 용상 아래는 문무백관들이 도열해 있었다.

"원로에 고생이 많으셨소."

인선황제는 옥좌에 비스듬히 기대어 앉아 야율할저를 살폈다. 인선황제는 황제의 보위에 오른 후 미주가효만 입에 대어 몸이 비대했다. 그러나 눈은 새우처럼 작았다.

"신은 요왕 야율아보기의 백성이었으나 이제 폐하의 신하가 되고자 하나이다. 부디 이 불쌍한 목숨을 버리지 마시고 거두어 주시옵소서."

"그대는 진정으로 발해의 백성이 되고자 하는가?"

"거란의 황제에게 배신을 당한 신이 어디로 가겠습니까? 폐하의 백성이 되고자 합니다."

"그대가 데리고 온 사람들은 모두 가족들이오?"

인선황제가 야율할저의 말에는 대꾸하지 않고 불쑥 엉뚱한 질문을 했다. 야율할저가 데리고 온 무리들 중에는 여자도 둘이 있었다. 모두 20세 안팎의 미희들이었는데 인선황제는 한 여자에게서 시선을 떼지 못했다.

인선황제는 그 여인의 미색에 가슴이 울렁거리는 것을 느꼈다. 발해에도 미인은 많았고 황궁에도 내로라하는 미인들이 그의 부름만 기다리며 세월을 보내고 있었다. 그러나 어느 여인도 황제의 가슴을 울렁거리게 하지는 못했었다.

"가족은 두 아들뿐이고 나머지는 제가 거느린 가복家僕들이옵니다."

야율할저가 여전히 조심스러운 기색으로 대답했다.

"모두들 이 나라를 찾아와 주어 고맙소. 그대들에게 발해 왕실에 준하는 대우를 해줄 터이니 편히 쉬도록 하시오."

인선황제는 야율할저의 환심을 사기 위해 융숭한 대우를 해주라고 좌우의 신하들에게 지시했다. 이로써 야율할저는 발해의 수도 홀한성에서 마음대로 세작 노릇을 하게 되었다.

"발해 황제가 너를 보는 시선이 예사롭지 않았다. 너를 궁으로 보낼 테니 황제를 주색에 빠지게 하라."

야율할저는 거란에서 데리고 온 미인을 인선황제에게 보냈다. 거란에서 가장 뛰어난 미인이고 춤과 노래를 가르쳐 데리고 왔기 때문에 그녀는 인선황제의 총애를 받았다. 인선황제는 거란의 미인에게 빠져 야율할저에게 많은 금품을 하사했다.

'흐흐… 발해 황제가 우리 미인에게 넘어갔군.'

야율할저는 무사들과 함께 변복을 하고 홀한성을 빠져나가 발해의 각 부에 있는 군사주둔지를 염탐하기 시작했다. 그리고 손수 거란군이 대대적인 침략을 감행할 때 발해군과 부딪치지 않고 단숨에 홀한성까지 진격할 수 있는 군사지도를 그렸다.

'이제 홀한성을 떠날 때가 되었다.'

야율할저는 발해의 군사 정보를 모두 탐지한 뒤에 홀한성을 탈출하여 거란으로 달아나기 시작했다.

인선황제는 야율할저가 홀한성을 탈출했다는 사실을 뒤늦게 알았다. 야율할저가 발해의 군사지도를 가지고 달아났다는 소문도 파다하게 나돌았다.

"즉시 야율할저를 추격하라. 야율할저는 세작이 틀림없다!"

인선황제는 그때서야 두 눈에 핏발을 세우고 야율할저를 추격하도록 지시했다. 인선황제의 추상같은 명에 의해 어림군이 야율할저를 뒤쫓아 달려갔다. 그러나 야율할저는 이미 홀한성에서 50리나 벗어난 뒤였다. 야율할저는 쉬지 않고 북쪽의 흑수를 향해 달리고 있었다. 흑수가 거란의 국경이 가장 가까운 곳이기 때문이었다.

"황숙, 큰 공을 세우셨습니다."

야율아보기는 흑수까지 마중을 나왔다. 야율할저는 발해의 동정을 야율아보기에게 상세하게 보고했다. 그러나 서쪽에서 토혼 등이 거란을 공격해 왔다.

야율아보기는 어전회의를 열어 거란군에 총동원령을 내렸다. 그는 황후와 황태자, 그리고 각 부의 대신들이 모인 어전에서 비장한 어조로 조서를 내렸다.

"짐은 대의로써 요의 충성스러운 신료들에게 고한다. 우리 요는 지금까지 천명을 받들고 너희 신료들의 충성에 힘입어 순조롭게 중원에 진출할 수 있었다. 안으로는 몽골 8부를 통일하고 영토를 중원까지 확장하였으니 이제 과인이 무엇을 더 바라겠는가. 허나 과인에게 아직 이루지 못한 소원이 두 가지 있으니 어찌 눈을 감을 수 있겠는가. 오늘 대의로써 서쪽 변방의 오랑캐들을 치고자 하니 그대들은 멸사봉공하라!"

야율아보기는 손수 서정에 나섰다. 서정은 중국 서쪽에 대한 정벌을 말하는 것으로 아직까지 요에 굴복하지 않은 토혼吐渾, 당항黨項, 조복阻卜 등에 대한 정벌을 말하는 것이었다. 이들은 이미 야율아보기에 의해 정복되었으나 계속 반란을 일으켰기 때문에 두 번째 정벌에 나선 것이었다.

거란군은 대승을 거두고 돌아왔다.

'이제는 발해를 공격할 때다.'

서정에 성공한 야율아보기는 발해를 공격하라는 명을 내렸다.

거란군은 마침내 부여성을 공략하기 시작했다. 그러나 부여성은 완고했다. 거란군은 40만이나 되었으나 고전을 면치 못하였다. 혈전은 3일 동안이나 계속되었다. 거란군은 수많은 군사를 잃으면서도 부여성을 공격하는 것을 멈추지 않았다. 그리하여 부여성은 3일 동안 전 발해군사와 어린이와 노인을 비롯한 민간인들까지 나서서 장렬한 전사를 할 때까지 버티다가 끝내 함락되고 말았다.

"홀한성으로 진격하라!"

부여성을 함락한 거란군은 질풍처럼 발해의 수도를 향해 달렸다. 거란군은 야율할저가 가져온 군사지도를 보면서 진격했기 때문에 발해의 곳곳에 설치되어 있는 방어군 진영을 피해 노도처럼 홀한성으로 달려갔다. 특히 거란 최고의 용장 야율안단이 지휘하는 거란군의 선봉 1만 명은 단 하루도 쉬지 않고 달려서 6일 만에 1천 리를 돌파했다. 뒤이어 거란의 대군이 발해의 각 성을 휩쓸면서 달려왔다.

발해군은 홀한성을 지키기 위해 혼신의 힘을 다했다. 이종성이 상도방위군 장군이 되어 발해군을 지휘했으나 거란군에 대패했다.

"이제 발해의 운명이 다했다. 군사들과 백성들이 더 이상 도륙을 당하게 할 수 없다."

인선황제가 비통한 목소리로 대신들에게 말했다.

"망극하옵니다."

대신들이 무릎을 꿇고 울음을 터트렸다.

"선조들이 세운 2백 년 사직을 어찌 하루아침에 오랑캐에게 바치려고 하십니까?"

태자 대광현이 항복을 반대했다.

"허망하게 죽을 필요는 없다. 인명은 소중한 것이다."

인선황제는 거란에게 투항하라고 명을 내렸다.

서력 926년. 발해력 229년 1월 경신庚申일의 일이었다.

거란군의 진영은 홀한성에 백기가 꽂히자 환호성을 질렀다. 발해로서는 2백 년의 위업이 조종弔鐘을 고하는 날이었으나 거란으로서는 혹한의 겨울 원정이 성공하는 날이었다.

인선황제가 투항을 하기로 했다는 소문은 성내에 바람처럼 퍼졌다. 백성들은 집에서 뛰어 나와 황궁을 향해 엎드려 울음을 터뜨렸다. 성안이 온통 울음바다였다. 통곡은 황궁에서도 있었다. 먼저 효경황후가 황제가 투항을 결정했다는 궁녀들의 얘기를 듣고 머리를 풀고 소복을 입은 뒤 선조들의 위패를 모신 사당 앞에서 통곡했다. 태자 대광현도 어림청에서 꿇어 엎드려 대성통곡을 했다.

인선황제는 눈보라가 치는 1월 성을 나와 야율아보기에게 항복했다,

야율아보기는 군막에서 나와 인선황제의 절을 받고 황제와 대신들을 인질로 삼았다. 발해를 동단국東丹國이라고 국호를 바꾸고 야율안단을 왕으로 책봉하여 다스리게 했다.

발해국의 멸망 이후에도 발해인들의 저항은 끈질기게 계속되었고 이 저항은 발해를 계승하는 새로운 나라의 건설로 이루어졌다. 수많은 발해의 영웅들이 대륙에 나타나 국가를 건설했는데 각 국가의 건국 연대는 자세히 전해지지 않고 있다. 그러나 국가가 존재했던 기록이 요사遼史에 남아 있다.

먼저 정안국定安國은 발해가 멸망한 지 46년 만인 서력 972년에 국왕 열만화烈萬華가 여진女眞, 말갈 사신을 통해 송宋 나라에 표表를 올리고 예물을 바쳤다는 기록이 나오므로 그 이전에 나라를 세웠음을 알 수 있다.

열만화는 오현명烏玄明과 정안국을 세우고 송에 사신을 보내어 발해의 원수인 요를 공격하자고 제안했다. 그러나 신흥국가인 송은 거란을 공격할만한 군사력을 갖추지 못해 이 제안은 실패로 돌아갔다. 그들이 정안국을 세운 곳은 서경압록부(어떤 기록은 흑룡강 동쪽이라고도 한다) 일대였다.

정안국이 언제 멸망하였는 지는 알 수 없으나 정안국인定安國人 골수骨須가 서력 1018년, 발해가 멸망한 지 92년 만에 고려로 망명했

다는 기록이 나오므로 이 시기에 멸망했을 것으로 추정된다. 문헌에 약 45년간 존재하고 있다.

다음은 연파燕頗가 세운 연燕 나라가 있다. 그러나 연파는 서력 975년에 황룡부黃龍府. 농안 일대에 나라를 세웠다가 거란군에게 토벌되어 오사국烏舍國으로 도망을 친다.

오사국이 언제 건국되었는지 역시 정확한 기록이 없다. 그러나 문헌에 의하면 연파가 도망을 친 연대가 975년이므로 그 이전에 이미 건국되었을 것으로 보인다. 오사국은 매우 강대한 나라였다. 오사국은 국왕을 '오사성부유부발해섬부왕烏舍城浮喩府渤海陕府王'이라고 불렀는데 부장部長. 족장 오소도烏昭度는 거란과 치열한 투쟁을 전개했다. 오사성은 오사국의 도읍을 의미하는 것이고 부유부는 부여부의 다른 이름으로 추정된다.

오사국의 국력이 막강했기 때문에 송나라는 연합하여 거란을 칠 것을 제안했으나 송나라가 비굴하게 군사를 일으키지 않아 오사국도 거란과의 투쟁을 중지하고 오히려 송나라와 적대관계에 놓이게 되었다. 송나라는 오사국이 조공을 바치지 않자 여진(말갈)에게 조서를 내려 오사국 사람 1인을 죽이는데 견絹. 비단 5필을 주겠다는 비겁한 술수까지 부렸다.

서력 995년 오소도는 연에서 도망친 연파와 함께 거란에 부속되어 있던 옛 발해의 영토 철리鐵利를 공격했다. 요나라는 이이제이以夷制夷 전략으로 해奚족의 왕 화삭노和朔奴를 보내 오사국을 공격했다.

오소도는 오사성에서 해족과 거란의 수십만 군사들에게 포위되었으나 필사적인 투쟁 끝에 대승을 거두었다. 요나라는 비참한 패배를 하고 철군했다. 이후 요나라는 오사국을 더 이상 정벌하지 못하고 형식상 조공을 바치는 속국으로 인정하게 된다. 그러나 여진을 충동하여 오사국을 공격하게 하는 전략은 계속 구사하고 있었다. 오사국은 이리하여 송나라와 거란, 그리고 여진으로부터도 위협을 받는 간고한 처지에 놓이게 된다. 그리하여 국왕 오소도(또는 오소경이라는 설도 있다)의 가족들이 남경南京의 여진에게 사로잡혀 요로 끌려가는 비참한 상태를 당하게 된다.

서력 1114년 오사국은 여진족이 일으킨 금金나라가 급격히 세력을 강화하고 있을 때 금나라에 병합되고 만다. 오사국은 문헌상 약 139년이나 존재하고 있다.

흥료국興遼國이 건국된 것은 서력 1029년의 일이었다. 발해의 왕씨 성인 대연림大延琳이 군사를 일으켜 나라를 세우고 국호를 흥료, 연호를 천경天慶이라 하였다. 대연림은 고려에 사신을 보내어 함께 요를 공격할 것을 제안하여 고려가 군사를 일으켜 거란과 싸웠으나 승리하지 못했다.

서력 1030년 8월, 대연림의 부하인 비장裨將 양상세楊祥世가 거란에 항복하고 밤에 몰래 남문을 열고 거란군들을 끌어들여 국왕 대연림이 거란에 사로잡혀 흥료국은 멸망하였다. 문헌에 약 1년간 존재했으나 고려와 연합하여 거란을 공격하는 등 상당히 진취적인 국가였다.

서력 1115년 2월, 요주의 발해인 고욕이 군사를 일으켜 스스로를 대왕이라고 칭했다. 이에 3월에 거란이 고욕을 토벌하려고 했으나 고욕이 오히려 이를 격파했다. 4월에 거란이 다시 토벌군을 보내 왔으나 고욕은 이들도 격파하여 명성을 날렸다. 그러나 6월에 고욕이 사로잡힘으로써 고욕의 대 거란 투쟁은 4개월 만에 끝이 났다.

서력 1116년 1월, 발해인 고영창高永昌이 군사를 일으켜 거란에 항쟁을 선언하고 국호를 대발해국大渤海國, 연호를 융기隆起라고 하고, 스스로 칭제稱帝하여 황제가 되었다. 고영창은 동경東京에 도읍한 뒤 순식간에 요동 50주州를 병합하여 거란을 깜짝 놀라게 했다. 거란은 5월이 되자 재상宰相 장림張琳에게 10만 군사를 주어 고영창을 공격하게 했다. 고영창은 장림에게 패배하여 금나라에 구원을 요청했으나 금나라는 오히려 대장 알노斡魯를 파견하여 고영창을 공격했다. 고영창은 패배하여 장송도長松島로 도주했다. 그러나 고영창의 부하인 달불야達不野가 배신을 하고 고영창을 사로잡아 금나라에 항복함으로써 대발해국은 멸망하게 되었다.

발해가 멸망한 후 다시 일어난 후발해 여러 나라도 우리는 역사에서 망각하고 기억에서 지워버렸다,

4장

고려시대

16
누가 천추태후를
요부로 만들었나

천추태후千秋太后는《고려사》에서 요부의 대명사로 기록되어 있다. 이는《고려사》가 조선시대에 쓰이고 이를 집필한 사람들이 성리학을 공부한 사람들이기 때문이다. 고려는 왕건이 개국을 하면서 호족세력과 연합하여 나라를 세웠기 때문에 그들의 지지없이 나라를 안정시킬 수 없었다. 이에 왕건은 호족 세력 대부분의 딸을 부인으로 맞아들여 연합했다.

왕실의 혼인은 삼촌간이나 사촌을 가리지 않았고 두 자매를 한꺼번에 부인으로 맞아들이기도 했다. 그러다보니 왕이 남편이면서 사촌오빠이기도 했고 이모와 혼인을 하는 왕도 있고 친조카와 혼인하는 왕도 있었다. 이러한 혼인은 신라의 풍속을 따른 것이었으나 고구려도 취수제도가 있어서 형이 죽으면 형의 부인을 취하고 동생이 죽으면 동생의 부인을 취했다.

삼국시대는 남녀의 혼인에 촌수를 따지지 않았고 조선시대 와서야 근친혼을 법으로 금지하고 근친상간을 중죄로 다스렸다.

천추태후는 왕건의 손녀로 황주黃州의 호족 가문 출신이었다. 할머니는 황주원부인黃州院夫人으로 왕건의 부인이었다. 성씨는 황보皇甫씨였고 왕건과의 사이에서 아들 왕욱王旭을 낳았다.

왕욱은 이복누이인 선의왕후 유씨柳氏와 결혼해 고려의 제6대 왕인 성종成宗이 되는 아들 치治와 제5대 경종景宗의 비妃가 된 헌애왕후獻哀王后, 훗날의 천추태후, 헌정왕후獻貞王后 등 3남 2녀를 낳았다.

왕건이 죽자 그의 아들 혜종, 정종, 광종이 차례로 왕위에 올랐다. 광종은 왕이 되자 호족들로 인해 왕실이 위태롭다고 판단하여 이들을 대대적으로 숙청했다.

천추태후 일가도 무시무시한 숙청의 칼날을 받아 수많은 사람들이 살해되고 천추태후는 황주원부인을 따라 황주로 돌아갔다. 천추태후는 오빠 왕치, 헌정왕후와 함께 황주에서 살았다. 그러나 광종이 죽고 경종이 즉위하자 그녀에게 기회가 왔다. 그녀는 동생 헌정왕후와 함께 경종에게 시집을 가서 고려의 왕비가 되었다.

경종은 광종의 장남이었으나 성품이 나약했다. 어릴 때 부왕인 광종과의 사이도 좋지 못했다. 그가 즉위했을 때는 광종이 호족들을 대대적으로 숙청했기 때문에 살아남은 호족들의 반발이 격렬해져 개경의 민심이 흉흉했다.

경종은 왕선王詵을 집정으로 삼아 호족 숙청으로 억울하게 죽은

▲ 천추태후는 요부라고 알려졌지만 실제로는 한 남자만을 사랑했다. 〈글을 쓰는 여인〉 부분도. 국립중앙박물관 소장

사람들의 복수를 허락했다. 이에 수많은 사람들이 서로를 죽이는 일이 벌어져 개경을 극도의 혼란 상태로 빠트렸다. 게다가 집정인 왕선이 태조 왕건의 아들인 천안부원군을 살해하여 개경을 발칵 뒤집어놓았다.

'경종은 나라를 다스릴 능력이 없다.'

천추태후는 경종의 뒤에서 막후정치를 하기 시작했다. 그녀는 집정 왕선을 귀양 보내고 순질筍質과 신질申質을 좌집정과 우집정에 임명하여 권력을 안정시켰다.

경종은 최초로 과거제를 도입하여 관리들을 뽑아 등용했다.

왕승이 반란을 일으켰으나 최지몽의 도움으로 소탕했다. 동생과 함께 경종의 부인이 된 천추태후는 아들 왕송王誦을 낳았다. 그러나 경종은 불과 26세, 고려의 왕이 된 지 6년밖에 안 되어 병으로 죽었다.

그는 천추태후의 오빠 왕치를 후계자로 임명하여 성종을 세웠다.

천추태후는 열여덟 살의 나이에 과부가 되었다. 김치양金致陽은 천추태후 어머니쪽의 일가 되는 사람으로 사가에 있을 때 자주 드나들었다. 천추태후도 어릴 때부터 그와 자주 이야기를 나누었는데 김치양은 한때 승려 생활을 했었다. 경종이 죽은 뒤 김치양을 자주 만나면서 사랑이 싹트게 되었다.

> 김치양은 성격이 간사하고 교활할 뿐아니라 양기가 강해 음경에 수레바퀴를 걸 수 있을 정도였다. 승려 행세를 하면서 천추궁에 드나들어 추잡한 소문이 끊이지 않았다. 3백여 간間에 달하는 집을 지었는데 누정樓亭, 정원, 연못이 지극히 화려하고 아름다웠으며 거기서 밤낮으로 태후와 함께 아무 거리낌없이 농탕을 쳤다.

《고려사》 간신열전은 김치양을 간사하고 음란한 인물로 묘사하고 있다.

고려는 유교가 조금씩 유입되고 있었으나 혼인과 이혼이 자유로웠고 여자들이 재혼을 해도 전혀 문제가 되지 않았다.

천추태후는 시대적 관습에 따라 김치양과 사랑을 하게 된 것이다.

"누이와 김치양이라는 놈이 정을 통하는 것은 옳지 않다."

성종은 여동생인 천추태후가 사사로이 정을 통하자 김치양을 귀양보냈다.

'내가 저를 왕위에 앉혔는데 내 남자를 귀양보내다니⋯⋯.'

천추태후는 오빠인 성종에게 분개했다. 성종은 유교 교육을 받았기 때문에 최승로, 최지몽 등 유학자들을 권력의 중심에 발탁했다. 조정이 유학자들로 채워져 송나라와의 외교 관계가 강화되고 고려의 국교인 불교를 멀리하게 되었다.

이때 거란이 대군을 이끌고 고려를 침략했다.

유학자들이 장악하고 있던 고려 조정은 별다른 대책을 내놓지 못하고 우왕좌왕했다. 유학자들 중에는 고려의 영토를 떼어주자고 주장하는 대신도 있었다.

그때 서희가 나타나 소손녕과 담판을 지어 거란군을 물러가게 했다.

성종은 유학자들에게 실망했다. 그는 동생인 천추태후와 손을 잡고 왕자가 없었기 때문에 경종과 천추태후가 낳은 아들 왕송을 개령군에 책봉하여 후계자로 삼았다. 천추태후는 성종과 손을 잡고 권력의 전면에 나섰다.

천추태후의 여동생 헌정왕후는 자신의 삼촌인 대량원군 왕욱王郁과 정을 통하고 있었다. 하루는 왕욱의 집에 큰 불이 났다. 성종이 왕욱을 위로하기 위해 집에 가자 뜻밖에 헌정왕후가 만삭이 되어 있었다. 성종은 대노하여 삼촌인 왕욱을 귀양보냈다. 헌정왕후는 이후 난산 끝에 아들을 낳고 얼마 후에 죽었다.

성종은 38세의 나이에 병으로 죽고 천추태후의 아들 개령군은 18세의 나이에 7대 목종이 되었다. 천추태후는 그동안 헌애왕후로 불렸으나 태후가 되었다. 그녀가 거처하는 궁이 천추궁이었기 때문에 천추태후로 불렸다.

천추태후의 나이 34세였다. 그녀는 김치양을 다시 불러들이고 사랑을 불태우기 시작했다. 두 사람 사이에 아들도 태어났다.

천추태후는 목종을 내세워 강력한 고려왕국을 건설하기 시작했다. 유학자들이 정치의 중심에서 밀려나고 천추태후는 김치양과 함께 권력을 완전히 장악했다. 태후의 남자 김치양이 권력을 마음대로 휘둘렀다.

목종은 아들이 없는 상태에서 병들었다. 천추태후는 김치양과 자신이 낳은 아들을 후계자로 세우려고 했으나 유학자들은 왕욱과 헌정왕후가 낳은 왕순을 후계자로 삼으려고 했다.

"태후가 낳은 아들은 왕씨가 아니라 김씨다. 고려왕조가 김씨에게 넘어가게 할 수 없다."

왕씨 귀족들이 모두 왕순에게 가담했다.

"내가 내 아들로 왕을 삼으려고 하는데 누가 반대하는가?"

천추태후는 왕순이 눈엣가시였다. 왕순을 절로 쫓아 보내고 독약을 먹여 죽이려고 했다. 그러나 시중을 드는 궁녀의 기지로 독약을 마당으로 던졌다. 독약을 먹은 개와 새가 죽어 왕순은 위기를 벗어났다.

목종은 죽기 전에 왕순을 후계자로 삼기 위해 강조를 불러들였다. 강조가 대군을 이끌고 개경으로 들이닥치자 개경이 혼란에 빠졌다. 개경은 무시무시한 피바람이 불었다.

강조는 서경西京, 평양의 군사를 이끌고 들이닥쳐 김치양을 죽이고 천추태후의 아들도 살해했다.

"이놈들아 내 아들이 무슨 죄가 있느냐?"

천추태후는 통곡했으나 그녀의 눈 앞에서 사랑하는 남자 김치양과 아들이 죽임을 당했다. 이때 군사들을 제외한 천추태후파 대신들 7명이 살해되고 30여 명이 귀양을 갔다. 강조는 헌정왕후의 아들 왕순을 즉위시켜 현종으로 만들었다.

천추태후는 목종과 함께 궁에서 쫓겨났다. 겨우 말 두 필을 얻어 목종과 태후가 타고, 어의를 벗어 음식을 마련해가며 길을 나섰다. 태후가 음식을 먹고자 하면 왕이 친히 그릇을 받들었고 태후가 말을 타고자 하면 왕이 친히 고삐를 잡았다.

목종과 태후의 행렬이 적성현에 이르렀을 때 강조가 보낸 군사들이 독을 가져와 목종에게 올렸다. 목종이 마시려 하지 않자 이들은 목종을 시해하고 나서 자살했다고 거짓보고를 했다.

천추태후는 고향인 황주로 유배를 갔다. 유배지에서 21년을 더 살고 죽었다.

천추태후는 요부인가?

남자들과 음탕한 짓을 하는 것을 음란하다고 하면 그녀는 김치양 한 남자를 사랑했기 때문에 요부가 아니다. 현종의 어머니 헌정왕후도 삼촌인 왕욱과 정을 통하여 현종을 낳았다. 그녀를 음란한 요부라고 기록한 것은 고려의 유학자들과 조선의 성리학자들이었다.

17
최충원은 왜
고려왕이 되지 못했나

고려는 무인들의 나라였다. 태조 왕건이 호족들을 연합하여 고려를 세웠을 때 호족들은 사병을 거느리고 있었고 왕건은 이들 호족과 연합을 해야했기 때문에 정략결혼를 했다. 왕건이 죽은 뒤에 그의 세 아들이 차례로 왕위에 올랐으나 왕위가 불안정하여 자주 반란이 일어났다.

반란의 중심에는 사병과 호족들이 있었다. 광종이 호족들을 숙청한 뒤에 경종이 보위에 오르자 호족들이 다시 반발하기 시작했다. 경종은 고육책으로 복수를 허락했으나 더 큰 혼란이 일어났다. 경종의 아들 목종시대에는 서경 세력인 강조가 반란을 일으켜 고려의 도읍 개경에 칼바람이 휘몰아쳤다. 강조는 목종을 몰아내고 현종을 등극시켰으나 이를 빌미로 거란이 침략을 해왔다. 결국 현종은 나

주까지 피난을 갔고 강감찬이 거란군을 대파하여 전쟁은 끝이 났다.

고려는 다시 유학자들을 등용하기 시작했다. 고려가 신라와 당나라가 밀접한 관계를 맺고 당나라 문화를 받아들였기 때문에 최치원을 비롯하여 신라의 많은 인재들이 당나라에 유학을 갔다가 오면서 중국 문화가 들어오게 되었다.

신라는 중국의 문자인 한문을 받아들이면서 고려도 중국 문화를 따르게 되었다. 고려는 초기에 무인들이 권력의 전면에 있었으나 점차 문신들이 권력을 장악했다.

무신들은 권력에서 밀려났고 오만한 문신들에게 멸시와 수모를 당하게 되었다.

고려 18대 의종 때에 이르면 이러한 현상은 더욱 심해져 내시들까지 무신들을 멸시했다.

의종시대는 평화로운 시기였다.

의종은 경치 좋은 곳을 찾아다니면서 문신들과 시를 짓고 술을 마시는 것을 좋아했다. 임금이 연회를 하면 문신들은 함께 시를 짓고 술을 마셨으나 무신들은 배를 곯아가면서 경비를 해야했다.

"뭣들 하나? 빨리빨리 해야지."

문신들은 굶주리면서 경비를 한 그들에게 호통을 쳤다.

"문신 놈들이 우리를 사람 취급도 안 해."

임금을 호위하는 견룡군의 장교들은 불만이 팽배해졌다. 중위급인 산원 이의방, 이고 등은 문신들의 횡포에 분개했다. 그들은 고려의 상장군 등에게 거사를 할 것을 제안했으나 그들은 오히려 만류했다.

1170년 8월 의종이 연복정에서 흥왕사興王寺로 갔다. 이때 왕은 황음에 빠져 정사를 돌보지 않고, 승선 임종식과 기거주 한뇌 등이 무신들을 멸시했다.

의종은 견룡군의 동태가 심상치 않다고 판단하여 도중에 행차를 멈추게 하고 오병수박희五兵手博戲를 열게 했다. 이때 젊은 장교와 노장군인 이소응이 대결을 했는데 이소응이 패했다.

"이런 미욱한 자를 보았나? 장군이 어찌 일개 장교에게 패하는가?"

문신인 한뇌가 달려와 이소응의 뺨을 후려쳤다. 얼결에 뺨을 맞은 이소응은 뜰 아래로 굴러 떨어졌고 견룡군 장교들이 분개하여 눈을 부릅떴다. 수박희를 하는 연희장이 일시에 싸늘하게 얼어붙었다.

"핫핫핫! 군사들은 흥분하지 마라. 그대들에게 상을 내리겠다."

의종이 정중부를 불러 위로하고 억지로 술을 권했다. 냉랭한 분위기는 간신히 가라앉았다.

흥이 깨진 의종은 보현원으로 행차했다. 그는 보현원에서도 연희를 열어 문신들과 창화를 하고 술을 마셨다.

"우리는 더 이상 참을 수 없다. 머리에 건을 쓴 자들은 모조리 죽이라."

이의방과 이고 등은 군사들에게 명령을 내리고 보현원의 연희장으로 뛰어 들어갔다. 보현원은 아비규환의 참상이 벌어졌다. 문신들과 내관들 수십 명을 살해한 견룡군은 의종을 연금하고 정중부에게 보고했다. 혁명군은 보현원에서 돌아오자 조정에 남아 있던 문신들을 대대적으로 학살했다.

고려의 도읍 개경은 피바람이 불었다.

경인난庚寅亂, 무신난武神亂으로 불리는 보현원의 거사는 실제로 이의방, 이고 등 젊은 장교가 일으킨 것이고 정중부는 지도자로 추대된 인물이었다.

이의방에 대한 기록은《고려왕조실록》의〈열전 반역〉편에 실려 있다.

이의방은 거사에 성공하자 고려 제18대 왕 의종을 거제도로 귀양 보내고 태자를 진도에 유배 보낸 뒤에 중방重房정치를 실시했다. 고려의 기라성 같은 장군들은 들러리 형태로 참여했다.

두경승과 이의만은 견룡군의 최하위 장교였다. 이의만은 사납고 포악하여 보현원에서 가장 많은 문신을 죽였다.

정중부는 혁명군의 수장으로 추대되었으나 실질적안 권력은 이의방과 이고가 갖고 있었다. 두 사람 사이에 알력이 일어나 이의방이 이고를 죽이고 권력을 장악했다.

이의방이 혁명을 일으키자 이를 토벌하려는 세력이 끊임없이 도전해 왔다. 특히 승려들과 서경 세력의 반란이 격렬했다. 이의방은 이러한 세력을 진압하고 자신의 딸을 명종의 태자비로 삼아 권력을 공고하게 하려고 했으나 정중부와 그의 아들 정균에게 살해되었다.

정중부는 권력을 장악했으나 자신의 딸을 태자비로 삼았다가 이의방과 같은 전철을 밟았다. 20대의 청년 장군 경대승이 정중부와

▲ 고려는 이의방이 무신의 난을 일으킨 후 하루도 칼바람소리가 그치지 않았다. 고려의 송도 전경 《송도기행첩》 강세황 그림. 국립중앙박물관 소장

그의 아들 정균을 죽이고 권력을 잡았다. 두경승과 이의민은 고려에서 쌍벽을 이루는 장사들이자 앙숙이었다.

"어떤 사람이 스스로 힘자랑을 하기에 내가 쳐서 이같이 하였다."

하루는 이의민이 교위방校尉房, 중위급 장교들의 숙소에서 이렇게 말하고 주먹으로 기둥을 쳤다. 그러자 쿵 하는 소리와 함께 서까래가 흔들리고 흙먼지가 자욱하게 일어나면서 기왓장이 우르르 떨어졌다.

"어느 때의 일인데, 내가 맨주먹으로 떨쳐 치자 뭇사람들이 일제히 흩어져 달아났다."

두경승이 앞에 있다가 빙긋이 웃으며 한 마디 한 뒤에 벽을 쳤다.

그러자 쿵 하는 소리와 함께 흙먼지가 일어나면서 그의 주먹이 벽을 뚫고 들어갔다. 교위방에 있던 사람들이 모두 경악하여 입을 다물지 못했다. 이렇게 하여 이의민과 두경승의 주먹바람이 만고에 제일이라는 소문이 파다하게 나돌았다.

이의민은 폐출된 의종을 잔인하게 살해하여 비난을 받았다.

> 이의민은 곤원사坤元寺의 북쪽 연못가로 의종을 끌어내어 술 몇 잔을 올리고는 그의 척추를 꺾어 버렸는데 손놀림에 따라 지르는 비명소리를 들으며 껄껄 웃기까지 했다. 박존위가 의종의 시체를 이불에 싸서는 가마솥 두 개와 함께 묶어서 연못 가운데로 던져 넣자 갑자기 회오리바람이 크게 일면서 모래먼지가 마구 일어나므로 사람들이 모두 소리를 지르며 흩어졌다. 절의 승려 중에 헤엄 잘 치는 자가 가마솥만 건져내고 시체는 버렸는데 시체가 여러 날 동안 물가로 떠올라 있어도 물고기나 새들이 뜯어 먹지 않았다.

《고려사》〈열전〉의 기록으로 이의민의 잔인한 성품을 엿볼 수 있다.

청년 장군인 경대승이 갑자기 병으로 죽자 이의민이 권력을 잡고 두경승은 죽임을 당했다.

최충헌崔忠獻은 신중한 인물이었다. 그는 이의민에게 복종하면서 자신의 세력을 서서히 키워나갔다.

이의민은 성품이 포악하고 탐욕스러웠다. 그는 수십 명의 첩을 거느리고 재산을 갈취하는데 여념이 없었다. 그의 아들들도 탐욕스럽고 포악했다. 이에 고려의 도읍 개경에서는 이의민에 대한 원성이 높았다.

> 이의민의 처 최 씨는 성품이 흉포한 여자로 여종을 시샘해 때려 죽였으며 남종과 간통을 저질렀다. 이의민이 종을 죽이고 그 처를 내쫓은 후 얼굴이 예쁜 양갓집 여자를 많이 데려다가 혼인하고는 다시 버리는 일을 반복했다. 그 자식들도 아비의 권세를 믿고 횡포를 부렸는데 그 중 이지영李至榮과 이지광李至光이 특히 심해 세간에서 그들을 쌍칼이라고 불렀다.

《고려사》〈열전〉의 기록이다. 이의민은 고려의 권력을 잡자 왕이 되려고 했다.

최충헌은 1149년 고려의 도읍 개경에서 태어났다. 아버지와 할아버지가 모두 상장군을 지냈을 정도로 전형적인 무인가문 출신이었으나 어릴 때부터 학문도 게을리 하지 않았다. 무신이 멸시를 당하고 문신이 우대를 받자 학문을 하게 된 것이다. 그들 가문은 무신들이 일으킨 피바람이 몰아치고 있을 때도 비교적 조용하게 지냈다.

최충헌은 무인이면서도 문신 말단관리로 벼슬을 시작했다. 그러나 무신난이 일어나자 그의 생각이 바뀌었다.

'이제 무인의 시대가 오는구나.'

최충헌은 조위총이 반란을 일으키자 토벌군으로 참여하여 별초도령이 되었으나 관운은 따르지 않았다. 무신들이 차례로 집권하면서 20년의 긴 세월이 흘렀으나 그는 고작 섭장군의 위치에 머물러 있었다.

'언젠가 나에게 반드시 기회가 올 것이다.'

최충헌은 때가 오기만을 기다렸다. 경대승이 죽은 뒤에 정권을 장악한 이의민은 포악한 인물이었다.

1196년 이의민의 아들인 장군 이지영이 집에서 최충수가 기르던 비둘기를 빼앗자, 최충수가 돌려달라고 했는데 그 말투가 매우 거칠었다. 노한 이지영이 가동家僮을 시켜 묶으라는 영을 내렸다.

"장군께서 손수 묶지 않는 이상 누가 감히 나를 묶겠는가?"

최충수가 눈을 부릅뜨고 호통을 쳤다. 이지영이 그 기상을 장하게 여겨 놓아주었다. 최충수는 분노를 참을 수 없었다.

"이의민의 네 부자는 실로 나라의 역적이므로 제가 이들을 죽이고자 하는데 어떻겠습니까?

최충수가 최충헌에게 달려가 말했다. 최충헌이 난색을 보였다.

"저의 뜻은 이미 결정되었으니 그만둘 수 없습니다. 형님께서 하지 않겠다면 저라도 하겠습니다."

최충수가 강경하게 말하자 최충헌이 비로소 찬성했다.

왕이 보제사普濟寺로 행차했는데 이의민은 병을 핑계해 호종하지 않고서 몰래 미타산彌陀山의 별서別墅로 갔다. 최충헌이 최충수 및 그의 외조카인 대정隊正 박진재朴晉材와 일족 노석숭盧碩崇 등과 함께 칼을 소매 속에 숨긴 채 별서의 문 밖에서 그를 기다렸다. 이의민이 돌아오려고 문을 나서 말을 타려고 하자, 최충수가 갑자기 들어가서 칼로 쳤으나 맞지 않았다. 최충헌이 곧장 나아가 목을 베니 수십 명이 수행원들이 벌벌 떨면서 모두 달아나버렸다. 노석숭을 시켜 이의민의 머리를 가지고 개경으로 급히 달려가 큰 길거리에 매달게 하자, 보는 사람들이 놀라 떠드는 소리가 온 도성을 진동시켰다.

천하의 이의민은 허무하게 죽고 정권은 최충헌에게 돌아갔다. 최충헌은 이의민 일파를 대대적으로 숙청하고 봉사십조를 올렸다.

"엎드려 살펴보건대, 적신 이의민李義旼은 잔인한 성품으로 윗사람을 함부로 대하고 아랫사람을 업신여겼으며 임금의 자리마저 흔들려 했기 때문에 재앙이 불꽃처럼 치솟고 백성들은 편안하게 살아갈 수 없었습니다. 이에 신들이 폐하의 신령스런 위엄을 빌어 적신들을 단번에 쓸어 없애버렸습니다. 폐하께서는 낡은 제도를 혁파하고 새로운 정치를 계획하심에 오로지 태조께서 훈계하신 올바른 전범을 준수하셔서 중흥의 길을 환히 여시길 바랍니다. 이에 삼가 열 가지 사항을 조목별로 아뢰나이다."

최충헌의 봉사십조는 허울에 지나지 않았다. 최충헌을 죽이려는 움직임은 끊임없이 일어났다. 최충헌은 자신의 반대파를 가차없이 제거했다, 심지어 자신의 동생 최충수까지 죽여 개경을 공포에 떨게 만들었다. 최충헌이 고려의 정권을 장악하자 그를 왕으로 추대하려는 자들도 나타났다.

"제가 군사를 거느리고 궁궐로 들어가서 궁궐 안의 사람을 모두 죽이고 임금도 시해하겠습니다."

김약진金躍珍이 말했다. 김약진은 최충헌에게 고려의 왕이 되라고 요구한 것이다.

"그리 한다면 나라가 장차 어찌 되겠는가? 뒷날 입에 오르내릴까 두려우니 경솔하게 굴지 말라."

최충헌이 반대했다. 최충헌은 훗날의 역사를 두려워했다고 하지만 실제로는 왕이 되면 명백한 반란이 되고, 장군들이 토벌을 할까봐 두려워한 것이다.

최충헌이 죽은 후 정권은 차례로 후손인 최우, 최항, 최의까지 62년에 이어졌다. 이들은 고려왕을 죽이고 왕이 될 수도 있었으나 반란을 두려워하여 막후정치만을 했다.

18
고려장은 진짜
고려의 풍습이었을까

어린 시절 많은 사람들이 고려장高麗葬에 대한 이야기를 듣고 고려의 나쁜 풍습이라고 배웠다. 그러나 고려사의 어떤 기록을 살펴도 고려장에 대한 이야기는 없다. 그렇다면 고려장은 어디에서 온 것일까? 중국의 〈효자전〉에 원곡原穀 이야기가 있다.

중국의 어느 시골에 원곡이라는 소년이 살고 있었다. 집안은 찢어지게 가난했으나 할아버지와 어머니 아버지를 모시고 여러 형제들과 함께 살았다. 집안이 가난했기 때문에 원곡은 항상 굶주렸다.

'맛있는 음식을 배불리 먹었으면 소원이 없겠구나.'

원곡의 소원은 음식을 배불리 먹는 것이었다. 흉년이 들자 굶주림은 더욱 심해졌고 할아버지는 가운이 쇠잔해져 걷지도 못하고 앉아 있거나 누워 있게 되었다.

"양식이 없어서 아이들까지 굶주리니 큰 일이오."

아버지가 한숨을 내쉬고 어머니에게 말했다.

"양식 살 돈도 없는데 아버님 약값까지 마련해야 하니 어떻게 해야할지 모르겠어요."

어머니도 기운없는 목소리로 말했다.

"우환이 호랑이 보다 무섭다고 하는데……."

"내일은 어디서 양식을 구해야할지 모르겠소."

아버지와 어머니는 밤이 깊었으나 잠을 이루지 못했다. 원곡도 잠이 오지 않았다.

며칠이 지났을 때였다. 아버지가 할아버지에게 깨끗한 옷을 갈아입히고 이불이며 음식을 쌌다.

"아버지 뭐하시는 거예요?"

원곡이 의아하여 물었다.

"너도 가자."

아버지가 침중한 얼굴로 말했으나 까닭을 설명해주지는 않았다. 가족들에게 할아버지에게 절을 하게 한 뒤에 아버지는 할아버지를 지게에 앉혔다.

"가자."

아버지가 지게를 지고 말했다. 할아버지는 하염없이 눈물만 흘리고 있었다.

'생장生葬이로구나.'

원곡은 비로소 무슨 일인지 알고 가슴이 철렁했다. 아버지는 지게를 지고 산으로 올라가기 시작했다. 인가도 없고 길도 없는 산이었다. 숲이 울창한 산을 한나절이나 걸어 올라가자 작은 동굴이 나왔다. 아버지는 나뭇잎을 주워다 깔고 할아버지를 지게에서 내려놓았다. 그리고 음식을 할아버지 앞에 놓아주었다.

"아버지, 저희는 나무를 하러 갔다가 올게요. 시장하시면 음식을 들고 계세요."

아버지가 눈물을 흘리면서 할아버지에게 절을 했다.

"그래. 내 걱정은 하지 말고 어서 가거라."

할아버지가 웃으면서 손을 내저었다. 원곡도 할아버지에게 절을 하고 아버지를 따라 산을 내려오기 시작했다.

"빈 지게는 왜 지고 내려오는 것이냐? 지게는 그냥 두고 내려오는 것이 풍습이다."

아버지가 슬픈 목소리로 물었다.

"아버지도 늙으실 텐데 그때가 되면 생장을 해야하잖아요? 제가 지게로 아버지를 모셔야 하니 버리는 것보다 가져가는 것이 좋지 않겠어요?"

원곡이 쓸쓸한 표정으로 말했다. 원곡의 말에 아버지가 털썩 주저앉았다.

"내가 잘못했다. 내가 잘못했어."

아버지가 엉엉 소리를 내어 울면서 통곡했다. 원곡과 아버지는 다시 동굴로 올라가서 할아버지를 모시고 내려왔다. 그들은 굶주렸으나 할아버지에게 효도를 하면서 열심히 살았다. 나라에서 이 사실

▲ 일본은 고려장이 악습이라고 조선을 비하했다. 그러나 그것은 전래동화일뿐 고려와는 관계가 없었다. 거창 둔마리 고분벽화에는 고인의 극락으로의 인도와 안주를 축복해주는 그림이 그려져 있다. 문화재청

을 알고 포상을 하고 원곡의 이야기를 효자전에 실어 널리 알렸다.

원곡의 이야기는 조선에도 들어오고 일본에도 알려졌다. 영국의 선교사 윌리엄 그라피스는 일본에 머물면서 《은둔의 나라 조선》이라는 책을 집필하면서 고려장을 처음으로 다루었다.

인도의 《잡보장경雜寶藏經》의 기로국棄老國 설화도 이와 유사하다.

고려장 이야기는 1919년 미와다 다마키가 펴낸 《전설의 조선》과 1924년과 1926년 조선총독부와 나카무라 료헤이가 펴낸 《조선동화집》에도 실려 있다.

1948에 발간된 이병도李丙燾의 《조선사대관朝鮮史大觀》에도 실려 있고 1963년 김기영金綺泳 감독은 〈고려장〉이라는 제목으로 영화를 만들기도 했다.

MBC는 '서프라이즈'를 방송하면서 고려장은 고려의 풍습이 아니고 일본이 조작한 것이라고 하여 화제가 되었다. 그러나 《조선왕조실록》 〈세종실록〉에 이와 유사한 기록이 있어서 사람들을 놀라게

했다.

사람의 자식으로 부모가 살았을 때는 효성을 다하고, 죽어서는
슬픔을 다하는 것은 천성이 저절로 그렇게 되는 것이고, 직분으
로서 당연히 해야할 것이다. 고려 말기에 외방의 무지한 백성들
이 부모가 죽으면 도리어 간사한 마음으로 즉시 그 집을 무너뜨
리고, 또 부모가 거의 죽어갈 때에, 숨이 아직 끊어지기도 전에
외사外舍로 내어 두게 되니, 비록 다시 살아날 이치가 있더라도
마침내 죽음을 면하지 못하게 되었다. 그 장사지내는 날에는 향
도香徒들을 많이 모아서 술을 준비하고 풍악을 베풀기를 평일과
다름이 없이 하니, 어찌 유속遺俗이 아직까지 없어지지 아니하였
는가. 아아. 사람은 진실로 각기 상도常道를 지키는 천성이 있으
니, 누가 그 부모를 사랑하지 않으리요마는, 다만 오래도록 습속
習俗에 젖어 이를 생각하지 못하는 것뿐이다. 지금부터는 유사攸
司가 나의 지극한 마음을 본받아 교조敎條를 명시明示하여, 가가家
家로 하여금 구습舊習의 오점汚點을 환히 알도록 하여 자신自新해
서 인효仁孝의 풍속을 이루게 할 것이다. 만약 혹시 고치지 않는
다면 감사監司와 수령守令은 엄격히 금지할 것이다.

〈세종실록〉의 기록이다. 외방은 먼 변방을 의미하는 것으로 함경
도 일대를 일컫는다. 함경도는 고려 때는 여진에 속했고 말기에는
몽고에 속했다. 고려 이전에는 발해에 속했다.

발해의 풍속 중에는 가족이 죽으면 시체를 나무에 매달아놓고 짐승들이 먹으러 오면 활을 쏘아 잡는 황당한 풍속이 일부지방에 있었다. 고려장 풍속도 고려에는 없었고 외방에 있었다는 기록을 살필 때 만주 쪽에서 온 풍속으로 보이는 것이다. 외사로 보냈다는 것도 다른 집으로 보냈다는 것이지 산에 갖다 버렸다는 것은 아니다.

동화책에 나오는 고려장과는 다른 모습이라고 할 수 있다.

5장

조선시대

―――――

19
조선에 온 코끼리는
어떻게 되었나

서력 1411년 태종 11년 2월 22일의 일이었다. 기나긴 겨울이 가고 날씨가 점점 따뜻해지고 있을 때 경복궁으로 코끼리 한 마리가 들어왔다. 경복궁에 거주하는 비빈과 궁녀, 환관, 심지어 갑사들까지 집채처럼 거대한 코끼리를 보느라고 아우성을 쳤다. 코끼리는 책을 통해 널리 알려지기는 했으나 조선인들은 처음 보는 동물이었다.

"코끼리라는 동물이 얼마나 크다고 하느냐?"

원경황후 민씨가 상궁에게 물었다.

"황소보다 두 배는 더 크다고 하옵니다."

상궁이 눈을 크게 뜨고 수다스럽게 대답했다.

"그처럼 큰 짐승이 있다는 말이냐? 지금 어디 있느냐?"

원경왕후 민씨가 입을 딱 벌리고 놀랐다.

"대궐에 들어왔습니다."

"그럼 구경 가자."

"전하께서 계신데 어떻게 갑니까?"

"멀리서 보기만 하면 괜찮을 거야."

원경왕후 민씨는 궁녀들을 거느리고 경회루 앞으로 달려갔다. 상궁과 환관, 비빈들이 다투어 코끼리가 있는 경회루로 달려갔다. 태종도 대신들을 거느리고 직접 코끼리를 보았다. 육중한 몸집이며 커다란 코, 어린 아이 몸집만한 다리를 보자 저절로 입이 벌어졌다.

"내가 호랑이나 곰은 보았어도 코끼리는 처음이다."

태종은 대궐 안에 들어온 코끼리를 보고 감탄했다. 대신들도 코끼리를 보고 웅성거렸다.

"이 짐승이 사납지는 않은가?"

태종이 일본 사신에게 물었다.

"길을 들인 탓에 해코지만 하지 않으면 위험하지 않습니다."

일본의 사신이 말했다. 태종은 일본 사신에게 사례하고 돌려보냈다.

"코끼리는 예로부터 영물이라고 했습니다. 이것을 어디에서 키워야 하는지요?"

대신들이 물었다.

"먼 나라에서는 용사들이 코끼리를 타고 전쟁을 했다고 한다. 사복시司僕寺에서 키우도록 하라."

태종이 영을 내렸다. 사복시는 대궐의 말을 관장하고 목장을 운영한다. 코끼리는 이렇게 하여 사복시에서 키우게 되었다. 대궐의 말과 목장을 관리하는 사복시는 코끼리를 떠맡게 되어 골치를 앓게 되었다. 코끼리를 어떻게 다루어야 하는지도 알 수 없었고 무엇을 먹여야 되는지도 알 수 없었다. 게다가 코끼리를 구경하려는 사람들이 끊이지 않고 사복시로 몰려왔다.

"자네 순상馴象을 보았는가?"

"순상이 무엇인가?"

"길들인 코끼리일세. 먼 남방에서 산다고 하는데 크기가 집채 만하다고 하네. 하루에 콩 너댓말을 먹는다고 하네."

코끼리는 순식간에 장안의 명물이 되었다 수많은 사람들이 몰려와 구경을 하는 바람에 사복시는 고민에 빠졌다. 게다가 매일 같이 콩 너댓말을 먹어치우니 사복시는 코끼리 식량을 구하는 일도 여의치 않았다. 사복시는 결국 삼군부三軍府에 코끼리를 넘겨주었다. 해가 바뀌어 12월이 되었을 때 공조전서工曹典書, 공조판서의 전신를 지낸 이우李瑀가 삼군부를 찾아와 코끼리를 구경했다. 그러나 소문과 달리 그가 보니 대단치 않았다.

"코끼리가 아름답다고 하여 구경을 왔더니 추물이 아닌가?"

이우는 코끼리에게 침을 뱉고 조롱했다.

"대감, 조심하십시오."

삼군부의 장교들이 이우를 만류했다.

"흥! 코끼리가 뭐가 대단하다고 이 난리냐?"

▲ 어쩌다가 조선에 온 코끼리는 조선인들에게도 사육하는 것이 괴로웠다.

이우는 장교들의 만류에도 불구하고 코끼리를 발로 차고 다리를 만지는 등 법석을 떨었다. 코끼리가 노하여 이우를 밟아 죽였다.

"앗! 사람이 죽었다."

삼군부는 깜짝 놀라서 조정에 보고했다. 조선 조정은 발칵 뒤집혔으나 이우가 코끼리를 희롱하다가 죽임을 당했기 때문에 어떨 수가 없었다. 그러나 코끼리가 막대한 식량을 축내고 있어서 삼군부에서도 골칫거리였다.

"일본 왕이 바친 코끼리는 전하께서 아끼는 물건도 아니요, 나라에 아무런 이익이 없습니다. 그 동안에 이미 두 사람이 죽었으니 법으로 따지면 마땅히 죽여야 합니다. 또한 일년에 먹어 치우는 양식이 수백 석에 이릅니다."

병조판서 유정현이 아뢰었다. 삼군부에서 원성이 커져 병조에서도 잠자코 있을 수 없었던 것이다.

"사람이 코끼리에 밟혀 죽었다고 코끼리를 죽이는가? 이우도 잘 못이 있다고하지 않는가?"

태종은 코끼리를 죽이고 싶지 않았다.

"하오면 전라도의 해도로 보내시는 것이 어떠하온지요? 섬에 두면 사람을 더 이상 해치지 않을 것입니다."

"그렇게 하라."

태종이 웃으면서 말했다. 조선에 온 코끼리는 전라도 해도로 가게 되었다. 코끼리가 이동하는 연도에는 수많은 사람들이 몰려들어 구경을 했다. 코끼리를 처음 보는 조선인들은 신기했으나 코끼리도 고생이 이만저만이 아니었다. 한양에서 전라도까지 천리길을 한겨울에 이동해야 했고 먹이도 시원찮았다.

코끼리는 순천부 장도獐島에서 키우게 되었으나 풀을 잘 먹지 않았다. 전라도도 코끼리 때문에 골머리를 앓게 되었다.

"길들인 코끼리를 순천부 장도에서 방목하는데, 수초水草를 먹지 않아 날로 수척하여지고, 사람을 보면 눈물을 흘립니다. 육지에서 키우게 하는 것이 어떻습니까?"

전라도 관찰사가 보고서를 올렸다. 코끼리는 방목을 하게 했지만 먹이를 잘 먹지 않아 콩을 삶아 주고 소처럼 여물을 끓여주어야 했다. 코끼리를 사육하는 관리들이 골머리를 앓았다.

"코끼리가 고향을 떠난 탓에 눈물을 흘리는 것이다."

태종은 코끼리를 육지에서 키우도록 허락했다. 그러나 육지라고 해서 다를 것이 없었다. 코끼리 때문에 전라도 관리들이 고통을 겪었다.

"코끼리란 것이 유익되는 점이 없거늘, 지금 도내 네 곳의 변방 지방관에게 명하여 돌려 가면서 먹여 기르라 하였으니, 폐해가 적지 않고, 도내 백성들만 괴로움을 받게 되니, 청컨대, 충청, 경상도까지 아울러 명하여 돌아가면서 기르도록 하게 하소서."

전라도 관찰사가 보고서를 올렸다. 코끼리는 애물단지가 되었다. 태종이 허락하자 충청도 경상도까지 코끼리를 번갈아 사육하게 되었다.

"공주公州에 코끼리를 기르는 종이 코끼리에 채여서 죽었습니다. 그것이 나라에 유익한 것이 없고, 먹이는 꼴과 콩이 다른 짐승보다 열 갑절이나 되어, 하루에 쌀 2말, 콩 1말 씩이온즉, 1년에 소비되는 쌀이 48섬이며, 콩이 24섬입니다. 화를 내면 사람을 해치니, 이익이 없을 뿐 아니라, 도리어 해가 되니, 바다 섬 가운데 있는 목장에 내놓으소서."

충청도 관찰사가 아뢰었다

"물과 풀이 좋은 곳을 가려서 이를 내어놓고, 병들어 죽지 말게 하라."

세종이 영을 내렸다. 코끼리는 어느덧 천덕꾸러기가 되어 있었다. 그러나 이 코끼리에 대한 기록은 더 이상 보이지 않는다.

코끼리는 1411년에 조선에 와서 10년 동안 살고 죽은 것이다.

20
조선에 온 흑인병사는
누구인가

임진왜란은 장장 7년 동안이나 계속되었다. 전쟁 초기에는 일본군이 파죽지세로 진격하여 열흘 만에 서울이 함락되어 선조는 평양을 거쳐 의주까지 피난을 가게 되었다. 그러나 바다에서 이순신이 일본 수군을 격파하고 명나라 군이 참전하여 평양을 수복하면서 상황이 달라졌다. 권율은 행주산성에서 대승을 거두어 일본군은 한반도 남쪽, 경상남도 지역에서 성을 쌓고 강화회담을 제안했다. 그러나 끈질긴 협상이 결렬되면서 다시 침공을 전개하여 정유재란이 일어났다.

조선과 명나라군은 옛날과 달랐다. 일본군은 곳곳에서 패했다.

이때 명나라 장수 팽신고彭信古가 유격遊擊장군으로 조선에 와서 선조가 태평관太平館에서 접견했다.

팽신고는 적을 토벌할 뜻은 없이 공리功利만을 위해서 온 자였다. 군병은 모두 시정市井의 무리를 소집했으므로 전쟁을 하는 데에 적합하지 않을 뿐더러 백성들의 재물을 약탈하는 것만을 일삼으면서 심지어는 도적으로 변해 군읍郡邑을 횡행하니 원근에서 괴롭게 여겼다. 백성들로서 팽군彭軍이 이른다는 소문이 들리면 얼굴을 찡그리지 않는 사람이 없었다.

《조선왕조실록》의 기록이다. 팽신고는 구원군으로 와서 조선에 오히려 해를 끼치고 있었다.

"대인이 조선을 위해 남중南中으로 향하려 하는데, 지방이 잔폐되었으니 어떻게 경과하겠소이까? 관소館所에 나아가 전송하려 했으나 수적讐敵이 머물러 있으므로 감히 별처別處에서 맞이하게 되었소이다."

선조가 팽신고에게 말했다. 이때 고니시 유키나카 부대의 무관 요시라要時羅가 팽신고의 처소에 있었다. 요시라는 조선과 명나라의 사신을 접대하고 통역하는 일이 주요 업무였는데 실제로는 첩자 노릇을 했다.

"인마人馬가 오랫동안 여기에 머물러 있으면서 소요를 많이 끼쳐 미안합니다. 내일 길을 떠나려고 했습니다만 적 요시라를 현재 나의 처소에 두고 있으니, 유총아劉總爺가 올라오기를 기다려 체부遞府한 뒤에야 내려갈 수 있을 것입니다. 유총아劉總爺가 내일 오게 되면 나는 모레 떠날 것이니 우마牛馬를 정제하여 주시는 것이 어떻겠습

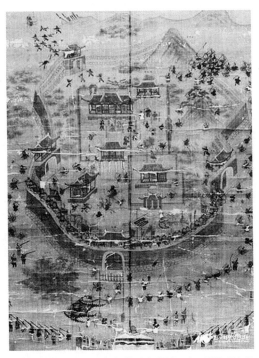
▲ 동래부순절도. 조선에 온 흑인병사들은 어느 전투에서 싸웠을까. 동래성 전투. 〈청주 동래부사 송상현 충렬사〉

니까? 유격과 천총千摠, 백총百摠들에게도 각각 품마品馬를 헤아려 주셔야 하겠습니다."

팽신고가 말했다. 팽신고는 전장으로 떠날 생각을 하지 않고 있었다.

"말씀대로 하겠소이다."

"박달나무가 창 자루를 만들기에 좋으니 넉넉히 주셨으면 합니다."

선조와 팽신고의 대담에는 승지들도 합석해 있었다.

"이른바 박달나무는 무슨 나무인가?"

선조가 통관에게 물었다.

"필시 이년목二年木일 것입니다."

승지가 아뢰었다.

"그것이 아닙니다. 중국 사람은 가樻나무를 박달나무라고 합니다."

통관이 아뢰었다.

"알겠소이다."

200

"나의 하인이 은銀 3백 냥을 도적질하여 도망쳤는데, 운흥 태수雲興太守가 붙잡아 의주義州로 보냈다 합니다. 내가 평양平壤의 한포정韓布政에게 이문移文하게 추궁케 했었는데, 한포정이 마침 체직되어 왔습니다. 국왕께서 별도로 신임 포정에게 유시하여 그 일을 마무리 짓게 해주신다면 매우 다행이겠습니다."

"그 곡절을 호조판서 한응인韓應寅에게 물어 속히 거행토록 하라."

선조가 승지에게 지시했다. 승지가 머리를 조아렸다.

"왕경王京은 나라의 근본이 되는 곳이므로 나의 병마가 머물러 주둔하였던 것입니다. 그런데 지금 들건대 적병이 일어나 화곡禾穀을 베어가도 관군이 기꺼이 접전하려 하지 않으므로 군문이 나를 내려가도록 한 것입니다. 도성의 사대문에는 꼭 사람을 차송하여 기찰하게 하십시오."

팽신고는 도성의 기찰을 철저하게 하라고 요구했다.

"병조에 말하라."

선조가 승지에게 지시했다. 팽신고가 작별하고 나가니 선조가 환궁했다. 명나라가 구원군을 보내주었으니 후한 대접을 하지 않을 수 없었다.

하루는 선조가 팽신고를 위로하기 위해 군영을 방문하여 술자리를 베풀었다.

"대인은 서울에 계시겠소이까, 아니면 남하南下하시겠소이까?"

"1개월 후에 남하하고자 합니다."

선조와 팽신고는 술잔을 주고받으면서 한담을 나누었다.

"제가 신병神兵을 데리고 왔는데 한 번 보시겠습니까?"

팽신고가 선조에게 넌지시 물었다.

"신병이라니 어떤 사람을 말하는 것입니까?"

"전하께서는 한 번도 본 일이 없을 것입니다. 아주 먼 나라에서 왔습니다."

"어느 지방 사람이며 무슨 기술을 가졌소이까?"

"호광湖廣의 극남極南에 있는 파랑국波浪國 사람입니다. 바다 셋을 건너야 호광에 이르는데, 조선과의 거리는 15만여 리나 됩니다. 그 사람은 조총鳥銃을 잘 쏘고 여러 가지 무예武藝를 지녔습니다."

팽신고가 빙긋이 웃으면서 대답했다. 파랑국은 포르투갈 사람을 일컫는 것이다.

"보게 해주시오."

선조가 허락을 하자 팽신고가 장수들에게 지시하여 파랑국 군사를 불러오게 했다. 선조를 호종한 승지들도 호기심이 가득한 눈으로 밖을 내다보았다. 이내 파랑국 군사들이 앞에 와 엎드리자 선조와 수행한 대신들은 깜짝 놀랐다. 파랑국 군사들이 마치 숯검정을 바른 것처럼 전신이 까맣기 때문이었다.

노란 눈동자에 얼굴빛은 검고 사지와 온몸도 모두 검다. 턱수염과 머리카락은 곱슬이고 검은 양모羊毛처럼 짧게 꼬부라졌다. 이마는 대머리가 벗겨졌는데 한 필이나 되는 누른 비단을 반도磻桃의 형상처럼 서려 머리 위에 올려놓았다. 바다 밑에 잠수하여 적선賊船을 공격할 수가 있고 또 수일 동안 물속에 있으면서 수족水族을 잡아먹을 줄 안다. 중원 사람도 보기가 쉽지 않다.

실록의 사관들이 흑인병사에 대해서 기록했다. 조선에서는 그들을 해귀海鬼라고 불렀다.

"소방은 치우치게 해외海外에 있으니 어떻게 이런 신병을 보았겠소이까. 지금 대인의 덕택으로 보게 되었으니 황은皇恩이 아닐 수 없소이다. 더욱 감격스럽소이다. 이제 흉적을 섬멸하는 것은 날을 꼽아 기대할 수 있겠소이다."

선조가 팽신고에게 말했다. 선조와 팽신고는 술자리를 파한 후 서로 읍하고 나왔다.

사흘 후 팽신고가 답례차 선조를 방문했다.

"일본이 다시 조선을 침략해 왔소. 그대들은 언제 일본군을 격파할 것이오?"

선조가 팽신고에게 차를 대접하면서 물었다.

"전략이 세워지는대로 일본에 총공격을 감행할 것입니다."

팽신고가 조용히 아뢰었다.

"먼 나라에 와서 고생이 많소."

"당치 않습니다. 조선은 아름다운 나라입니다. 아버님이 그렇듯이 저희 부자도 조선을 사랑하고 있습니다."

팽신고는 아들 팽부산까지 데리고 조선에 와서 일본군과 싸우고 있었다.

"고맙소. 지난번에 그대의 군영을 방문했을 흑인병사를 보았소. 처음 보는 군사들이오."

"오늘도 세 명을 데리고 왔습니다. 전하께서 그들의 검술을 한 번 보시겠습니까?"

"그것 참 고마운 일이오."

선조가 허락하자 흑인 병사 세 명이 나와서 검술 시연을 보였다. 팽신고가 특별히 선발하여 뽑아온 병사들이었다. 힘은 넘치고 검은 마치 춤을 추는 것 같았다.

선조는 크게 기뻐하고 흑인병사들에게 은자 한 냥 씩을 상으로 나누어주었다.

조선왕조실록의 기록은 간단하여 흑인병사들이 조선에 얼마나 왔는지 어떻게 일본군과 싸웠는지 알 수 없다. 그러나 흑인병사의 숫자는 상당한 양에 이르렀고 조선군과 일본군도 그 존재에 대해서 잘 알고 있었다.

적중에 왕래하는 박여경朴餘慶의 진고進告에 의하면 '왜적이 중국 군이 얼마나 되는지를 묻기에 중국군의 수군水軍과 육군이 모두 40만 명인데, 해귀海鬼와 달자䥐子도 많이 나왔다고 엄청나게 불려서 말하였더니 왜적들이 모두 얼굴색이 변하면서 짐바리와 잡물雜物을 죄다 배에 실었습니다. 소서행장小西行長은 곧 사천泗川으로 향하여 적장賊將 주라궁周羅宮과 상의한 뒤에 본진本陣으로 돌아와서는 곧바

로 왜병倭兵들에게 성城을 수축시키면서 전혀 철거撤去할 뜻이 없다.'
하였습니다.

　전라도 관찰사 황신黃愼이 보고했다. 이 기록에 의하면 고니시 유키나카는 명나라군에 흑인병사가 있다는 것을 알고는 혼비백산하여 성으로 들어간 것이다.

　흑인병사를 이끌고 조선을 구원하러 온 팽신고는 임진왜란이 끝이 나자 명나라로 돌아갔다. 팽신고의 아들 팽부산은 명나라가 청나라에 멸망하자 조선에 와서 귀화하여 절강 팽씨의 시조가 되었다.

21
신사임당은
과연 현모양처인가

조선에는 많은 열녀들과 효부들이 있다. 죽은 남편을 위해 열과 성을 다하면 열녀烈女, 시부모를 위해 자신을 희생하면 효부孝婦가 된다. 그러나 자식을 잘 키워 훌륭한 인물이 되게 하고 남편을 지극정성으로 받들면 현명한 어머니, 좋은 처라고 해서 현모양처賢母良妻라고 부른다. 조선에도 현모양처가 적지 않았지만 신사임당처럼 조선 중기 이후 선비들로부터 칭송을 받은 이는 드물 것이다.

신사임당은 1600년대부터 현모양처로 4백 년이 넘게 칭송을 받은 것이다.

사임당은 조선의 전기에 해당되는 성종 시대에 강릉 부호 이사온李思溫의 외손녀로 태어났다. 사임당이 죽고 얼마 되지 않았을 때 늙은 어머니 용인 이씨가 후손들에게 남긴 《분재기分財記》에 따르면 농토가 천석꾼에 가깝고 노비를 100명 이상 거느렸다. 신사임당은 부유한 집안에서 태어나 자유분방하게 살았다.

사임당은 현모양처라기보다 시인이며 화가인 예술가에 더 가깝다. 글씨나 그림이 많이 남아 있지 않지만 당대는 물론이고 후대까지 뒤흔들었다.

그렇다면 사임당은 어떻게 해서 천재 시인이자 화가가 되었고, 율곡 이이와 같은 성현을 낳아서 교육했을까?

사임당은 외조부 이사온에게서 교육을 받았다. 이사온은 외동딸 이씨와 외손녀 사임당에게 여자인데도 글을 가르치고 학문을 장려했다. 이사온은 선비로 강릉 일대에서는 명망이 있었지만, 불행하게도 슬하에 아들이 없었다.

'아들이 없으면 어떠랴?'

이사온은 외동딸 이씨에게 학문을 가르치고 그림을 가르쳤다. 이씨는 총명하여 하나를 가르치면 열을 알았다. 그는 딸 이씨가 성장하자 신명화申命和에게 시집보내면서 사위에게 처가살이를 하게 했다.

신명화는 이씨가 총명한 여인이라는 사실을 잘 알고 있었기 때문에 기꺼이 데릴사위가 되었다. 과연 이씨는 신명화와 혼인을 한 뒤에 부인으로서 남편을 받들고 친정부모를 잘 모셨다. 비록 신명화가 데릴사위를 하고 있었으나 시집 부모에게도 서운하게 하지 않았다.

신명화는 이씨와 가정을 이루고 사는 일에 만족했다. 그는 학문이 출중하여 조광조, 윤은보 등 당대의 선비들과 교유를 하고 있었으나 벼슬에 나서지는 않았다.

조선의 선비들 대부분이 첩을 두고 있었으나 그는 첩도 두지 않고 오로지 가정을 돌보고 부인 이씨와 도타운 정을 나누었다.

신명화와 이씨는 딸만 다섯을 낳았는데 사임당은 둘째 딸이었다. 사임당은 어릴 때부터 그림을 잘 그렸다.

신명화는 어린 딸의 재주를 사랑하여 안견安堅의 그림을 구해주어 공부하게 했다.

사임당은 다정다감한 부모의 영향으로 일찍부터 천재성을 인정받았다. 집안이 부유하여 마음껏 공부할 수 있었다. 그러나 그녀가 살았던 시대는 여자가 시를 짓고 그림을 자유롭게 그릴 수 있던 시대가 아니었다. 사임당은 학문과 예술 활동이 제한되어 있던 시대에 주옥같은 작품들을 남겨 더욱 빛이 나는 것이다.

사임당이 열세 살이 되었을 때 신명화는 진사시에 급제했으나 정국이 어지러워지는 것을 보고 대과에 응시하지 않았다. 그녀가 열여섯 살이 되었을 때는 기묘사화己卯士禍가 일어나 조광조가 죽었다. 신명화도 유생들과 함께 대궐에 난입하여 조광조를 구원하려고 했으나 오히려 옥에 갇혔다가 석방되었다. 그 바람에 신명화는 기묘명현에 이름이 올라 강직한 선비로 추앙받기도 했다.

사임당은 열아홉 살이 되었을 때 덕수 이씨인 이원수와 혼인했다. 기묘사화로 비분강개하던 신명화가 강릉에서 죽어 안동 권씨 선영에 묻혔다.

▲ 조선 최고의 성인 율곡 이이를 낳고 현모양처로 불린 신사임당이 살았던 강릉 오죽헌. 저자 촬영

신명화는 항상 딸들에게 집안을 화락하게 하라고 가르쳤다. 신명화가 죽자 어머니 이씨가 홀로 남았다. 신사임당은 어머니를 더욱 정성껏 받들었다.

그녀는 스물 한 살이 되었을 때 큰아들 선을 낳았다.

'어머니가 우리 다섯 자매를 잘 키우셨듯이 나도 아이들을 잘 키워야 돼.'

신사임당은 어머니 이씨를 본받아 아이들을 사랑과 정성으로 키웠다. 아이들을 위해 포도, 가지, 벌레, 꽃들을 그리고 글을 가르쳤다. 책을 읽어도 즐겁게 읽게 하고 그림을 그려도 즐겁게 그리게 했다. 아이들이나 거느리는 종들에게 한 번도 소리를 지르지 않고 남편이 밖에서 돌아오면 반드시 일어나서 맞이하고 외출을 할 때는 문밖까지 배웅했다. 남편 이원수와 사이도 좋았다. 이원수는 학문이 뛰어난 선비는 아니었으나 성품이 따뜻하고 밝았다. 그녀는 서른세 살이 되었을 때 용이 품속으로 날아드는 꿈을 꾸고 율곡栗谷 이이李珥를 강릉 오죽헌烏竹軒에서 낳았다.

이이에게 특별한 교육을 시키지는 않았다. 그녀는 아이들이 스스로 공부하게 하고 자신의 예술 활동에 전념했다.

'이 아이는 스승이 필요하구나.'

신사임당은 율곡 이이가 유난히 총명해 어숙권魚叔權을 초청해 가르치게 했다. 어숙권은 서얼 출신이었으나 《고사촬요攷事撮要》, 《패관잡기稗官雜記》 등을 쓴 뛰어난 문인이었다.

사임당은 서른여덟 살이 되었을 때 강릉 친정 생활을 정리하고 한양의 수진방으로 올라오면서 대관령에서 시를 읊는다.

학처럼 하얀 머리의 어머니를 임영臨瀛, 강릉땅에 남겨두고

慈親鶴髮在臨瀛

몸을 한양으로 향해 홀로 떠나는 이 마음　　　身向長安獨去情
머리 돌려 북평촌을 때때로 한 번씩 바라보니　回首北坪 時一望
흰 구름 날아 내리는 저녁 산만 푸르구나　　　白雲飛下暮山靑

친정어머니에 대한 효심이 아름답게 드러나 있는 시다. 사임당은 이원수와의 사이에서 4남3녀를 두었다. 이원수가 강릉과 한양을 오

가면서 만난 권씨라는 여인을 만나 바람을 피웠으나 사랑은 깊었다.

신사임당은 남편을 잘 받들고 아이들 교육에도 정성을 쏟았다. 그 결과 율곡 이이는 불과 열세 살에 과거에 장원급제를 하기까지 했다. 신사임당은 마흔여덟 살에 병으로 세상을 떠나면서 이원수에게 재혼을 하지 말아달라고 당부했을 정도로 그를 사랑했다. 그러나 그녀의 일생은 자세한 기록이 없다. 사임당은 살아 있을 때보다 오히려 죽은 뒤에 더욱 유명해졌다.

한복의 초서 글씨 오래된 종이로고
구름 같은 체를 바꾸어 붓솜씨 찬란하다.

《온유재집溫裕齋集》을 남긴 조선 헌종 때의 문인 윤종섭尹鍾燮의 글이다. 사임당은 서체로도 일가를 이룬 것이다. 그러나 지금까지 전해지는 글씨는 안타깝게도 해서와 초서 몇 점뿐이다.

그 서체에 이르러서는 정성들여 그은 획이 그윽하고 고상하며, 정묘하고 고요하며, 더욱더 부인께서 저 옛날 문왕의 어머니 태임의 덕을 본받은 것임을 우러러 볼 수 있다.

1869년 강릉부사로 부임한 윤종의尹宗儀는 사임당의 글을 보고 감격하여 엎드려 절을 올리고 혹시라도 유실될까 두려워하여 정밀하게 묘사한 뒤 판각했다. 사임당 사후에 강릉 일대에는 많은 작품이 남아 있었다. 선비들은 그녀의 글과 그림을 가보로 여길 정도로 소중하게 여겼다.

> 신씨는 어려부터 그림을 공부했는데 그의 포도와 산수는 정묘하여 평하는 이들이 안견 다음에 간다고 했다. 어찌 부녀자의 그림이라고 하여 경솔하게 여길 것이며, 또 어찌 부녀자에게 합당한 일이 아니라고 나무랄 수 있으랴.

율곡의 어릴 때 스승이기도 했던 어숙권이 《패관잡기稗官雜記》에 남긴 글이다. 어숙권은 후대의 다른 인물들과 달리 당대에 그녀의 글과 그림을 접했기 때문에 가장 사실적이라고 볼 수 있다. 후대의 글들이 율곡 이이의 명성 때문에 숭배한 것이라면 어숙권은 그녀를 직접 만나 그녀의 글과 그림에 대한 평을 남긴 것이다.

숙종 때의 문신 김진규金鎭圭는 사임당의 〈초충도첩〉을 보고 다음과 같은 글을 남겼다.

> 그림을 살펴보매 다만 채색만 쓰고 먹으로 그린 것이 아니라 저 옛날의 이른바 무골법無骨法과 같은 것이다. 벌레, 나비, 꽃, 오이는 다만 그 모양이 똑같을 뿐 아니라 그 빼어나고 맑은 기운이 산뜻하여 살아 있는 것처럼 생생해 저 붓이나 빨고 먹이나 핥는 화가 따위가 미치지 못한다.

212

김진규는 사임당의 '초충도'를 극찬한 것이다. 사임당은 시나 문장보다 그림이 더욱 뛰어났다.

봄바람 그윽하다.
붓을 들어 찍은 한 점 한 점 하늘 조화 빼앗았구나.

영조 때의 문신 조구명趙龜命은 사임당의 그림을 보고 하늘이 내린 천재라고 칭송했다.

나의 집안 어떤 사람이 일찍이 말하기를 "우리 집에 율곡 선생의 어머니가 그린 풀과 벌레의 그림 한 폭이 있었는데, 여름에 뜨락에서 햇볕을 쪼이다가 닭이 쪼는 바람에 종이가 마침내 뚫어졌다"라고 하였다. 내가 듣고 기이하게 여겼으나 진본을 미처 보지 못해 한스러웠다. 지금 정종지鄭宗之의 이 화첩을 보니 꽃과 오이 등의 여러 물건이 하나하나 정밀하고 오묘하게 표현되었다. 벌레나 나비 등은 더욱 신묘한 경지에 들어가 마치 살아 움직이는 듯하니 붓으로 그린 물건 같지가 않다. 이에 집안 사람이 소장하고 있던 그림도 이와 같았을 것이며, 내가 그에게서 들은 말이 거짓이 아니었음을 비로소 알게 되었다. 그러나 옛날에 그림을 잘 그린 사람이 얼마나 많았겠는가마는 그 사람의 됨됨이가 세상에 전해질만 한 실제가 있은 뒤라야 그 그림이 더욱 귀하게 된다. 그렇지 않으면 그림은 그림일 뿐이고 사람은 사람일 뿐이니 어찌

그 가치의 경중을 따지겠는가. 사임당의 맑은 덕과 훌륭한 행실
은 지금도 거론하는 자들이 규문의 최고 모범이 된다고 칭송한
다. 정종지가 소중하게 보관하고 대를 이어 잘 간수하여 이후로
300년 동안도 때때로 꺼내볼 것이니 어떻게 관리해야 하겠는가.
닭의 부리에 훼손되지 않게 하라.

숙종 때 문신인 송상기宋相琦의 문집《옥오재집玉吾齋集》에 있는 〈사
임당화첩〉 발문이다. '닭의 부리에 훼손되지 않게 하라'는 문장에
서 그의 진정성을 엿볼 수 있다.

22
강홍립은 왜
조선의 역적이 되었나

조선시대 5백 년 동안 가장 억울한 사람은 광해군 때 도원수^{都元帥}를 지낸 강홍립^{姜弘立}일 것이다. 강홍립은 자신이 원하지 않았으나 도원수가 되어 명청전쟁에 참여했다가 역신이 되는 비운의 인물이었다.

강홍립은 병조참판 강신의 아들로 태어났다. 진주 강씨로 고구려의 명장 강이식의 후손이다. 할아버지 강사성은 우의정을 지냈고 아버지는 좌찬성까지 지낸 무신이자 문장가로 유명했다.

강홍립은 29세 때 진사시, 37세 때 대과에 급제하여 사헌부 등 청직을 두루 역임했다.

이 무렵 만주 일대에서 건주여진의 누루하치가 일어나 후금을 세우고 조선과 외교관계를 요구했다. 조선은 명나라의 눈치를 보느라고 후금의 요청을 거절했다.

누르하치는 여러 차례 조선에 사절을 보냈으나 조선이 거절하자 명나라와 전쟁을 벌이기 시작했다. 명나라는 조선에 구원을 요청했다. 임진왜란 때 명나라에서 5만 명의 구원병을 파견하여 조선을 도왔기 때문에 구원해주는 것이 당연한 일이었다. 게다가 조선은 명나라에 사대를 하고 있었다.

광해군은 강홍립을 도원수로, 김경서金景瑞를 부원수로 삼아 1만 3천 명의 군사를 동원해 명나라를 돕게 했다.

"도원수는 명심하여 들으라. 우리는 명나라의 요청을 받아 출병하는 것이다. 도원수는 압록강을 건너면 싸울 생각부터 하지 말고 명나라와 후금의 형세를 자세히 파악하여 보고하고 형세를 보아 향배를 정하라."

광해군은 도원수 강홍립을 어전으로 불러 비밀리에 명을 내렸다.

"전하, 형세를 보라 하심은 무슨 뜻이옵니까?"

강홍립이 어리둥절하여 광해군을 쳐다보았다.

"명이 강한가 후금이 강한가, 형세를 살피라 하는 것이다. 후금이 강성하여 장차 명나라를 물리치면 훗날 우리에게 전쟁을 일으키지 않겠는가? 싸움을 하는 것만이 나라에 이익이 되고 백성들을 돌보는 것이 아니다."

"삼가 영을 따르겠습니다."

강홍립은 광해군의 비밀 명령을 받고 출정했다. 조선의 군대는 압록강을 건너 관전寬甸 부근에서 명나라 제독 유정의 군대와 합류해동가강을 따라 회인에서 노성으로 향하는 후금의 대군을 공격하기로 했다. 그러나 광해군은 일부러 군량을 공급하지 않았고, 강홍립은 군량이 없다는 이유로 행군을 늦추어 선봉에 서지 않았다.

명나라는 조선이 구원병을 보냈다는 사실에 크게 만족하여 굳이 선봉에 서라고 요구하지 않았다. 강홍립은 후금의 군사력과 명나라의 군사력을 자세하게 살펴 광해군에게 보고했다.

"후금이 강성하면 전쟁을 할 필요가 없다. 도원수의 장계를 살피고 국경에 나가 있는 장수들의 장계를 종합하여 보건대, 명나라는 조만간 기업이 다하게 될 것이다. 누르하치에게 비밀리에 사신을 보낼 것이니 도원수는 기회를 보아 싸우는 척하고 투항하라."

광해군은 비밀리에 강홍립에게 지시하고 명나라 몰래 누르하치에게 사신을 보내 조선이 출병을 하여 명나라를 돕는 것은 진심이 아니고, 기회를 보아 투항을 할 것이라고 통고했다.

명나라의 대군은 3월 4일 누르하치에게 삼하三河에서 대패했다.

명나라의 대군은 유격 교일기喬一琦가 군사들을 거느리고 선두에 서고, 명나라 도독이 중간에서, 강홍립이 중영中營을 거느리고 전진하고 있었다. 누르하치의 후금군은 개철開鐵과 무순撫順 두 방면의 군대를 회군시켜 동쪽의 산골짜기에 매복시켰다. 이때 명나라의 개철 총병 두송杜松이 매복을 살피지 않고 전진하다가 누르하치의 기습을 받고 위기에 빠졌다.

교일기는 부거富車 지방에서 진격하다가 두송의 선봉군이 위급한 상태에 있다는 보고를 받고 군사들을 휘몰아 달려갔으나, 후금의

▲ 정묘호란이 일어나자 인조는 강화도로 피난했다. 광해군의 밀명으로 청나라에 투항했던 강홍립은 회의를 주선한 뒤에 죽는다. 강화도 앞바다. 저자 촬영

대군이 갑자기 산과 들판을 가득 메우고 철기鐵騎를 앞세워 돌격해 오자 우왕좌왕하다가 순식간에 무너졌다.

후금군은 명군을 완전히 포위하여 닥치는 대로 베어 죽였다. 강홍립은 조선 군사들에게 진격하라는 명령을 내리지 않았다. 명나라 도독 이하 장군들은 화약포 위에 앉아서 불을 질러 자살했다.

"조선군의 대장은 누구인가? 우리 대장이 만날 것을 요구한다."

후금군은 조선군과 전투를 벌이지 않고 역관 하서국河瑞國을 불러 강화를 하고 무장을 풀라고 요구했다. 강홍립과 김응서는 편복便服 차림으로 투구와 갑옷을 벗어 후금 깃발 아래에 세워 두고 후금 진

영에 가서 누르하치와 투항 문제를 협상했다.

광해군으로부터 국서를 받은 누르하치는 조선군을 죽이지 않을 것을 약속했다. 강홍립은 조선의 군사들을 거느리고 누르하치에게 투항했다.

명나라군이 대패하고 강홍립이 투항했다는 사실이 조선에 알려지면서 조선 조정은 발칵 뒤집혔다. 조정의 대신들은 오랑캐에 투항한 강홍립의 일가족을 모두 죽여야 한다는 주장했다. 그러나 광해군은 강홍립이 자신의 명령을 받고 투항한 것이기 때문에 죄를 주려고 하지 않았다.

광해군이 실리외교를 전개하자 대의명분에 어긋난다는 상소가 빗발치듯 올라오고 비변사와 승정원에서도 후금과 강화하는 것이 옳지 않다고 반대했다.

강홍립은 누르하치의 진영에 억류되어 있으면서 후금의 강대한 군사력에 대한 세세한 내용을 적었고, 그 문서를 종이 노끈으로 만들어 비밀리에 광해군에게 전하며 후금과 강화할 것을 권했다. 비변사는 투항한 강홍립이 문서를 보내오자 이를 막아야 한다면서 강홍립의 가족들을 잡아들여야 한다고 강력하게 주장했다. 광해군은 비변사에서 강홍립의 죄를 다스려야 한다는 계사가 올라오자 불만이 가득한 전교를 내렸다.

지금 비변사의 계사를 보니, 뜻은 좋다. 나는 비록 병중에 있어

정신이 맑지 않은데 경들은 후금을 어떻게 보는가? 우리나라의 군사로 추호라도 막을 형세가 있다고 생각하는가? 그런데 경들은 나의 심오한 뜻은 헤아리지 않고 내 뜻을 막으려고만 해왔다. 내가 명나라에 우리의 사정을 말하는 것이 무슨 잘못이 있다고 끝내 내 영을 이행하지 않는 것인가.

나는 진실로 경들의 짧은 소견이 통탄스럽다. 지난해 군사를 파견할 때 경들은 마치 일거에 후금을 물리칠 것처럼 주전론을 내세웠는데, 병가兵家의 일을 어찌 그렇게 함부로 단정할 수 있겠는가. 내가 들으니 누르하치의 용병하는 지혜와 계략은 실로 당해내기 어려우니 작은 소국인 우리나라는 앞으로의 환란을 예측할 수 없다. 강홍립이 비록 적에게 항복하였다고는 하나 이토록 성급하게 그의 죄를 다스릴 필요가 있는가. 강홍립이 불행히 적에게 투항했으나 적진에서 보고 들은 것들을 밀서로 아뢰는 것이 무엇이 안 될 것이 있는가? 아, 조정의 사려 깊고 노성老成한 인재는 거의 모두 내쫓아 국정에 참여하지 못하게 하고, 젊고 일에 서투른 사람이 비국에 많이 들어갔으니, 국가의 운영이 잘 못되는 것은 당연하다.

명나라 섬기는 성의를 다하고 한창 기세가 왕성한 적을 잘 미봉하는 것이 바로 오늘날 국가를 보전할 수 있는 훌륭한 계책이다. 그런데 이러한 계책은 생각하지 않고 번번이 강홍립 등의 처자를 구금하는 일만 가지고 줄곧 아뢰어 왕을 번거롭게 하고 있으니, 나는 마음속으로 웃음이 나온다. 비변사에서 누차 청하는 뜻을 나 또한 어찌 모르겠는가? 후금의 서신이 들어온 지 이미 7일이 되었는데 아직도 처결하지 못하였다. 국가의 일이 이 지경에 이른 것은 모두 하늘의 운수이니, 더욱 통탄스럽기만 하다!

광해군은 국가에 원로가 없어서 나라의 장래를 모른다고 질책했다. 이이첨 등이 옥사를 일으켜 이덕형, 이항복, 이원익, 심희수 등 많은 원로대신들을 숙청한 것을 비난한 것이다. 광해군은 국가의 위기가 닥치자 비로소 이덕형, 이항복, 이원익, 심희수 같은 명신들을 숙청한 것을 후회했다.

광해군은 실리외교를 전개했으나 그의 치세는 오래 가지 못했다. 그는 영창대군을 죽이고 인목대비까지 폐하는 폐모론을 일으켜 유림의 공분을 샀다. 이에 김류, 이귀 등 서인들이 반란을 일으켜 인조를 즉위시키고 광해군을 몰아냈다.

광해군의 밀명으로 후금과 친밀한 관계를 맺고 있던 강홍립에게 위기가 왔다 .

…우리나라가 명나라에 사대를 해온 지 2백여 년인데, 의리로는 군신지간이고 은혜로는 부자지간이나 다를 바 없다. 임진왜란이 일어났을 때 우리 조선을 구원한 일은 만세가 되도록 잊을 수 없을 것이다. 광해는 배은망덕하여 명나라의 명을 두려워하지 않고 오랑캐에게 성의를 베풀었다. 강홍립에게 은밀하게 저들의 동태를 살펴 행동하다가 군사를 들어 오랑캐에게 투항하게 만들

어 수치스러운 소문이 사해에 퍼지게 되었다. 황제가 칙서를 내려도 구원병을 파견하지 않아 예의의 나라인 조선으로 하여금 오랑캐의 금수가 되게 하였으니, 그 통분함을 어찌 이루 다 말할 수 있겠는가.

인조반정이 성공한 후에 광해군을 폐위시키는 전교를 내리면서 인목대비는 광해군의 죄악을 형제 살해, 폐모 사건과 함께 명나라에 반대했다는 사실도 중요한 죄악으로 거론하고 있다.

인조와 조정대신들은 친명배금親命俳金 정책을 실시했다. 명나라의 모문룡毛文龍은 후금에 빼앗긴 요동을 되찾기 위해 가도假島에 군대를 주둔시키고 조선에 지원을 요청했다. 조선은 후금과의 관계를 무시하고 가도에 주둔하는 것을 허락하고 군량까지 지원했다. 후금은 이에 분노하여 아민 장군이 군사 3만을 이끌고 조선을 침략해 왔다.

후금은 조선을 배후에 두고 명나라와 전쟁을 할 수 없어 침략한 것이다.

강홍립은 무신 박난영 등과 함께 후금에 9년 동안이나 억류되어 있었으나 화의를 맺기 위해 함께 왔다. 조선에서는 강홍립과 박난영을 죽여야 한다는 주장이 제기되었다. 후금 군사는 압록강을 건너 빠르게 진격해 왔다. 조선은 장만을 도원수에 임명하여 방어하려고 했으나 연전연패를 하여 안주, 평산, 평양까지 떨어졌다.

인조는 황급히 강화도로 피신하여 화의를 모색하게 되었다. 그러자 강홍립에 대한 탄핵이 일어났다.

"강홍립이 적을 이끌고 왔으니 반드시 죽여야 합니다."

대신들이 일제히 강홍립을 탄핵했다. 그러나 인조가 강화도까지 피난을 간 처지에서 후금과의 화의가 다급해졌다.

강홍립은 후금 군영에서 나와 인조를 알현하게 되었다.

"패전한 뒤에 모진 목숨 죽지 못하고 오랑캐에 함몰되어 있은 지가 지금 이미 9년이 되었는데, 다시 전하를 뵈니 말씀드릴 바를 모르겠습니다."

강홍립은 인조에게 절을 올리고 비통한 목소리로 아뢰었다

"오랑캐의 정세가 어떠한가?"

인조는 후금이 화의를 할 의향이 있는지 물었다.

"후금은 분명히 화의의 뜻이 있습니다."

강홍립의 말을 들은 조선은 적극적으로 화의에 나서 마침내 후금과 정묘화약을 체결했다. 후금은 압록강을 건너 철수했다.

강홍립은 조선에 남아 있게 되었다. 그러나 후금에 투항한 역신이라고 하여 삼사의 관리들이 탄핵했다.

"홍립은 바로 오랑캐에게 항복한 반신叛臣인데 상께서 그에게 좌석을 권하고 접견하였으니 국가의 치욕이 이보다 더할 수 없습니다. 전하께서는 당당한 천승의 높은 신분으로 개돼지와 더불어 차마 주객의 예를 행하실 수 있겠습니까. 이와 같이 하기를 그치지 않으면 마침내 차마 말 못할 지경에 이르고 말 터이니, 하늘에 계신 조종의 영령과 천하 후세의 사람들이 전하를 어떻게 여기겠습니까.

군신 상하가 배수진을 치고 한번 싸워 함께 사직을 위해 죽어야지, 어찌 차마 우리 전하로 하여금 저 오랑캐에게 치욕을 감수하게 할 수 있겠습니까."

"강홍립이 오랫동안 오랑캐에게 있다가 국가를 위하여 나왔으니 정상이 용서해 줄 만한 점이 있는데, 지금 심지어 반신으로까지 지목하니 또한 억울하지 않겠는가? 이 뒤로 이와 같은 말을 하지 말라."

인조는 탄핵을 물리쳤다.

"강홍립은 오랑캐에 투항했고 오랑캐를 인도하여 조선을 침략한 역신입니다. 그를 참수하셔야 합니다."

강홍립은 결국 모든 관직이 삭탈되었다. 강홍립은 역신으로 몰려 괴로워하다가 병을 얻어 조선으로 돌아온 지 몇 달 만에 죽었다.

강홍립은 후금에 억류되어 있으면서 머리를 깎지 않고 지조를 지켰다. 후금은 강홍립과 박난영을 후금 여자들과 억지로 혼인을 시키려고 했다. 강홍립은 죽어도 후금 여인과 혼인을 할 수 없다고 하여 한인 여인과 억지로 혼인을 했고 박난영은 후금 여인과 혼인을 했다. 이들은 9년 동안 후금에 억류되어 있으면서 아들과 딸을 낳았다. 게다가 이들은 한인 2백여 명을 종으로 하사받아 거느렸다. 후금이 이들을 후대한 것은 조선과의 화친 때문이었다.

강홍립이 죽자 이들에 대한 처우 문제가 대두되었다. 명나라가 갑자기 사신을 보내 강홍립의 한인 첩과 아들, 종들을 데리고 가겠다고 나선 것이다. 인조는 상국의 사람들이라고 하여 이들을 명나라로 보냈다.

박난영은 인조에게 끝까지 충성을 바쳤다. 그는 병자호란이 일어
난 뒤에 청나라와의 교섭을 맡았고 청나라가 왕자와 대신을 인질로
보내라고 요구하자 능봉군과 심집을 왕자와 대신으로 위장시켜 청
나라로 보냈다가 발각되어 살해당했다. 박난영은 사후에 영의정에
추증되었다,

23
조선의 공무원들은 숙직 때 무엇을 했나

조선시대에 승정원은 왕명을 출납하고 항상 가까이 모셨기 때문에 의정부, 육조와 함께 중요한 몫을 했다. 조선시대의 유명한 재상들이 모두 승지를 거쳤고 품계는 정3품 당상관이었다. 낮에는 당연히 임금을 도와 정사를 보지만 밤에는 순번을 정해 숙직을 했다. 새조 때까지 승지 한 명이 숙직을 했는데 파루를 칠 때 근무를 시작하여 인정이 칠 때 근무가 끝났다.

조선은 관리들에게 묘사유파법卯仕酉罷法을 시행했다.

태종 때는 관리들이 묘시卯時, 새벽 5시부터 7시까지에 등청하고 유시酉時, 오후 5시부터 7시 사이에 퇴청하는 묘유사卯酉仕 법이 제정되기도 했다. 〈세종실록〉에는 묘유사법을 위반한 자들에 대한 처벌에 대해서도 논하고 있다.

관리들로서 조령(條令)을 범한 자를 논란함에 있어 많은 차이와 착
오를 일으키고 있는데, 그 두드러진 착오의 한 예로서 하루 결근
한 관리는 대명률 가운데 아무 이유없이 공석에 참예하지 않은
조문에 따라 1일에 태형 10대로 이를 논단하고, 늦게 출근한 자
와 일찍 파하고 돌아간 관리는 묘유사법을 위반했다는 죄로 태
형 50대로 논단하고 있으니, 이는 결근한 자는 그 죄가 오히려
가볍고, 늦게 출근하였거나 일찍 퇴근한 자가 도리어 무거운 것
이다. 그러므로 이를 잘 살펴서 형벌을 가해야 한다.

세종이 형조에 내린 영이다. 묘사유파법은 이유없이 제 시간에 출
근하지 않거나 조퇴를 하는 관리를 엄벌에 처하고 있다는 사실을
알 수 있다. 세종의 지시는 태만한 관리에게 행하는 형벌이 형평에
맞지 않은 것을 고쳐서 벌을 주라고 하고 있는 것이다. 무단결근을
하거나 조퇴, 지각을 하게 되면 곤장을 때렸다.

가만히 생각해 보면 한양 장안은 날이 밝지 않은 새벽부터 출근하
는 관리들의 발걸음이 부산했을 것이다.

조선의 각 관청도 숙직을 했다. 대궐에서는 승지들이 숙직을 한다.

세조가 하루는 대궐을 돌다가 승정원에 이르렀다.

"승지는 무엇을 하고 있는데 승정원이 조용하느냐?"

세조가 승정원 앞에 있는 서리에게 물었다. 서리는 대답을 하지
못하고 어쩔 줄을 모르고 있었다. 세조가 서리를 쏘아보고 승정원
으로 들어갔다. 승정원에는 승지 이호연이 잠을 자고 있었다.

▲ 조선시대 공무원들의 일탈. 누군가는 숙직시간에 소설을 읽고 누군가는 무단이탈을 하여 물놀이를 즐겼다. 정약용의 집앞 한강 〈한임강명승도권〉, 정수영 그림, 국립중앙박물관 소장

"숙직을 하는 자가 잠을 자면 어찌하느냐?"

세조가 노하여 언성을 높였다. 내관들이 황급히 이호연의 어깨를 흔들어 깨웠다.

이호연이 그때서야 벌떡 일어나 납짝 엎드렸다.

"승지는 오늘의 공사를 들이라."

세조가 명을 내렸으나 이호연은 우왕좌왕했다.

"오늘의 공사가 무엇이냐?"

세조가 눈을 부릅뜨고 더욱 언성을 높였다. 이호연은 여전히 우물 쭈물하는데 몸을 제대로 가누지 못하고 있었다.

"전, 전하……."

"고개를 들라."

세조의 엄명에 이호연이 고개를 드는데 얼굴이 붉고 술냄새가 진동했다.

"술을 마셨구나."

세조는 어이가 없었다.

"황공하옵니다. 죽을 죄를 졌습니다."

"쯧쯧… 내일부터 숙직을 둘로 늘이라."

세조가 혀를 차고 승정원을 나갔다. 이호연이 어떤 처벌을 받았는지는 기록에 없다. 그러나 그의 이름도 두 번 다시 실록에서 보이지 않는다. 실록에 기록이 없는 것을 보면 출세를 하지 못한 것으로 보인다.

정조는 조선의 왕들 중에 가장 깐깐한 임금이었다. 신하들에게 걸핏하면 반성문을 쓰게 하는 등 문체반정을 일으키고 대신들의 잘못을 가차없이 질책했다.

"오늘 예문관에서 숙직을 하는 자가 누구인가?"

하루는 정조가 입시한 주서에게 물었다.

"이상황과 김조순입니다."

"그들이 무엇을 하는지 보고 오라."

주서가 예문관으로 달려가자 이상황과 김조순은 〈평산냉연〉을 비롯하여 소설을 읽고 있었다.

"이상황과 김조순을 파직하고 반성문을 쓰게 하라."

정조가 대노하여 명을 내렸다. 이상황과 김조순은 정조의 총애를 받는 신하들로 이상황은 훗날 우의정에 이르고 김조순은 정조의 사돈, 순조의 장인이 된다.

정조가 총애하는 신하 중에 정약용이 있었다. 다산 정약용은 어릴 때 자치통감강목을 줄줄이 외웠다는 천재였다. 정약용은 대과에 급제하여 청직을 두루 역임한 뒤에 동부승지를 거쳐 좌부승지가 되었

다. 좌부승지는 동부승지와 함께 승지들의 말단으로 서쪽 끝에 앉
는다고 하여 서벽西壁으로 불렸다. 그러나 승지는 거쳐 가는 요직이
고 참의, 참판, 판서를 거쳐 정승에 오를 수 있었다.

정조는 문신들에게 자주 시험을 보게 했는데 정약용은 으레 수석
을 했다.

"정약용은 장차 재상이 될 사람이다."

정조는 입버릇처럼 말하고는 했다. 정조시대는 서학西學, 천주교이
뜨거운 감자였다. 특히 남인은 숙종시대에 몰락하면서 이가환 등
실학파를 중심으로 서학에서 조선의 미래를 찾으려고 했다. 정약용
은 젊었을 때 이벽, 권철신 등과 함께 천진암에서 강학회를 여는 등
한국천주교회의 시조에 가까운 역할을 했다. 천주교회를 믿는 것은
유교에서 최고의 가치로 여기는 조상을 모시지 않는 강상죄綱常罪에
해당되었다. 정약용도 여러 차례 탄핵을 받고 마침내는 귀양을 가
기까지 했다. 정조는 정약용에게 반성문을 쓰게 하고 다시 조정으
로 불러들였다. 조정은 노론과 소론이 장악하고 있었다. 이가환을
정조가 발탁하려고 했을 때 대신들이 일제히 반대했다.

저 가환으로 말하면 일찍이 좋은 가문의 사람이 아닌 것도 아니
었지만 백 년 동안 벼슬길에서 밀려나 수레바퀴나 깎고 염주알
이나 꿰면서 떠돌이나 시골에 묻혀 지내는 백성으로 자처하였던
것이다. 그러자니 나오는 소리는 비분강개한 내용일 것이고 어
울리는 자들이라곤 우스갯소리나 하고 괴벽한 짓이나 하는 무리

일 것이다. 주위가 외로우면 외로울수록 말은 더욱 편파적일 것
이고 말이 편파적일수록 문장도 더욱 괴벽했을 것이다. 그리하
여 오채五采로 수놓은 고운 문장은 당대에 빛을 보고 사는 자들에
게 양보해 버리고 이소경離騷經이나 구가九歌를 흉내냈던 것인데
그것이 어찌 가환이 좋아서 한 짓이었겠는가. 조정이 그를 그렇
게 만든 것이다. 그리하여 한미한 집안의 누더기를 걸친 자들을
초야에서 뽑아 올렸는데 가환은 그 가운데 한 사람인 것이다. 그
대는 가환에 대해 말하지 말라. 가환은 지금 골짜기에서 교목喬木
으로 날아 오른 것이고 썩은 두엄에서 새롭게 변화한 것이다. 그
의 심중을 통해 나오는 소리가 왜 점차 훌륭한 경지로 들어가지
못할 것이라고 근심하는가. 설사 가환이 재주가 둔하여 사흘 동
안에 괄목할 만한 성장이 없다손 치더라도 그의 아들이나 손자
가 또 어찌 번번이 양보만 하고 스스로 자신의 목소리를 훌륭하
게 내지 않겠는가.

　　정조는 이가환을 쓰레기더미 속의 장미라고 말하고 있다. 〈정조
실록〉의 기록이다. 성리학을 하는 대신들이 서학을 말살할 것을 강
력하게 요구했으나 정조는 온건하게 다루었다. 정조는 대신들을
다그치고 노론 대신들은 서학을 하는 대신들을 노렸다.
　　정약용은 승정원에 출근하여 일을 하는 것이 숨이 막혔다.

24
그 많던 조선의 호랑이는
어디로 갔나

최근 최민식 주연의 〈대호〉라는 영화가 개봉되었다. 비록 흥행은
실패했지만 한국산 호랑이에 대한 관심이 생긴것 또한 사실이다.
조선시대는 호랑이 때문에 많은 사람들이 피해를 당했다. 조선은
호랑이가 많아서 밤길을 다니지 못할 정도였고 마을과 집까지 내려
와 사람을 잡아먹고는 했다. 《고려사》에는 호랑이가 많이 등장하지
않는데 《조선왕조실록》에 호랑이와 관련한 기록이 7백건이 넘는다.
호랑이는 백수의 왕으로 조선에서는 산신령, 산군山君 등으로 불리
면서 영험한 동물로 인정해 왔다. 그러나 호랑이는 맹수에 지나지
않아 조선인들에게 막대한 피해를 입혔다. 조선은 산이 많고 숲이
울창해서 호랑이가 서식하기 좋은 환경이기도 했고 호랑이를 잡는
일이 쉽지 않아 개체수를 줄일 수가 없었다.

"호랑이가 성에 들어오니 흥국리 사람이 쏘아 죽였다."

태조 1년 실록의 기록으로 개경에 호랑이가 나타나 활로 잡은 것이다. 조선이 개경에서 한양으로 천도한 뒤에는 새 궁궐인 경복궁 근정전까지 호랑이가 나타나 비빈들을 경악하게 했다. 경복궁은 인왕산이 가까워 호랑이가 출몰하고 남산에도 자주 나타났다.

호랑이는 한양뿐 아니라 지방 곳곳에 나타나 사람들을 불안에 떨게 만들었다.

태종 때는 호랑이 때문에 충청·경상·전라도에 경차관을 파견하기도 했다.

"경상도에 호랑이가 많아, 지난해 겨울부터 금년 봄에 이르기까지 호랑이에게 죽은 사람이 기백 명입니다. 연해 군현沿海郡縣이 더욱 많아 사람들이 길을 잘 갈 수 없을 지경인데, 하물며 밭을 갈고 김을 맬 수 있겠습니까?"

경차관敬差官 김계지金繼志가 보고했다. 경상도에서 호랑이에게 피해를 당한 사람이 일백 명에 이르는 것은 산이 많기 때문이었다.

"호랑이에게 한 사람이라도 피해를 당한 사람이 있으면 관찰사에게 죄를 물을 것이다."

태종이 엄명을 내렸다. 호랑이 피해를 막는 것은 국가적인 일이었다. 태종은 강화부사 이정간이 호랑이를 잡자 상을 내리기도 했다.

태종 13년 경상도 안동에서는 호랑이에게 물려 죽어가는 남편을 구한 여자가 있어서 화제가 되었다. 안동 사람 유천계의 처 김씨는 한밤중에 사람들이 소리를 지르는 것을 듣고 눈을 떴다. 그러자 커다란 호랑이가 남편을 물고 가고 있었다. 김씨는 경악하여 한 손으로는 남편을 잡고 한 손으로는 목궁木弓을 잡아 호랑이 등을 때렸다. 호랑이와 김씨의 처절한 사투가 벌어졌다. 남편은 피가 낭자하게 흘러내리고 의식이 없었다. 호랑이는 거의 60보나 그들을 끌고 가다가 남편을 놓고 김씨를 쏘아보고 으르렁거렸다

"너는 내 남편을 죽이고 나까지 잡아 가려고 하느냐?"

김씨가 소리를 지르자 호랑이가 물러갔다. 김씨는 남편을 안고 집으로 돌아왔는데 새벽에 남편이 살아났다. 이튿날 밤 호랑이가 다시 나타났다.

"너도 천성이 있는 동물인데, 어찌 이같이 심히 구느냐?"

김씨가 꾸짖자 호랑이가 마당가의 배나무를 물어뜯고 달아났는데 나무가 곧 말라죽었다. 세종은 이러한 보고가 올라오자 상을 내렸다.

호랑이는 멧돼지보다 더 많았다. 가뭄이 들면 기우제를 지내면서 호랑이 머리를 담갔다.

"이제 바야흐로 한여름이라 볕이 강하고 비가 오지 않으니, 여러 도道에 명하여 호랑이 머리를 용이 있는 곳에 담가라."

세종이 가뭄이 들자 기우제를 지내라는 명을 내렸다. 기우제를 지내면서 호랑이 머리를 강에 담그는 것은 조선시대 내내 계속되었다.

호랑이를 만나면 여자들이 용감했다. 태종 때는 안동의 김씨라는 여자가 세종 때는 내은덕이라는 여자가 호랑이와 싸웠다.

세조는 직접 호랑이를 잡으러 다녔다.

> 임금은 호랑이가 녹양 목장綠楊牧場의 말을 물었다는 소문을 듣
> 고, 즉시 동교東郊에 거둥하여 좌상左廂·우상右廂으로 나누어 군
> 사들로 하여금 오봉산五峯山과 수락산水落山 두 산에 몰이하게 하
> 였다.
> 세조는 멀리 수락산까지 나가 호랑이 사냥을 했다.
> "호랑이가 있습니다."
> 이튿날 세조가 미륵동彌勒洞에 이르자 군사들이 소리를 질렀다.
> 세조는 즉시 명을 내려 포위망을 좁혀서 호랑이를 잡았다.

〈세조실록〉의 기록이다. 집이나 마을에서 조금이라도 벗어나면
호랑이가 우글거리고 있었기 때문에 호랑이를 잡는 사람들에게 포
상하는 절목까지 마련했다.

> 군사 가운데 호랑이를 잡는 자에게 사일仕日, 휴가을 주는 절목節目
> 을 병조兵曹에 내렸는데, 큰 호랑이를 화살이나 창槍으로 먼저 맞
> 힌 자에게는 사일 50일을 주고, 다음에 맞힌 자에게는 사일 45일
> 을 주고, 또 그 다음에 맞힌 자에게는 사일 40일을 주며, 보통 호
> 랑이를 화살이나 창으로 먼저 맞힌 자에게는 사일 40일을 주고,
> 다음에 맞힌 자에게는 사일 35일을 주고, 또 그 다음에 맞힌 자
> 에게는 사일 30일을 주며, 작은 호랑이를 화살이나 창으로 먼저

▲ 용맹한 호랑이. 지금은 우리나라에서 사라졌지만 조선인의 자존심을 상징했다. 작가 미상, 국립박물관 소장

맞힌 자에게는 사일 30일을 주고, 다음에 맞힌 자에게는 사일 25일을 주고, 또 그 다음에 맞힌 자에게는 사일 20일을 주며, 표범豹을 화살이나 창으로 먼저 맞힌 자에게는 사일 20일을 주고, 다음에 맞힌 자에게는 사일 15일을 주고, 또 그 다음에 맞힌 자에게는 사일 10일을 주며, 만약 기이한 꾀로서 함기檻機, 함정이나 덫를 설치하여 이를 잡는 자에게는 그 호랑이와 표범의 크고 작은 데 따라서 화살과 창의 예에 의하여 사일을 상주게 하였다.

〈성종실록〉의 기록이다. 조선시대 내내 조선인들은 호랑이에게 시달림을 당했다. 그러나 조선왕조 5백 년이 끝나가고 조선에 근대화의 물결이 도도하게 밀려오면서 호랑이는 점점 사라지게 되었다.

조선의 호랑이는 청일전쟁의 대포소리와 총소리에 놀라고, 요란하게 굉음을 울리며 달리는 열차 소리에 놀라 깊은 산속으로 들어갔다. 1910년 한일병합이 되고 국권이 일본에 넘어가자 일본인들이 물밀 듯이 조선으로 들어왔다. 그들은 무엇보다 조선 호랑이의 위용에 놀랐다.

조선총독부 정무총감 야마가타 이사부로는 일본에 없는 조선의 호랑이를 잡아야 한다고 생각했다. 그것은 조선인들의 잠재의식에 있는 맹수의 왕 호랑이를 지워 나약하고 순종적인 민족으로 만들고 해수^{害獸, 인간에게 해로운 맹수}를 제거하여 일본이 조선 민중을 위하고 있다는 점을 과시하기 위한 전시행사였다. 일본은 해수구제사업으로 몇 년 동안 호랑이 2백 마리, 표범 3천 마리 이상을 잡기도 했다.

애마가타 정무총감은 일본 송창양행의 사장 야마모토 다다사부로와 함께 조선 호랑이 사냥대회를 개최하기도 했다. 이는 조선의 혼이나 다름없는 호랑이를 사냥하여 조선의 혼을 말살하려는 음모였다.

야마모토는 호랑이를 잡는 정호군征虎軍을 조직했다. 호랑이 사냥꾼 24명, 몰이꾼 150명에 이르는 대규모였다. 정호군은 약 한 달 동안 함경도, 강원도, 경상도, 전라도에서 호랑이를 사냥하여 두 마리를 잡고 시식회를 여는 등 여론몰이를 했다.

조선의 호랑이는 조선총독부의 해수구제사업으로 사라진 것이다.

해방 후 6·25 전쟁이 일어나면서 요란한 총성과 포성에 놀란 호랑이들은 만주 쪽으로 사라졌고 한반도에서는 종적을 감추었다.

6장

일제강점기

25
안중근 의사의 아들은 왜
이토 히로부미 아들에게 사과했나

러시아령인 하얼빈 역에 기적소리가 길게 울리면서 열차가 들어왔다. 그와 함께 러시아 의장대가 경쾌하게 군악을 연주했다. 러시아 재무장관 코코프체프는 이토 히로부미를 맞이하기 위해 열차로 가까이 갔다. 역에는 일본의 저명한 정치인인 이토 히로부미를 맞이하기 위해 일본인들도 다수 나와 있었다.

그때 열차에서 내린 이토 히로부미가 수행원들을 거느리고 가까이 오는 것이 보였다. 코코프체프는 앞으로 나가 이토 히로부미와 악수를 나누었다. 이토 히로부미는 의장대를 사열하고 그에게 가까이 왔다. 그때 한 사내가 군중들 사이에서 튀어나왔다.

'아......'

코코프체프는 사내의 손에 권총이 들려 있는 것을 보고 경악했다.

그 순간 요란한 총성이 잇달아 네 발이 울리면서 이토 히로부미가 가슴을 움켜쥐고 쓰러졌다. 순간적으로 모든 것이 정지된 것 같았다. 그때 또다시 총성 세 방이 귀청을 찢을 듯이 요란하게 울렸다.

"코레아 우라!"

동양인 사내가 두 손을 높이 들고 외쳤다. 코레아 우라는 러시아 어로 '대한제국 만세' 라는 뜻이었다.

1909년 10월 26일의 일이었다. 대한제국 안중근 의사가 초대 조선통감을 지내고 일본 내각총리대신을 역임한 이토 히로부미를 저격한 순간이었다. 이토 히로부미는 만주를 공략하기 위해 여행 중이었다.

안중근은 그 자리에서 러시아 군인들에게 체포되고 이토 히로부미는 병원으로 옮겨졌으나 사망했다.

이토 히로부미의 암살은 전 세계를 경악하게 했다. 안중근이 이토 히로부미를 저격한 사실이 알려지자 세계 여러 나라들이 톱뉴스로 다뤘고, 일본에게 침략의 위협을 받던 중국은 감동의 물결에 휩싸였다. 중국의 국부로 불리는 손문은 중국인들도 해내지 못한 쾌거를 조선인이 해냈다면서 격찬했고, 원세개는 '몸은 비록 조선 땅에 태어났으나 그 이름은 만방에 빛난다' 면서 중국 청년들에게 안중근을 본받으라고 말했다.

안중근은 일본인들에게 넘겨져 여순에서 재판을 받았다. 안중근은 재판을 받으면서 시종일관 의연한 태도로 이토 히로부미의 죄악 15가지를 피력하고 자신은 대한제국 의군 참모중장 겸 특파 독립대

▲ 안중근은 이토 히로부미를 저격하고 아들 안준생은 그의 아들 이토 분기치에게 사죄했다. 일본 경찰의 치밀한 공작에 의해 저질러진 사건. 안중근 의사 숭모회 소장

장 자격으로 이토 히로부미를 저격했다고 진술했다. 안중근은 6일 간의 재판 끝에 1910년 2월 14일 사형이 선고되었다.

안중근은 사형이 선고되고 불과 한 달밖에 되지 않은 1910년 3월 26일 사형이 집행되었다. 안중근의 나이 불과 서른세 살이었다.

안중근의 위대한 거사가 사람들의 기억 속에서 점점 잊혀져 갈 무렵이었다.

1939년 10월 7일 한 사내가 조선총독부에서 미나미 지로 조선 총독을 만났다. 미나미 조선총독은 일본 육군대장, 육군대신을 거쳐 관동군사령관이 되었다가 1936년에 조선 총독으로 부임하여 우리 민족정신을 말살하는데 전력을 기울인 자였다.

"안준생이 왔습니다."

부속실에서 노크를 하고 들어와 허리를 숙였다.

"들어오게 하라."

미나미 총독이 명령을 내렸다. 잠시 후 초췌한 얼굴의 사내가 총독 집무실로 들어왔다. 미나미 총독이 그를 쏘아보았다. 안준생은 약간 주눅이 들어있는 듯한 모습이었다. 미나미 총독이 입을 열었다.

"안준생 씨, 큰 결심을 하셨다고요? 고맙습니다."

안준생이 약간 불안한 눈빛으로 미나미 총독을 응시했다.

"아무튼 잘 부탁드립니다."

미나미 총독이 안준생의 손을 잡았다. 미나미 총독은 상해에서 오느라고 고생하지 않았느냐? 훌륭한 결심을 했다는 등 안준생에게 차를 대접하면서 이야기를 했다. 안준생은 마지못한 듯 억지로 대답했다.

안준생은 차를 반밖에 마시지 않고 돌아갔다.

안준생이 돌아가자 경무국장과 40대의 사내가 들어왔다. 그는 중국 대륙에서 활동하고 있는 일본 밀정 아이바 키요시가 들어와 인사를 했다. 아이바 키요시는 총독부 외사경찰로 하얼빈 의거가 일어나자 안중근 가족들을 감시, 상해까지 따라다녔다.

"아이바 군인가? 안준생을 끌고 오느라고 고생했네."

미나미 총독이 키토 아이바 키요시의 손을 잡았다.

"아닙니다."

밀정 아이바 키요시가 허리를 접었다.

"실수없도록 하게."

"예."

미나미 총독은 밀정 아이바 키요시에게 낮은 말로 지시했다. 일본은 대륙에 수많은 밀정을 파견했는데 1920년 4월 참변이 일어났을 때 연해주의 독립운동가 최재형을 죽게 만든 인물도 일본 밀정의 공작이었다.

경애하는 페차,

참기 힘든 슬픔을 억누르다가 보니 어느 사이에 8월이 되었습니다. 이제는 더 참기 힘듭니다. 아버님께서는 낮이나 밤이나 저승에서 통곡하시고 있습니다. 애비 죽인 놈이 활개를 치고 돌아다니는데 왜 원수를 갚아주지 않느냐고 저승에서 울고 계실 것 같습니다.

악마 같은 밀정 키토야!

사람의 탈을 쓴 키토 카즈미야!

너는 어찌하여 우리 아버지를 죽였느냐?

너는 어찌하여 조선인을 그렇게 많이 죽였느냐?

하늘이 무너지는 한이 있어도 네 죄는 용서할 수가 없다.

네가 제 나라를 지킨다는 것이 지나쳐 불쌍한 조선 사람만 죽이고 있구나.

이제는 네 나라도 너를 못 지켜 주게 될 것이다.

네가 좋아하는 조선 사람 죽이는 것도 마지막을 고한다.

너 죽인 뒤에 나도 세상을 떠날 것이다.

사랑하는 아버님!

당신의 딸을 잊지 마세요.

최재형의 딸 올가가 남긴 일기다. 일본 밀정들의 활약이 얼마나 지독했는지 알 수 있는 대목이다. 안중근의 의거가 일어나자 그의 가족들은 일본 경찰의 감시를 받았다. 안중근은 안분도와 안현생, 안준생 세 자녀가 있었다. 안중근이 하얼빈에서 이토 히로부미를 저격하자 일본은 큰 충격에 빠졌고 씨를 말리라는 명령을 내렸다. 안중근의 가족들은 한밤중에 황해도 신천에서 서울로 올라와 명동 성당 수녀원 기숙사에서 지냈다.

"밖에 나오면 일본 순사가 잡아간다."

불란서 신부가 그들을 보호하면서 밖으로 나가지 못하게 했다. 안중근 일가는 그 곳에서 5년이나 숨어 살다가 연해주로 가서 블라디보스토크에 머물렀다. 그러나 그들은 가난하게 살았고 결국은 상해로 가서 살게 되었다. 이때 총독부 외사경찰인 아이바 키요시가 상해에 나타나 접근했다. 그는 감언이설로 조선을 방문할 것을 권하여 안준생이 조선에 온 것이다.

10월 15일 안준생이 장충단에 있는 보리사라는 절에 나타났다. 보리사는 이토 히로부미의 위패를 모시고 있는 절이어서 히로부미 博文라는 이름을 따서 박문사라고 불리기도 했다. 오로지 이토 히로부미를 모시기 위한 절이었고 그 곳의 산 이름도 이토 히로부미의 호를 따서 춘무산이라고 불렀다.

안준생이 보리사에서 참배를 마친 다음날 총독부 기관지인 경성일보에 이와 같은 사실이 크게 보도 되었다.

준생 군은 서서히 영전에 나가 정면에 안치된 공의 초상화에 온 마음을 다해 아버지를 대신해 사죄를 드렸다. 대죄를 범한 아버지는 이토 공과 나란히 공양을 받아왔던 것이다. 아버지의 과거를 청산한 기쁨이 만면에 흐르고 있었다.

실은 이번에 제가 조선에 오게 되어 각지를 시찰했지만 어제 박문사에 참배를 하여 이토 공에게 사죄를 드리고 아버지의 추선 공양까지 하게 되서 놀랐고 게다가 오늘 당신을 만나 뵙게 된 이 기이한 우연은 모두 부처님 덕이라고 생각합니다.

오늘은 이렇게 아버지와 함께 왔습니다. 아버지를 대신하여 깊은 사죄의 말씀을 드립니다.

폐부를 찌르는 이 한마디, 아들과 아들이 나누는 거짓 없는 내선일체령의 목소리였다.

경성일보의 보도는 철저하게 왜곡된 기사였다. 뒤에는 총독부와 밀정 아이바 키요시가 있었다.

안준생은 이토 히로부미의 사당에서 향을 피우면서 죽은 아버지의 죄를 내가 속죄하고 전력으로 진충보국하겠다고 말했다.

경성일보가 보도한 내용이다. 1939년 10월 17일 조선호텔에서 안준생과 이토 히로부미의 아들 이토 분기치의 만남이 이루어졌다. 이토 히로부미가 하얼빈에서 저격당한 지 30주년을 열흘 앞둔 날이었다.

"벌써 그것이 30년 전의 일입니다만 지금 생각해도 그때의 일이 부끄럽습니다. 어제도 박문사에 참배하고 고인의 영전에 죽은 아버지를 대신해 속죄하는 참회의 눈물을 흘렸더니 오늘은 마음이 훨씬 가볍습니다."

안준생은 안중근의 위패를 꺼내 놓고 이토 분기치에게 사죄했다.

"30년이 지난 이제 와서 지난 잘못을 말하면 무얼하겠나? 앞으로는 일본을 더 잘 이해하고 국가를 위해 봉사하라."

이토 분기치가 어색한 표정으로 말했다. 경성일보는 이와 같은 사실을 대대적으로 보도했다.

조선인들은 경악하지 않을 수 없었다.

안현생은 효성여대에서 교편을 잡았으나 1959년 4월 4일 58세를 알기로 영면했다.

안준생은 상해로 돌아갔다가 1951년 한국으로 돌아와 부산에서 죽었다. 그는 진정으로 이토 분키치와 손을 잡았는가? 그렇지 않다. 그는 일본 밀정 아이바 키요시에게 속아 온갖 협박과 위협에 굴복하여 박문사를 참배하고 이토 분키치를 만났을 뿐이었다.

"내가 현해탄에서 몸을 던지려고 몇 번 그랬는데 결국 던지지 못했다."

안준생이 상해로 돌아갔을 때 그의 부인이 마중을 나와 있었다. 그는 일본 경찰의 공작에 당한 일이 비통하여 눈물을 흘렸다.

26
일제강점기 조선 민중의 자각운동은
어디서 왔나

1910년 대한제국이 일본에 병합되면서 조선은 일본의 식민지가
되었다. 수많은 애국지사들과 우국지사들이 조선의 독립을 위해 전
력을 기울였으나 초강대국이 되어 있는 일본을 이길 수 없었다.

조선의 지식인들은 민중들을 깨우치기 위해 교육에 나섰다. 신문
발행과 출판이 이루어지고, 학교를 세워 교육에 나섰다. 배우지 않
으면 일본의 탄압을 극복하고 독립을 할 수 없다는 이러한 인식은
당연한 것이기도 했다.

5백 년 동안 조선을 지배해온 유교는 정신을 풍요롭게 했으나 물
질문명은 발전시키지 못했다. 조선인이 유교에 깊이 빠져 있는 동
안 일본은 서양문물을 받아들여 비약적으로 발전했다. 비록 일본을
통해서라도 신학문을 배워야 한다는 인식이 폭넓게 퍼져 많은 유학

생들이 일본으로 떠났다.

　　　청산 속에 묻힌 옥도 닦아야만 광채나고
　　　낙락장송 큰나무도 깎아야만 동량되네
　　　공부하는 청년들아 너의 직분 잊지 마라
　　　새벽달은 넘어가고 동천조일 비쳐온다

　일본의 철도창가에 가사만 바꿔 부른 이 노래는 청년들이 일본으로 유학을 떠나는 서울역에서 자주 불리워졌다.

　일본에서 유학을 마치고 돌아온 선각자들이나 조선에 학교를 세우고 신문을 발행하는 선각자들은 본격적으로 계몽운동을 하기 위해 '민중 속으로'를 뜻하는 브나로드(V narod) 운동을 전개하기 시작했다. 러시아에서 1873년부터 시작된 브나로드 운동은 1874년 여름까지 러시아 농민을 대상으로 급진적인 혁명사상의 계몽과 선전을 벌이기 위해 2천여 명에 이르는 수많은 지식인과 대학생들이 농촌으로 들어가 활약한 것을 말한다. 그러나 러시아 농민들은 이 운동을 이해하지 못해 호응을 하지 않았고, 오히려 주동자들이 체포되어 재판을 받았다. 이때 체포된 지식인과 대학생들이 193명이었기 때문에 '193인 재판사건'이라고 불리기도 했다.

　브나로드 운동의 주동자들이 대대적으로 검거되어 운동은 실패로 돌아갔으나 이를 통해 더욱 많은 사회주의 급진사상을 갖고 있는 혁명가들이 양산되었다.

일제강점기의 조선에서는 사상 투쟁은 전개하지 않았으나 야학과 방학 동안의 농활로 전개되었다.

1920년대 초부터 서울의 학생과 지식청년, 문화단체 그리고 동경 유학생들에 의해서 시작하였다. 특히, 유학생이 방학 때 실시한 귀향계몽운동은 큰 주목을 받았다. 천도교 조선농민사朝鮮農民社에서는 1926년 여름방학 때 귀농운동歸農運動을 펼쳤는데, 이것 역시 학생들에 의한 농촌계몽운동이었다.

1926년 수원고등농림학교 한국인 학생들은 건아단健兒團을 조직하고, 그 해부터 농민을 계몽하는 야학운동을 전개하다가 1928년 9월 경찰에 발각되어 좌절된 적이 있다.

1930년대에 들어서면서 수원고등농림학교의 한국인 학생들은 다시 교외활동으로 개학 중에는 수원 인근에 야학을 개설하여 민족의식을 깨우치며 문맹퇴치운동을 계속하였고, 방학 중에는 전국에 퍼져 있던 선배 졸업생들과 제휴하여 농촌개발을 위한 여러 가지 계몽활동을 전개하였다.

이 운동을 상록수운동常綠樹運動이라고도 불렀는데, 이와 같은 농촌계몽운동은 당시 어느 학교를 다니든 간에 우리나라 학생이라면 누구에게서나 찾아볼 수 있는 일반적인 현상이었다.

동아일보사는 이러한 시대적 요청에 따라 1928년 8월 창간 8주년 기념행사의 하나로 문맹퇴치운동을 전개하려고 하였으나 조선총독부가 제지하여 좌절되었다. 그 다음 해 조선일보사가 여름방학을 이용, 제1회 귀향남녀학생문자보급운동을 전개했다.

조선일보사는 제4회 때부터 '아는 것이 힘이다. 배워야 산다.' 는 구호를 내세웠고, 교재로 《한글원본》(4주간용)도 펴냈다. 그러나 조선총독부에 의한 동아일보사 브나로드운동의 금지와 함께 조선일보사의 이 운동도 함께 중지되었다. 동아일보가 1931년부터 1934년까지 4회에 걸쳐 전개했다.

이 운동은 한글과 산술을 가르치는 고등보통학교 4, 5학년 학생으로 조직된 학생계몽대와 전문학교 이상의 학생으로 조직된 학생강연대, 여행일기, 고향통신, 생활수기 등을 써서 신문사에 보내는 임무를 맡은 학생기자대로 이루어졌다.

심훈의 《상록수》는 이러한 계몽운동을 배경으로 소설화한 것이다.

《상록수》의 실제 모델이었던 최용신은 1909년 함경남도 덕원군에서 태어났다. 2남 3녀중 둘째로 영흥만의 푸른 바다를 보고 자라다가 1918년 원산에 있는 루씨보통학교에 다녔다. 졸업 후 루씨고등보통학교에 입학하여 1928년 수석으로 졸업했다. 그녀는 고등보통학교에 다닐 때 부모들의 합의로 김학준이라는 소년과 약혼했다.

"우리는 아직 나이가 어려요. 지금부터 10년 후에 민족을 위해 독립운동을 함께 해요."

최용신은 김학준과 약속했다. 그녀의 나이 열다섯 살이었을 때였다.

루씨고등보통학교를 졸업한 최용신은 경성에 있는 협성신학교에 입학하여 여성독립운동가이자 계몽운동가인 황에스터 교수를 만났다. 조선인 학생들에게 농촌계몽운동은 요원의 불길처럼 번지고 있

▲ 최용신과 김학준의 묘. 농촌계몽운동에 온 몸을 불사르고 스물다섯 나이에 운명한 최용신. 상록수 공원에 그녀의 자취가 영원히 남게 되었다.

었다.

최용신은 1929년 여름방학 때 황해도 수안군 용현리에서 처음으로 계몽운동을 전개했다.

1930년에는 강원도 통천군 답전면에서 농촌계몽운동을 했다.

'우리 여성들은 너무 힘들고 초라하게 살고 있어.'

최용신은 농촌봉사활동을 하면서 여성들이 제대로 먹고 입지도 못하고 하루종일 일을 하는 것을 보고 가슴이 아팠다. 대부분의 여성들이 배우지 못해 가난하게 살고 집안일에서 밭일까지 하면서 아이를 키우고 있었다. 그러면서도 굶주리고 병으로 고통스러워하고 있었다. 일을 하는 환경도 열악했다.

'공부를 계속하는 것도 중요하지만 여성들을 깨우치는 것이 더 중요하다.'

최용신은 1932년 YMCA에서 경기도 수원 반월면에 있는 샘골의 농촌지도원으로 파견되었다. 샘골 작은 교회를 빌려 천곡강습소를 열었다. 최용신은 교회에서 한글, 산술, 재봉, 수예 등을 가르쳤다. 최용신은 문맹퇴치운동을 하면서 부녀회와 청년회를 조직하고 농촌 생활개선과 농가부업을 장려했다.

"우리는 배워야합니다. 어린이나 어른 모두 글자를 깨우쳐야 합니다."

최용신은 농가를 일일이 찾아다니면서 설득했다.

"우리 같은 농사꾼이 글을 배워서 뭘해? 바쁜데 일이나 해."

농민들은 최용신에게 코웃음을 쳤다.

"농사를 지으면 1년 수확을 얻지만 사람을 가르치면 백년 수확을 얻습니다."

'말만한 처녀가 시집은 가지 않고 팔랑거라고 돌아다녀?"

주민들은 눈을 흘기면서 탐탁지 않아 했으나 최용신은 글을 가르치고 유실수를 키우게 하는 등 헌신적으로 봉사했다. 마을 사람들은 처음에는 그녀를 비웃고 멸시했으나 그녀의 열정에 점점 호응하기 시작했다. 그녀가 강습소에 처음 왔을 때는 글을 배우는 사람들이 몇 십 명밖에 되지 않았으나 1년이 지나자 110명이 넘었다.

강습소에 글을 배우러 오는 아이들 중에는 십 리를 맨발로 걸어오는 아이들도 있었다. 조선의 농촌 아이들은 여름에는 대부분 신발을 신지 않았다. 겨울에는 짚신에 버선을 신는 것이 고작이었다. 최용신은 자신의 사비로 아이들에게 연필과 공책을 사주었다. 글을 배우려는 아이들의 똘방똘방한 눈을 볼 때마다 가슴이 뜨거워지는 것 같았다.

아이들은 오전에 글을 배우고 10여 세가 넘은 소년들은 밤에 배웠다.

야학까지 글을 배우는 사람들이 넘치자 주재소 순사들이 나와 감시했다.

마을이 어느 정도 안정되자 그녀는 좀 더 발전된 농촌 봉사활동을 하기 위해 일본 유학을 떠났다. 그녀는 고베 여자신학교에 입학하여 공부를 했으나 갑자기 각기병에 걸려 6개월 만에 귀국했다. 최용신은 샘골로 돌아와 병든 몸을 이끌고 학생들을 가르쳤다. 그때 YMCA의 지원이 갑자기 끊겼다. 최용신은 〈여론〉이라는 잡지에 농촌의 하소연이라는 글을 올려 도움을 청했으나 사회의 반응은 냉담했다.

최용신은 병이 점점 악화되어 수원도립병원에 입원했으나 1934년 1월 23일 임종했다. 그녀는 불과 스물다섯 살의 나이에 꿈을 펼치지도 못하고 꽃다운 삶을 마감한 것이다.

나는 갈지라도 사랑하는 천곡강습소를 영원히 운영하여 주십시오. 김 군과 약혼한 후 십년이 되는 금년 사월부터 민족을 위하여 사업을 같이 하기로 하였는데 살아나지 못하고 죽으면 어찌하나. 샘골 여러 형제를 두고 어찌 가나. 애처로운 우리 학생들의 전로를 두고 어찌 가나. 어머님을 두고 가매 몹시 죄송하다. 내가 위독하다고 각처에 전보하지 마라. 내가 죽으면 유골을 천곡강습소 주위에 묻어주오.

최용신을 간호하던 안홍필에게 남긴 유언이었다. 최용신은 꽃다운 삶을 마감했으나 그녀의 삶은 널리 알려져 심훈이 《상록수》의 모델로 삼았다. 동아일보는 농촌계몽운동을 소재로 장편소설을 공모했는데 심훈이 응모하여 당선이 되었다. 심훈 자신도 충남 당진에서 농촌 계몽운동을 했으나 1년 후에 세상을 떠났다.

최용신의 약혼자 김학준은 독립운동과 농촌계몽운동을 했고 최용신의 제자였던 여인과 혼인을 했다. 그는 1975년 생을 마감할 때 샘골 최용신의 무덤 옆에 묻어달라는 유언을 남겼다고 한다. 김학준의 부인이 이를 받아들여 김학준은 옛 여인 옆에 묻혔다고 한다.

계몽운동은 1920, 30년대에 계속되었으나 일본의 방해로 중단되었다. 30년대에 이르면 소학교가 곳곳에 설립되어 교육이 중요한 투쟁은 아니었다. 수많은 잡지가 창간되고 지식인과 예술가들의 창작 활동도 활발하게 전개되었다.

학생들은 독서회 운동을 전개했다. 독서회를 통해 민족정신을 되살리고 새로운 사상을 받아들였다.

독서회는 독재와의 투쟁에도 참여했다. 해방 후에도 독서회는 계속되었고 70년대와 80년대는 독서회가 노동자들 속으로 파고들었다. 노동자들에게 노동현실과 사회를 깨우치도록 자극을 주었다.

27
백백교는 왜 세계 최고의
살인집단이 되었나

일제강점기는 조선인들에게 고통과 수난의 시대였다. 일본인들에게 수난을 받은 조선인들은 출구가 없었다. 그들은 가난과 질병으로 신음했다. 현재의 삶에 구원을 받을 수 없었던 조선인들은 종교에서 구원을 찾으려고 했다. 조선시대에는 미신과 불교가 유일한 종교였으나 일제강점기가 되면서 기독교가 쏟아져 들어오고 새로운 종교들이 우후죽순으로 탄생했다. 신흥종교들은 내세의 구원을 약속하고 신도들의 재산을 요구했다. 많은 종교가 재산을 바치게 하고 여자들의 몸을 요구하여 우매한 신도들을 농락했다. 그 중에 백백교는 수백명의 교도들을 살해하여 전 세계를 놀라게 했다.

문봉조, 김서진, 이경득, 김군옥, 이한종, 박달준은 백백교 간부로서 문봉조는 129명, 이경득은 166명, 김서진은 169명, 김군옥은 121명, 이한종은 35명, 박달준은 51명을 직접 살해하거나 살해하는데 가담했습니다. 이 사건은 천황 폐하의 성려에 힘입어 태평성대를 누리고 있는 이천만 조선 민중이 전 세계 사람들에게 원시 미개인으로 비쳐질 우려가 있을 정도로 잔혹하고 엽기적인 사건입니다. 피고인들은 교주 전용해의 측근으로 그가 음탕하고 포학하기 짝이 없는 생활을 하고 있는 것을 잘 알고 있으면서도 신성한 종교인으로서의 의무를 다하지 않고…

1940년 5월 5일 경성지방법원의 일본인 마츠모도 검사가 추상같은 목소리로 논고를 해나가자 법정은 찬물을 끼얹은 듯이 조용해졌다. 전 세계에서 그 유례를 찾아볼 수 없는 대학살극, 총인원 300명에서 380명을 잔인하게 살해한 백백교 간부들에 대한 논고가 이어지면서 한 사람의 살인 숫자가 100명을 넘어서자 방청석에서는 일제히 경악과 탄성이 흘러나왔다. 발굴된 시체만 전국에서 2백 구, 관련 피고인이 150여 명에 이르는 단군 이래 최대 최악의 살인사건이었다.

조선은 유교외의 종교는 불교 뿐이었다. 그러나 조선 말기에 천주교가 들어와 교인들이 폭발적으로 늘고 동학東學까지 창시되어 조선 민중의 가슴 속으로 파고들었다. 종교가 인간의 의지처가 되는 것은 삶이 고통스럽고 미래에 대한 희망이 없을 때였다. 조선은 말기에 이르면 삼정三政의 문란과 조정과 지방 수령의 부패, 흉년과 질병으로 민중들이 피폐하게 살고 있었다. 이러한 때에 고통이 없는 영생을 약속하는 종교는 구원의 빛이었다.

동학은 창시된 지 수십 년 만에 수많은 교도를 거느린 대종교가 되었다. 조선이 일본의 식민지가 되면서 종교의 자유가 허락되자 많은 종교가 탄생되었다. 전정예全妊藝는 처음에 동학의 교도였으나 동학에서 나와 백도교白道教를 창시하여 교주가 되었다. 백도교는 동학과 달리 교도들의 재산을 갈취하는 사이비 집단이었다.

전정예는 굶주리고 핍박받는 농민들에게 자신을 믿으면 농사를 짓지 않아도 부귀영화를 누리고 병들고 늙어 죽지 않는다는 말로 현혹하여 교세를 확장했다. 1915년에서 1920년까지 백도교는 신도가 1만 명에 이르는 거대한 사교집단이 되었다.

교주 전정예는 남자 신도들에게는 재산을 바치게 하고 여자 신도들에게는 몸을 바치게 했다. 그는 축첩을 하고 살인을 밥 먹듯이 했다. 여자 신도들은 단식기도를 하게 하여 기진맥진 쓰러지면 강제로 욕심을 채웠다. 전정예는 수십 명의 첩을 거느렸다.

축첩과 살인을 일삼던 백도교의 교주 전정예는 1920년 63세에 병으로 죽었다. 전정예의 부하인 우광현禹光鉉은 전정예가 죽은 사실을 숨기고 전정예의 아들 전용해全龍海와 함께 백도교를 이끌었다. 전정예의 시체는 암매장을 했다. 그러나 백도교를 창시한 지 일년도 되지 않아 정근일이 백도교에 재산을 탕진했다고 아들 정성희가 일본 경찰에 고발했다. 이에 경찰이 수사에 나섰다. 전정예의 죽음이 드러나고 백도교가 사이비라는 것이 밝혀지면서 많은 교도들이 떠났다.

우광현과 전용해는 백도교를 버리고 백백교를 창시했다. 이들이 종교를 잇달아 창시한 것은 많은 이익을 얻을 수 있기 때문이었다. 백백교의 창시자들인 우광현과 전정예는 교의 주도권을 놓고 대립했다. 결국 전용해가 우광현을 살해한 뒤에 자신이 교주가 되었다.

"전 세계는 불원간 옥황상제의 심판을 받을 터인데 서양은 불로 망하고 동양은 물로 망할 것이다. 석 달 열흘 동안 비가 내려서 30척이 넘는 대홍수가 날 것인데 누가 여기서 살아남겠는가? 나는 대홍수로 인한 물의 재앙이 내린 후에 동해에 새로 생기는 영주에 너희를 데리고 갈 것이다. 이곳은 무릉도원으로 사시사철 따뜻한 봄이요, 기린과 봉황이 춤을 추고 불로초가 자라고 서왕모가 먹던 선도 복숭아가 열린다. 나를 따르는 우리 백백교 교도들은 불로초와 선도를 먹고 늙지도 않고 죽지도 않으리라! 교도들아, 나를 믿으라!"

전용해는 교도들에게 영생을 준다고 말하고 재산을 갈취했다. 그는 심복으로 대법사大法師, 도유사道儒師, 공명사公明師와 심봉사자心奉使者, 북두사자北斗使者라는 명칭을 가지고 있는 벽력사霹靂使와 그리고 화천사化天使를 거느렸다. 교도들에게 직첩을 주어 마치 벼슬을 하는 것 같은 착각에 빠지게 했다.

대법사는 백백교의 2인자 겸 부교주지만 교주 전용해의 비서나 다름없었다. 대법사 밑에 도유사가 1명 있고 공명사라는 장로 집단이 약간 명 있었다. 벽력사는 전용해의 실제적인 심복들로 살인마 집단이었다. 화천사는 여자들로 이루어져 있는데 교주의 첩과 시녀

중에서 총애를 받는 여인들로 이루어져 있었다.

전용해는 신도들 위에 치밀하게 군림했다.

그는 재산이 있는 남자 신도들에게 평생 동안 부귀하게 살게 해준다고 속여 재산을 바치게 하여 살해한 뒤에 암매장했다. 여자는 강제로 유린한 뒤에 첩을 삼았다. 배신한 자는 신도들이 보는 앞에서 타살하고 서로를 감시하여 배신하지 못하게 했다.

문봉조, 김서진, 이경득 같은 인물들을 심복으로 삼아 살인귀로 만들었다. 그들은 전용해의 지시에 따라 수많은 교도들을 살해했다.

1935년부터 백백교의 살인 행각은 더욱 악랄해졌다. 백백교에 가입한 뒤에 재산을 바치지 않으면 교주 전용해가 있는 경성으로 불러 온갖 협박을 하여 재산을 바치게 한 뒤에 살해했다. 가족들에게는 가장이 백백교에서 부귀를 누리고 있다고 통보하여 안심하게 했다. 백백교에 입교한 가장이 돌아오지 않아 부인이 의심을 하거나 지부에 찾아와 수상쩍은 눈치를 보이면 경성으로 찾아가 보라고 정중하게 권했다.

"경성에 찾아가도 괜찮을까요?"

그러면서 대부분의 부인들이 조심스러워하면서 묻는다.

"그럼요. 어르신은 잘 계시니까 경성에 올라가 보세요. 이 기회에 경성 구경도 한번 하시고요. 찾기도 어렵지 않습니다."

백백교의 지방 간부들은 친절하게 약도까지 그려주면서 차비까지 주어서 보냈다. 가족들은 백백교의 친절에 몇 번이나 사례의 인사를 하면서 경성으로 올라가기 위해 기차역으로 향했다. 그리하여 지부에서 뒤를 밟게 한 백백교의 살인귀들이 인적이 없는 산에서 악마로 돌변해 살해하는 것이다. 그것은 어린아이들도 마찬가지였다. 가장을 찾는 부인네들은 대부분이 어린 아이 두 셋은 거느리고 있는데 백백교의 살인귀들은 어린아이들까지 닥치는 대로 살해했다. 백백교가 살해한 교도들 중에 가장을 찾아 나섰다가 죽은 사람들이 절반이나 될 정도였다.

전용해는 무서운 인물이었다. 그는 수청을 들지 않는다고 15~16세의 소녀들 셋을 발가벗겨서 얼려 죽인 일도 있었다.

1937년이 되면서 전쟁의 광기가 휘몰아쳐왔다. 1937년 일본은 중일전쟁을 일으켜 조선에도 그 여파가 미쳤다. 일본은 수백 대의 전투기로 중국을 폭격하고 대규모의 지상군을 투입하여 상하이와 쑤저우를 거쳐 불과 넉 달 만에 난징을 점령했다. 이 과정에서 일본군은 닥치는 대로 중국인들을 학살했다.

일본군의 노다 조장과 무카이 조장은 누가 먼저 중국인 100명의 목을 베는지 시합까지 벌였는데 오사카 마이니치신문은 이들이 중국인 목베기 시합 하는 것을 매일같이 스포츠 중계하듯이 보도했다. 12월이 되자 오사카 마이니치신문은 이들이 100명의 목을 베는 것을 초과달성했다고 대대적으로 보도하여 사람들을 경악하게 했다.

1936년 하왕십리 395번지에 살고 있는 유인호라는 53세의 부자가 백백교에 가입하여 재산을 헌납하기 시작했다. 그러나 그는 재산에 미련이 많은 사람이어서 백백교 간부들이 온갖 감언이설로 전재산을 헌납하라고 해도 재산을 바칠 듯 하면서도 조금씩밖에 바치지 않았다. 그렇다고 유인호가 백백교에 열성적이지 않은 것도 아니었다. 유인호는 자신의 딸 유정전까지 백백교에 입교시켜 전용해의 첩이 되게 했을 뿐 아니라 많은 사람들을 포섭하여 백백교에 끌어들였다.

백백교의 본부가 있는 신당동과 하왕십리는 엎어지면 코 닿을 곳이었다. 유정전은 전용해의 첩노릇을 하고 있었으나 한낱 노리개에 지나지 않았다. 어느 날 유정전은 친정인 하왕십리의 집에 가서 오빠 유곤룡에게 전용해가 사이비 교주라는 사실을 털어놓았다.

"천하에 어찌 이런 악마와 같은 놈이 있나?"

유곤룡은 전용해를 잡아서 경찰에 넘기기로 했다. 그는 술상을 차려놓고 전용해를 초대했다.

"왜 너의 집에서 나를 초대하는 것이냐?"

전용해가 의심스러운 눈으로 유정전을 쏘아보았다.

"아버님께서 우리 백백교에 더욱 열심하기 위해 재산을 바친다고 합니다."

"허어, 그거 아주 좋은 일이구나."

전용해는 크게 기뻐하고 유정전의 집으로 갔다. 유정전의 집에는 재산을 바친다는 유인호는 보이지 않고 백백교를 좋아하지 않는 유곤룡이 술상을 준비해놓고 기다리고 있었다.

"처남이로구만. 처남이 재산을 바치겠다고 했는가?"

전용해는 재산을 바치겠다는 유정전의 말에 속아 유곤룡을 보자 유쾌하게 웃음을 터트렸다.

"그렇습니다. 제가 아버님을 설득하여 전 재산 10만 원을 바칠 것입니다. 우선 한 잔 드십시오."

유곤룡은 전용해에게 술을 계속 권했다. 문봉조와 전용해를 수행한 벽력사들은 다른 방에서 술을 마시게 했는데 독한 술이었다.

"아버님은 어디에 갔는고?"

"돈을 마련하러 잠시 출타하셨습니다. 술을 드시고 계시면 돌아오실 것입니다."

유곤룡은 매우 치밀한 사내였다. 그는 전용해에게 술을 권하면서도 밖으로 나와 다른 방에 있는 문봉조 등에게도 술을 권했다. 문봉조를 비롯한 벽력사들은 대취했다.

"왜 이렇게 밖을 돌아다니노?"

유곤룡이 문봉조 등에게 술을 권하고 돌아오자 전용해가 의심스러운 눈길로 물었다. 유곤룡은 가슴이 철렁했다.

"아버님께서 돌아오시나 보았습니다. 교주님, 한 잔 더 드십시오."

유곤룡이 다시 술을 권했다. 전용해는 의심하지 않고 계속 술을 마셨다.

"교주님께서는 첩이 얼마나 되오?"

유곤룡은 전용해가 술이 취하자 비로소 시비를 걸었다.

"뭣이?"

전용해의 굵은 눈썹이 꿈틀 했다.

"당신은 수많은 첩을 거느리고 살고 있으니 의자왕이 부럽지 않고 진시황이 부럽지 않을 것이오."

유곤룡이 비웃음기를 가득 담고 말했다.

"이놈! 죽고 싶으냐?"

전용해의 눈빛이 차갑게 변했다. 그의 눈에서 무서운 살기가 쏟아졌다.

"뭣이 어째? 우매한 농민들을 속여 재산을 팔아 바치게 하고 무슨 헛소리냐? 이놈아! 네놈이 여자들을 첩으로 거느리거나 살해해서 죽였다는 것을 다 알고 있다! 네놈이야말로 죽일 놈이야!"

"네 이놈!"

전용해가 벌떡 몸을 일으켰다. 그러나 유곤룡은 전용해보다 더 먼저 일어나서 냅다 발길질을 했다.

전용해가 유곤룡의 발길에 얻어맞고 억하는 신음소리를 내뱉으면서 술상과 함께 나뒹굴었다. 유곤룡은 재빨리 밖에 대기하고 있던 친구들에게 신호를 보냈다. 유곤룡은 유정전의 말을 듣고 친구들에게 참나무 몽둥이를 들고 대기시켜 놓았던 것이다. 유곤룡의 신호가 떨어지자 밖에서 대기하고 있던 친구들이 일제히 달려들어 전용해를 향해 몽둥이를 휘둘렀다.

"아이쿠, 대원님 살려라!"

전용해가 비명을 지르며 나뒹굴었다. 그러나 전용해도 용력이 비상한 사내였다. 그는 유곤룡의 친구들에게 몽둥이로 얻어맞고서도 후닥닥 일어나서 달아나기 시작했다.

"저놈 잡아라!"

유곤룡이 몽둥이를 들고 뛰쳐나가면서 소리를 질렀다. 다른 방에서 술을 마시던 이경득 등도 혼비백산하여 마당으로 뛰쳐나왔다. 그들은 몽둥이를 든 유곤룡의 친구들과 필사적으로 싸웠다. 전용해와 이경득 등은 혼란한 틈을 노려 달아나고 몇몇 말단 간부들이 잡혔다. 유곤룡은 전용해와 이경득을 뒤쫓았으나 그들은 이미 하왕십리 보통학교 쪽으로 달아나 그림자도 보이지 않았다. 유곤룡과 친구들이 잡은 것은 백백교의 말단 간부 셋이었다.

"이놈들이라도 파출소로 끌고 가자."

유곤룡은 전용해의 말단 간부들을 사로잡아 하왕십리 파출소로 끌고갔다.

"뭐야?"

파출소의 소장이 유곤룡과 백백교 졸개들을 보고 물었다. 그들은 이미 피투성이가 되어 있었다.

"이놈들이 죄 없는 백백교의 교도들을 살해했습니다. 수십 명의 교도들을 죽인 살인마들입니다."

유곤룡이 흥분하여 소리를 지르자 파출소 소장이 벌컥 화를 냈다.

"뭐야? 너희들이 지금 장난하는 거야?"

소장은 수십 명을 죽였다는 유곤룡의 말을 믿을 수 없었다.

"소장님, 사실입니다. 이놈들을 심문해 보시면 알 수 있습니다."

유곤룡이 억울하다는 듯이 진지한 표정으로 말했다.

"오잇! 너희들이 수십 명을 죽였나?"

소장은 얼굴에 웃음기를 가득 띠고 밧줄에 묶인 백백교 말단 간부들을 쓸어보았다.

"저…."

백백교 교도들이 눈치를 살피면서 머뭇거렸다. 소장은 순간적으로 무엇인가 있다고 판단했다.

"하나도 거짓 없이 자백하라!"

"수십 명은 안 되고 20명쯤 됩니다."

백백교 말단 간부들의 말에 소장의 얼굴이 딱딱하게 굳어졌다. 파출소에 있는 순사들도 바짝 긴장했다.

"이놈들이 전부 미쳤나? 패거리로 몰려와서 무슨 짓거리야? 네놈들이 대일본제국 경찰을 희롱하는 거야?"

소장이 겁이라도 주려는 듯이 허리에 찬 일본도를 번쩍 들어서 책상을 후려쳤다. 유곤룡은 태연했으나 사람을 죽인 백백교 간부들은 사시나무처럼 몸을 떨었다.

"사, 사실은 이분 말씀대로입니다."

"뭐야?"

"수십 명을 죽인 것이 사실입니다."

백백교의 말단 간부들이라고 해도 무지몽매한 빈민층에 지나지 않았다. 그들은 소장이 화를 내면 낼수록 자신들의 죄를 털어놓기에 바빴다. 처음에는 20명쯤에서 수십 명으로, 수십 명이 수백 명으

266

로 변했다. 소장은 시간이 흐를수록 황당했다. 그는 2~3명을 살해한 살인자들은 보았으나 5명 이상을 살해한 살인범조차 본 일이 없었다. 그런데 백백교 교도들은 수십 명에서 수백 명의 교도들을 살해했다고 자백하고 있는 것이다. 소장은 반신반의하면서 심문을 하기 시작했다. 그리고 그들의 자백이 거짓이 아니라는 것을 알았다. 소장은 몸을 부르르 떨면서 동대문경찰서에 보고했다.

"뭐야? 무슨 헛소리를 하는 거야?"

동대문경찰서에서도 백백교의 그와 같은 살인행각을 믿으려고 하지 않았다. 그러나 소장의 보고를 무시할 수 없어서 즉시 동대문경찰서 고등계 형사들을 왕십리 파출소에 파견했다.

"너희들은 뭘하는 놈들이야?"

형사들이 백백교의 말단 간부들을 심문했다.

"우리는 백백교 신도들입니다."

"백백교?"

"앵정정에 교주의 집과 본부가 있습니다."

유곤룡이 보충 설명을 했다.

동대문경찰서 고등계 형사들은 즉각 경성부 신당동에 있는 교주 전용해의 집을 급습하여 이순문과 첩 10여 명을 검거했다. 형사들이 밤을 새워 그들을 취조한 결과 백백교 교주가 수백 명을 살해했다는 사실을 확인할 수 있었다.

"이놈들의 자백이 사실이라면 너무나 무서운 일이다."

형사들은 공포에 떨었다. 형사들은 일단 본서인 동대문경찰서장에게 보고했다. 동대문경찰서장은 총독부에 보고를 하고 일본 육군 대신을 지낸 미나미 조선 총독은 경무국에 철저하게 조사하라는 지시를 내렸다. 이에 조선총독부 경무국은 14개의 형사대를 조직하여 일제히 백백교에 대한 수사에 들어가 불과 한 달 만에 백백교 간부 150여 명을 검거하기에 이르렀다. 백백교의 지부 사업장 수련원 개간지에 형사들이 급파되었다.

조선은 발칵 뒤집혔다.

일본 형사들에 의해 백백교의 만행이 드러나고 일본경찰이 전용해를 추격하기 시작했다.

1937년 4월 6일 양평군 단월면 행소리 속칭 비솔고개라고 불리는 산봉우리 부근에서 나무를 하던 마을 주민이 끔찍한 시체를 하나 발견하고 단월면 주재소에 신고를 했다. 주재소 순사들이 달려가 보자 시체는 오른손에 나이프를 쥐고 있었고 오른쪽 뇌가 반쯤 손상되어 있었다. 의사가 부검을 하자 나이프로 뇌동맥을 끊어서 죽은 것으로 밝혀졌다. 일본 경찰은 이 시체를 희대의 살인마 전용해가 자살한 시체라고 결론짓고 사건을 종결했다.

1937년 2월에 밝혀진 백백교 사건은 3년 동안이나 조사와 재판이 계속된 끝에 1940년 5월 5일에야 1심 판결이 나왔다.

검찰은 발굴한 시체를 일일이 부검해야 했다. 그러나 부검비가 100원이나 되었기 때문에 막대한 예산이 소용되어 약 200구 밖에 부검을 할 수 없었다. 부검비만도 일본 경찰은 1만2천 원이나 들었다.

2심은 1941년에 판결이 났는데 이순문, 이경득, 문봉조, 김서진을 비롯하여 백백교 간부 11명과 호상꾼, 김차옥, 백학은, 고양이 밀정 정삼례 등에게 사형이 선고되어 백백교사건으로 사형을 선고받은 살인귀들은 14명이 되었다.

백백교 사건은 사이비 종교에 대하여 경종을 울린 사건이었다. 그러나 백백교 사건 이후에도 사이비 종교는 끊이지 않았다.

28
일본군 위안부는
누가 모집했나

전쟁은 광기로 시작되어 많은 인명을 살상하고 인간의 정신을 황폐하게 만든다. 군국주의의 광기가 휘몰아친 제2차 세계대전이 벌어지기 전 일본은 이미 극도로 일왕의 우상화와 제국주의에 스스로 함몰되어 있었다. 그들은 핏빛으로 가득한 눈으로 아시아를 수중에 넣으려고 광분하고 있었다.

1945년 일본은 패망했으나 아직도 제국주의 시대의 환상에서 벗어나지 못하고 있다. 세계가 비난하는 일본군 위안부 문제가 거론될 때마다 일본은 그러한 만행을 저지른 일이 없다면서 부인하고 있다. 심지어 일부 극우론자들은 군국주의 시대의 일본을 그리워하고 있기도 하다.

일본이 군국주의 시대에 한국이나 중국, 동남아시아에서 저지른 만행은 조금도 반성하지 않고 있다. 이중에 일본군 위안부 문제는 오랫동안 사과를 요구해 왔는데도 일본은 외교적인 수사로 일관하고 있다.

위안부 문제는 몇몇 할머니들의 문제가 아니고 역사의 문제다. 군국주의 광기가 휘몰아칠 때 저지른 일을 아직도 반성을 하지 않고 있는 것은 여전히 그와 같은 짓을 저지를 수 있다는 의미인 것이다.

일본은 강력해진 군대로 청일전쟁과 노일전쟁에 승리하면서 아시아를 손에 넣고 세계의 정상에 서려는 야심을 갖고 있었다.

일본군에서 위안부가 시작된 것은 1918년의 일이었다. 1914년 제1차 세계대전이 일어나 유럽이 전쟁에 휘말렸다. 일본은 영국과 동맹을 맺고 있었기 때문에 연합국이 되었다. 독일 동맹군은 러시아를 침략하여 전쟁이 더욱 격화되었다. 일본은 영국과 프랑스가 참전을 요구했으나 기회만 엿보다가 아시아에서의 식민지를 확보하기 위해 마침내 참전했다. 일본은 약 80만 대군이 참여했고 러시아에 7개 전투사단을 파견했다. 그런데 7개 사단 병사들 중 1개 사단 병사들이 성병에 걸렸다.

이들 중 상당수가 죽거나 폐인이 되어 일본군 지도부를 놀라게 했다. 일본은 이때부터 위안부 제도를 운영하기 시작했다.

일본은 해외에 많은 군사를 주둔시키고 있었다. 1905년 러일전쟁 이후 만주에도 군대가 주둔했다.

일본은 군대 옆에 공창제도를 운영하기 시작했다. 매춘업자에게

돈을 주고 광고를 통해 위안부들을 모집했다. 1931년 상해사변이
일어나자 공창제도는 더욱 확대되었다.

옛날에는 위안부라는 게 없었다. 부끄럽게도 나 자신이 위안부
의 창설자이다. 나가사키 현 지사에게 부탁하여 위안부단을 불
러온 후 강간사건이 전혀 없어졌기 때문에 기뻤다. 현재 각 병단
은 거의 전부가 위안부단을 수행시켜 병참의 일분대로 되어 있
는 형편이다. 제6사단은 위안부단을 동행시키고도 강간이 끊이
지 않고 있다.

일본군 파견군 참모장이었던 오카무라 중장이 보고한 내용이다.
1937년 7월 일본은 중일전쟁을 일으켜 12월에는 난징을 점령
했다.

외국의 수도에 일본군이 발을 들여놓는 것은 우리 역사상 위대
한 사건이다. 우리는 세계의 주목을 끌어야 한다. 그러므로 무질
서한 모습으로 남경에 진격해서는 안 된다. 일본군은 어떠한 약
탈을 행해서도 안 된다. 필요한 곳에 헌병으로 보초를 세우라. 약
탈을 하거나 부주의하게 불을 지른 군사는 군사재판에 회부하
라. 군대와 헌병들, 보조들이 함께 남경에 진군해서 남경 성내에
서 어떤 불법적인 행위도 일어나지 않게 하라.

▲ 일본군 위안부로 끌려간 희생된 수많은 여성들. 일본은 아직도 사과를 하지 않고 있다.

마츠이 장군은 1938년 리더스 다이제스트지에 이러한 내용의 이야기를 밝혔다. 그러나 그것은 대외적인 것이거나 거짓말이다. 남경 공격 사령관이 바뀌었다고 해서 일본군 고급 장교들이 마츠이 장군의 명령, 학살을 하라는 명령을 거역할 수는 없었다. 마츠이 장군은 중국의 일본군 총사령관이었던 것이다.

마츠이 장군 또한 중국 여인들을 40여 명이나 강간했다.

중국인들은 오룡산 밑의 양자강 모래벌판으로 끌려왔다. 그곳에는 이미 학살당한 시체가 무수히 뒹굴고 있었다. 밤 10시경인데 들개 떼가 몰려들어 시체를 파먹고 있는 모습은 차마 눈뜨고 볼 수 없는 참상이었다. 그런데도 중국인들이 또 다시 끌려왔다.

중국인들은 양자강의 넓은 벌판에 펼쳐진 지옥도를 본 뒤에야 자신들이 학살당할 것이라는 사실을 깨달았다. 그러나 후회하기에는 너무나 늦어 있었다. 일본군 2개 소대가 기관총을 설치하고 기다리고 있다가 그들이 모래벌판으로 들어서자마자 총탄 세례를 퍼부었다.

중국인들은 피를 내뿜고 처절한 비명을 지르며 죽어갔다. 그러나 중국인들은 그냥 참고 있지 않았다. 무기력하던 중국인들은 어차피 자신들이 죽임을 당한다는 사실을 알게 되자 일제히 일본군들을 향해 달려들었다. 그들을 향해 기관총을 난사하고 있는 일본군은 2개 소대에 지나지 않았다.

중국인들은 포로로 수용되어 있는 일주일 동안 곡기를 입에 넣을 수 없었다. 일본군들은 기진맥진한 중국인들이 저항하리라고는 상상조차 하지 못했다.

야음과 함께 기관총이 불을 뿜어대자 중국인들의 분노가 폭발했다. 중국인들은 기괴한 함성을 지르며 불을 뿜는 기관총을 향해 달려갔다. 그들은 노도처럼 밀려들어 일본군 2개 소대를 괴멸시켰다. 그러자 근처에 있던 일본군 연대 병력이 황급히 달려와 그들을 향해 기관총을 발사하고 휘발유를 뿌린 뒤에 불을 질렀다. 휘발유는 중국인들을 사살한 뒤에 화장하려고 했던 것이었다. 그러나 중국인들의 저항으로 휘발유는 중국인들을 산채로 태워죽이는 무기로 돌변했다. 변변한 무기를 갖고 있지 못했던 중국인들 수만 명은 그날 밤 오룡산 밑의 양자강 모래벌판에서 전원이 타죽었다.

남경의 명승지 연자기燕子磯에서도 대량학살이 이루어졌다. 연자기는 오룡산과 남경성의 중간에 위치해 있는데 연자기 옆 관음문觀音門 부근에는 약 10만의 피난민들이 모여 있었다. 일본군은 중국인들이 도망을 갈 수없는 양자강 쪽만 놔두고 삼면에서 포위를 한 뒤에 중국인들을 향해 무차별 사격을 가했다.

10만 명의 대부분이 그 곳에서 죽었으나 살아남은 사람들도 있었다. 그들은 한동안 양자강의 강물이 핏물로 변하여 흘렀다고 증언을 했다. 강변에 버려진 시체는 이듬해 봄까지 그대로 방치되어 시체 썩는 냄새가 수 킬로미터 밖에까지 풍겼다.

일본군에 쫓겨 온 중국군과 피난민 약 3만 명은 중앙대학 뒤의 숲으로 피했다. 그 숲을 완전히 포위한 일본군은 식량을 공급하지 않아 그들은 추위와 굶주림으로 죽었다. 일본군은 중국인들이 죽자 숲에다 불을 질러 시체를 모두 소각했다.

남경성 밖 파두산巴頭山에서도 대학살이 이루어졌다. 파두산 일대가 온통 중국군의 시체로 뒤덮여 악취가 사방에 퍼져 구토를 일으킬 정도였다.

막부산幕府山 일대에서도 2만 명 정도의 포로가 학살되었는데 아무도 그것을 기록으로 남기지 못했다.

중국인을 죽이는 방법도 갖가지로 동원되었다. 중국인 10명을 산채로 구덩이에 던져 넣고 휘발유를 뿌린 뒤에 불을 지르기도 했다. 남자와 여자, 어린 아이까지 합해 수백 명의 중국인들에게 휘발유를 잔뜩 뿌린 뒤에 광장에 몰아넣고 기관총을 난사하기도 했다. 그것은 가장 잔인한 방법이었다.

연못 속에 수백 명의 중국인들을 발가벗겨서 들어가게 한 뒤에 동사凍死를 시킨 일본부대도 있었다. 중국인들이 추위에 떨면서 나오려고 하면 기관총을 난사해서 죽였다. 중국인들을 연못 속에 들어가게 한 뒤에 수류탄을 던져 피와 살점이 물보라와 함께 같이 솟아, 오르는 것을 보고 즐거워하는 일본군 병사들도 있었다.

일본군 장갑차는 참호 때문에 앞으로 나갈 수가 없었다. 그들은 인근에 사는 중국인들을 끌어내어 학살한 뒤에 시체로 참호를 메우고 전진했다.

외국인들은 일본군이 중국 여자들을 강간하는 것을 곳곳에서 목격할 수 있었다. 미국인 의사 '윌슨'은 일본군 연대 병력이 거리에서 15세에서 18세 정도 된 소녀들을 강간하는 것을 보고 몸서리를 쳤다. 소녀들은 출혈로 죽었는가 하면 강간이 끝난 뒤에 사살되었다. 대검이나 총검으로 난도질되어 죽은 소녀들도 있었다.

국제 안전지대에서 헌신적으로 일한 사람들 중에는 '라베'라는 독일의 나치 당원도 있었다. 그는 일본과 독일이 동맹국이라는 사실 등에 업고 중국 난민들을 구하는데 목숨을 바쳤다. 그는 안전지대에서 가장 효과적으로 학살을 막은 사람이었다.

어느 날 그는 중국인 소녀가 달려와 어머니를 구해 달라는 소리를 들었다. 그는 소녀의 집으로 달려갔다. 그러자 일본군이 바지를 벗고 소녀의 어머니를 겁탈하려고 하는 것이 보였다. 그는 분노하며 소리를 질렀다.

"이 짐승 같은 놈아!"

일본군이 그 소리를 알아들었는지 어땠는지 알 수 없었다. 일본군은 벌떡 일어나서 총을 움켜쥐었다가 그가 팔에 두른 나치 완장을 보더니 후닥닥 바지를 추켜올리고 밖으로 나갔다.

　라베는 곳곳에서 일본군들이 중국인들을 강간하고 학살하는 것을 보았다. 세 명에서 열 명 정도의 일본군들이 거리를 돌아다니며 닥치는대로 약탈하고 학살을 했다. 라베는 일기를 남겼는데 그의 일기를 살펴보면 일본군들이 얼마나 끔찍한 만행을 저질렀는지 알 수 있었다.

　여덟 살이 채 안 되는 어린 소녀들과 70세가 넘은 노인들이라고 해서 학살과 강간에서 제외되지는 않았다. 유리병과 죽창이 몸에 꽂힌 채 죽어있는 여자들의 시체가 거리에 즐비했다.

　라베가 남긴 일기에 있는 기록이다. 일본군은 상해, 소주, 난징에서 수십만의 중국인들을 학살하고 부녀자들을 강간했다.

　난징에서 대학살이 일어나자 중국인들은 물론 서구 열강까지 일본을 맹렬하게 비난했다. 특히 부녀자들에 대한 강간과 살인이 잔인하게 이루어졌다는 사실이 알려지면서 중국인들의 분노는 하늘을 찔렀다.

　"일본군은 짐승과 같은 자들이다."

　중국인들은 분노했고 전 세계는 비난을 멈추지 않았다.

　각종 정보에 의하면 피점령지에서 강렬한 반일의식을 격화시키는 원인의 하나는 일본군의 강간이 널리 알려졌기 때문이라고 한다. 군인 개인의 강간 행위를 엄중 취체함과 동시에 가능한 조속히 성적 위안의 설비를 갖추어 설비가 없어 본의 아니게 금하는 바를 어기는 자가 있지 않도록 함이 긴요하다.

북지나 총사령관의 첩정이다.

일본군은 비난이 거세어지자 난징의 공창가에 육군 위안소를 설치했다. 24명의 일본 여자와 80명의 조선 여자들이었다. 위안부들은 계속 늘어났다. 이때도 여전히 매춘업자들이 전면에 나서고 군과 일본 정부가 지원했다. 중국으로 가는 배도 일본 정부가 적극 지원했다. 그러나 이때도 강제로 위안부들을 동원하는 일이 있어서 문제가 되었다. 일본군은 급기야 사과성명을 발표하기까지 했다.

모집을 담당한 자들의 인선이 적절하지 못하여 모집 방법이 유괴와 비슷하고 이 때문에 경찰당국에 검거되어 조사를 받는 등 주의를 요할 점도 적지 않다. 앞으로 위안부 모집에는 파견군의 통제하에 모집인 선정을 적절하게 하고 관계지방의 경찰과 헌병과 밀접하게 연계하여 군의 위신 유지를 위해 또 사회문제를 위해 유루없이 배려하도록 통첩한다.

일본군 사령부의 성명은 파견군, 경찰, 헌병까지 관련되어 있는 것을 인정하고 있다.

1941년이 되면서 만주의 관동군은 소련과의 전쟁을 대비하여 24만 명에서 약 70만 명으로 늘어났다. 게다가 진주만 기습으로 일본은 전쟁의 광기가 휘몰아쳤다. 일본의 전선은 동남아시아로 확대되면서 미국, 영국과도 전쟁을 벌이게 되었다. 70만 관동군이 대비하고 있었으나 소련이 언제 개입을 할지 몰라 불안했다.

내지인은 수년간 매음에 종사했기 때문에 성병에 감염된 자가 많지만 반도인은 어리고 초심자가 많아 대조적이다.

일본여자들은 성병이 많고 조선여자들은 깨끗하다는 것이 군의관이 보고한 내용이다.

일본은 전국민 총동원령을 내리고 조선에서 전쟁물자 동원에 광분했다. 놋그릇 공출과 정신대모집을 시작했다. 여자정신대에는 자그마치 20만 명이 동원되었다. 이들은 공장으로 끌려갔으나 일부는 위안부로 끌려갔다.

1942년 나는 열네 살이었다. 부산에서 식모살이를 하던 중 잠깐 놀러나갔다가 일본 순사에게 잡혀 구금소에 10일 정도 갇혀 있다가 기차로 만주의 위안소로 넘겨졌다. 하루에 15명에서 20명의 군인을 상대했다.

1937년 일본인이 설탕공장에 취직시켜준다는 말에 속아서 남양군도로 끌려왔다. 피우라 섬에서 위안부로 있다가 다른 섬으로 끌려 다녔다.

관동군사령부 참모제3과에 있던 원선사랑 소좌는 조선총독부에 의뢰 약 8천 명의 위안부를 동원했다. 총독부는 도道, 군郡, 면面에 은밀하게 동원령을 하달하거나 군부대 잡역부, 간호원, 군수 공장 여공으로 일하게 한다고 속였다.

1943년 혼자 집에 있는데 건장한 남자 둘이 와서 볼일이 있으니 무조건 나오라고 해서 강제로 끌려갔다. 처음 도착한 곳은 만주 하얼빈이었다. 첫날부터 좁은 방에 배치되어 하루 평균 20명의 군인을 상대했다.

일본군은 위안부를 유인하는 방법이 한계에 이르자 강제로 동원하기 시작했다. 길에서 마을에서, 거리에서 14세에서 30세 이전까지의 조선인 여성들을 잡아들여 위안부로 끌고갔다.

조선 미혼 여성을 위안부로 동원한 사실이 라디오와 신문에 보도되지 않도록 하면서 은밀하게 대규모로 동원했다. 당시 전선에 위안부가 있다는 사실을 말하면 유언비어죄로 처벌받았다. 1943년부터 아프리카에서 노예사냥을 하듯이 사람사냥으로 위안부를 충원했다.

일본인 요시다 세이치가 자신의 저서《나의 전쟁범죄, 조선인 강제연행》에서 밝힌 내용이다. 위안부로 끌려간 여성들은 일본군 성노예가 되어야 했다. 열악한 환경 속에서 하루에 15명에서 20명의 남자들을 상대하면서 인간 이하의 대우를 받았다. 만주, 상해, 미얀마, 필리핀, 싱가포르 등 가보지도 못했던 낯선 타국에서 비참한 생활을 했다.

29 연해주의 독립운동가 최재형은 누구인가

　1920년대 초까지 한국의 독립운동은 대부분 국내나 연해주에서 이루어졌다. 연해주는 두만강 북쪽과 블라디보스토크에 이르는 광활한 땅으로 러시아령이었다. 러시아에서는 극동지역이라고 불렀다.

　연해주에는 1858년 혹은 1860년 함경도 경흥지방의 조선인 13가구가 처음으로 이주한 뒤에 조선인들이 계속 몰려와 1920년을 전후하여 20만 명에 육박하고 있었다.

　이들은 처음에 자신허와 얀치혜에 정착하면서 황무지를 개간했다. 낯선 땅 낯선 나라에서 황무지를 개간하면서도 그들은 조국과 고향을 그리워했다. 그들이 러시아 땅에서 정착하여 안정되었을 때 러시아의 남진정책으로 블라디보스토크가 군사도시가 되었다.

블라디보스토크에는 몇 년 동안에 수십만의 러시아 군대가 상주하게 되었다. 군인들을 따라 가족들이 이주해 오면서 블라디보스토크는 갑자기 인구 60만 명이 넘는 대도시가 되었다.

러시아에 정착하여 살고 있는 조선인들은 러시아 군대에 채소와 과일 등을 납품하면서 많은 돈을 벌었다.

특히 최봉준과 최재형은 러시아 군대에 생우生牛를 납품하여 조선인 최고 부자의 반열에 올랐다.

최재형은 체 게바라를 능가하는 혁명가이자 로맨티스트다. 또한 모험가이면서 철저한 민족주의자다. 러시아와 연해주에서 가장 치열하게 독립운동을 했던 최재형이 우리나라에서는 대중적으로 알려지지 않은 것은 냉전시대의 이데올로기 때문이다. 러시아와 한국이 수교를 맺기 전까지 그는 잊혀진 독립운동가였다.

최재형의 일생은 드라마보다 더욱 파란만장하다. 그는 어릴 때 러시아로 이민을 가고 불과 10여세의 나이에 러시아 상선을 타고 전 세계의 항구를 유력遊歷했다. 그는 선장 부인에게 러시아어와 수학을 배우고 상술을 배웠다. 그는 5년 동안이나 마도로스 생활을 하면서 약간의 돈을 벌었다. 그러나 그가 탄 배가 노후하여 운항을 할 수 없게 되자 선장의 소개로 블라디보스토크에서 장사를 하게 되었다.

'나는 조선인이다.'

최재형은 자신이 조선인이라는 사실을 가슴 속에 새기면서 장사에 열중했다. 황무지를 개간하여 하루하루 살아가고 있는 조선인

▲ 러시아 연해주 지역의 대표적인 독립운동가 최재형, 국가보훈처 소장

마을을 개량하고 그들에게 소득을 올릴 수 있는 야채와 과일을 재배하게 했다. 그들이 재배한 야채와 과일은 러시아 군대에 팔았다.

조선은 일본의 침략으로 멸망해가고 있었다. 청일전쟁이 일어나고 명성황후가 시해되었다. 그와 같은 소식이 두만강을 건너오는 조선인들로부터 전해졌다.

'아아, 어찌 이와 같이 야만인들이 있는가?'

최재형은 분개했다. 일본은 러시아와도 전쟁을 획책했다. 일본과 러시아와의 전쟁이 임박하면서 만주와 블라디보스토크에는 더욱 많은 러시아 군대가 몰려왔다. 최재형과 조선인들은 러시아 군대에 생우를 납품하여 많은 돈을 벌었다. 슬라반카에서 연어를 잡아 납품하기도 했다.

1905년 러일전쟁이 일어났다. 최재형과 조선인들은 생우와 야채, 콩, 과일 등을 러시아 군대에 더 많이 납품하여 일약 대부호가 되었다. 러일전쟁이 끝나고 을사늑약이 체결되었다. 최재형과 조선인들은 러일전쟁으로 많은 돈을 벌었으나 조선이 일본에 국권을 침탈당하게 되자 홀연히 독립운동에 뛰어들었다.

한편, 최봉준은 연해주 최고의 갑부가 되어 준창호라는 무역선을 운영하고 원산에 거대한 상관을 지었다. 그는 돈을 번 것에 만족하지 않고 〈시일야방성대곡〉으로 유명한 장지연을 주필로 초대하여 〈해조신문〉을 발행했다.

〈해조신문〉은 철저한 항일애국신문이 되었다. 연해주뿐이 아니라 국내까지 배포하여 일본을 경악하게 만들었다.

"〈해조신문〉을 폐간하라. 그렇지 않으면 당신의 사업을 못하게 만들겠다."

일본은 최봉준을 협박하여 〈해조신문〉을 폐간시켰다.

최재형은 1908년 이범윤, 이위종 등과 함께 동의회同義會를 조직하여 독립운동을 적극적으로 지원했다. 동의회는 최재형의 집에서 회의를 열고 총재에 최재형, 부총재에 이위종을 선출했다. 그러나 한 표 차로 이범윤이 낙선을 하자 이범윤이 벌컥 화를 냈다. 그러자 이위종이 부총재직을 사양함으로서 수년 동안 의병 생활을 했던 이범윤이 부총재가 되었다. 동의회를 조직한 최재형은 의병들에게 군자금을 지원했다. 안중근安重根, 전덕제全德濟, 엄인섭嚴仁燮 등이 1백 명에서 2백 명의 소부대를 이끌고 두만강을 건너 일본군 수비대를 공격했다.

최재형이 안중근을 만난 것은 1908년 어느 날의 일이었다. 안중근은 작은 콧수염을 기르고 있었고 머리가 짧았다.

1907년 7월에 한일신협약이 강제로 체결되자 안중근은 분개하여 북간도로 망명했다. 그러나 북간도는 일본군이 장악하고 있어서 러시아로 갔다. 노브키에프스크를 거쳐 블라디보스토크에 도착하자 한인청년회 임시 사찰을 맡았다. 블라디보스토크에는 상페테르부르크에서 이범윤이 와서 최재형의 집에 식객으로 있었다.

동의회가 조직되자 안중근은 군사부 우영장을 맡았다.

안중근은 최재형과 이범윤을 만나 독립운동의 방략을 논의하고, 엄인섭과 김기룡金起龍 등 동지를 만나 동포들에게 독립정신을 고취하고 의병 참가를 권유했다. 의병지원자가 3백여 명이 되자 김두성金斗星과 이범윤을 총독과 대장으로 추대하고 안중근은 대한의군참모중장으로 임명되었다. 이때부터 무기를 구해 비밀리에 수송하고 군대를 두만강변으로 집결시켰다. 그들에게 지급되는 무기와 군량은 최재형에게서 나온 것이었다.

안중근은 1908년 6월에 특파독립대장 겸 아령지구군사령관이 되어 함경북도 홍의동의 일본군을, 다음으로 경흥의 일본군 정찰대를 공격하고 격파했다. 제3차의 회령전투에서는 5천여 명의 적을 만나 혈투를 벌였지만 중과부적으로 처참하게 패배했다.

안중근은 일본군의 포위망을 뚫고 탈출하여 동의회에서 한인들의 애국사상 고취와 군사 훈련을 담당했다.

최재형은 러시아의 도로 건설에 협력하고 러일전쟁 때 군수품을 납품한 공로로 훈장을 타기도 하고 러시아 황제의 대관식에 참석하기도 했다. 1908년경에는 무장 독립투쟁을 하고 〈대양보〉를 창간하여 신채호를 주필로 데리고 있기도 했다. 1914년 제1차 세계대전이 발발하자 전 세계는 전쟁의 바람에 휘말리고 러시아는 혁명의 기운이 팽배해져 갔다.

제정러시아는 팽창 정책을 실시하고 있었으나 도도하게 붉은 혁명의 기운이 밀려오고 있었다.

혁명의 기운을 누구보다도 먼저 감지한 최재형은 나라의 운명이 백척간두에 서게 되자 농민들을 계몽하고 학교를 세워 러시아 한인들을 교육했다. 블라디보스토크에는 한인촌을 건설했다. 그는 러시아 한인들의 대부가 되었고 항일전선을 펼치는 의병들이 속속 러시아로 밀려오자 그들의 정신적 지주가 되었다.

최재형은 초기 독립운동의 가장 뛰어난 인물이었으나 머슴 출신이라는 이유 때문에 양반층의 독립운동가들로부터 멸시를 받기도 했다.

임시정부가 가장 먼저 생긴 것은 노령임시정부였다. 노령임시정부는 연해주에 설립되어 있던 한족중앙총회가 대한국민회의로 개편되면서 1919년 3월 21일에 수립되었다. 대한국민회의는 초대 대통령에 손병희, 부통령에 박영효, 국무총리에 이승만을 선출했고 이동휘를 군무총장에 선출했다. 최재형은 외교부장에 선출되었다.

한성임시정부는 4월 13일 서울에서 선포되어 이승만을 집정관총재로 뽑고 이동휘를 국무총리로 선출했다.

상해임시정부는 1919년 9월 6일 한성과 노령임시정부가 협상을 하여 정부를 수립하고 국무위원을 뽑았다.

최재형은 러시아 블라디보스토크에서 국민회의가 구성될 때 초대 대통령 물망에 올랐으나 그가 머슴의 아들인 천민 출신이라는 사실 때문에 비토되었다. 최재형 자신도 명망가를 내세우는 것이 좋겠다고 하여 박영효까지 이름이 오르게 된 것이다.

일본은 최재형이나 최봉준과 같은 러시아의 유력한 조선인들을 제거하기 위해 치밀한 공작을 벌여 의형제나 다름없던 최봉준은 의병을 비난하는 사업가로 전락했다. 하지만 최재형은 겉으로는 의병을 하지 않겠다고 하면서 실제로는 막후에서 독립운동을 지도했다.

밀정을 통해 최재형의 활동을 낱낱이 파악하고 있던 일본은 1917년 러시아에서 붉은 혁명이 일어나자 국제간섭군을 파견하기로 결정했다. 미국에 이어 17만 5천 명의 군대를 블라디보스토크에 파견한 일본은 1920년 마침내 4월 참변을 일으켜 조선인들에 대해 대대적인 학살에 들어갔다.

러시아와 연해주의 독립운동가로, 자산가로 러시아 황제의 훈장과 포상을 여러 차례 받았던 최재형은 일본의 학살을 피할 수도 있었으나 자신이 피하면 동지들과 가족들에게 더욱 극렬한 탄압이 계속될 것을 우려하여 일본 헌병이 체포하러 올 때까지 기다렸다.

내가 떠나면 일본 헌병들은 어머니와 너희들을 체포하여 때리고, 고문하고, 나를 배반하라고 요구할 것이다. 나는 이미 늙었다. 내 영혼을 불사른 생애에 후회는 없다. 나는 죽을 수 있다. 그러나 너희들은 살아야 한다. 나 혼자 죽는 편이 훨씬 낫다.

우리는 아버지의 말에 모두 울었다.

최재형이 체포되기 전날 밤의 일을 그의 딸은 이렇게 기록하고 있다. 그것은 1920년 4월 4일, 저 유명한 4월 참변이 있었을 때의 일이었다.

1920년 4월 5일 최재형을 체포한 일본군은 하루 동안 잔인한 고문을 한 뒤에 재판도 없이 총살하고 국제 사회의 비난이 일어날 것을 두려워하여 탈출하려고 했기 때문에 사살했다고 궁색한 변명을 했다. 그가 일본군에 총살되었다는 소식이 전해지자 러시아의 조선인들은 모두 비통해 하면서 시장에서 철시를 했고 동아일보는 그가 죽은 소식을 대서특필하여 애도했다.

최재형은 대표적인 연해주 독립운동가였다.

7장

해방에서
6·25전쟁까지

30
남로당의 박헌영은
왜 숙청되었나

전 세계에서 가장 오랫동안 분단되어 있는 지역이 한반도이고 가장 오랫동안 공산당 정권을 유지하고 있는 나라는 북한이다. 남한과 북한은 일본이 항복하고 미군과 소련군이 남북에 진주하여 군정을 실시하면서 남한에는 민주정권이, 북한에는 공산정권이 수립되었다. 동서 냉전에 의해 한국인들과는 상관없이 미군과 소련군에 의해 남북정권이 수립된 것이다.

한국에 공산주의가 처음 들어온 것은 일제강점기였다. 조선공산당은 1919년 3·1독립만세운동을 기점으로 독립운동의 일환으로 시작되었다. 초기에는 일본 유학생들에 의해 주도되다가 모스크바에서 돌아온 박헌영이 가담하면서 본격적으로 조선공산당 운동이 태동하게 되었다.

박헌영朴憲永은 1900년 충청남도 예산에서 태어나 서울로 유학을 하여 경성고보(현재의 경기고등학교)를 다녔다.

그는 종로 YMCA에서 영어 공부를 하면서 미국 유학의 꿈을 키웠다. 그러나 졸업을 했어도 유학비용이 없어서 갈 수 없게 되자 좌절한 그는 고향 예산으로 돌아왔다. 박헌영은 고향에서 우울하게 지내다가 상해에서 임시정부가 수립된다는 소식을 듣고 상해로 갔다. 박헌영은 상해에서 김단야, 임원근 등을 만나 공산주의에 대해 듣게 되었다.

'그래. 인민이 잘 사는 나라가 되어야 돼.'

박헌영은 공산주의 사상에 빠져들어 갔다. 그는 상해의 사회과학연구소에서 중국어로 된 공산주의를 선전하는 유인물을 번역했다. 박헌영은 이때 한 살 아래인 신여성 주세죽朱世竹을 만나 사랑에 빠졌다.

주세죽은 함경도 함흥 출신으로 비교적 부유한 환경에서 자라 함흥 영생여학교에 다니다가 서울로 상경하여 중동학교에 다녔다. 이때 3·1운동이 일어나 그녀도 적극적으로 만세운동을 하다가 체포되어 학교를 다닐 수 없게 되었다.

주세죽은 상해로 유학을 가서 피아노 공부를 하다가 박헌영을 만났다. 주세죽은 보기 드문 미인이었고 박헌영은 열정을 갖고 있는 청년이었다. 그는 고려 공산당 상해 지부에 입당하여 1921년 고려 공산당 청년동맹 책임비서가 되었다.

1922년 박헌영은 김단야金丹冶 등과 함께 모스크바에서 개최된 코민테른(국제공산당)에 참석했다. 코민테른은 레닌의 지도하에 만든 전 세계 노동자들의 조직으로 각국 공산당에 지부를 두고 있었다. 조선에서는 여운형, 이동휘, 김규식, 주세죽 등 52명이 참석했다.

주세죽은 혁명 동지에서 사랑하는 아내가 되어 있었다.

박헌영은 코민테른에 참여한 뒤에 국내에 잠입했으나 일본경찰에 체포되어 1년 6개월의 징역을 선고 받고 복역했다.

박헌영은 출소하자 동아일보와 조선일보에서 기자로 활동했다. 박헌영은 1925년 4월 18일 서울에서 비밀리에 창립된 고려공산당에 가담한 뒤에 고려공산청년회를 조직하고 책임비서가 되었다. 그러나 박헌영은 불과 7개월 만에 일본경찰에 조선공산당 간부들과 함께 체포되었다.

박헌영은 영악하게 정신병자 흉내를 내어 병보석으로 잠시 출감했다.

주세죽은 1927년 5월 김활란, 박순천, 최은희 등과 함께 항일여성운동단체인 근우회를 조직하고 항일운동을 벌였다. 박헌영이 병보석으로 나오자 만삭의 몸으로 조선을 탈출했다. 박헌영은 모스크바 공산대학에서 2년 동안 수학하고 블라디보스토크에서 동방 노력자 공산대학을 졸업했다. 주세죽은 딸을 낳고 모스크바로 가서 박헌영과 함께 공산대학을 다녔다.

1933년 공산주의 이론으로 무장한 박헌영은 상해로 가서 국내로 들어오려다가 체포되었다. 박헌영은 기나긴 감옥생활을 하기 시작했다.

▲ 1920년대부터 세계를 휩쓴 공산주의는 해방 후 남북분단의 비극을 불러왔다. 철원 노동당 청사. 저자 촬영

주세죽은 모스크바에서 딸을 키우면서 공산주의 사상에 대해서 공부했다.

"박헌영 동지가 사형을 당했다고 하오."

모스크바에서 머물고 있던 김단야가 주세죽에게 말했다.

"혁명의 뜻을 이루지도 못하고 죽었군요."

주세죽은 깊은 슬픔에 잠겼다. 김단야는 혼자 살고 있는 주세죽을 자주 찾아왔다. 김단야는 주세죽이 처음 상해에 왔을 때부터 아름다운 미모에 넋을 잃었었다. 그러나 그녀는 박헌영을 사랑하고 있었다. 주세죽과 박헌영이 결혼하자 그는 깊은 슬픔에 잠겼다. 그러나 공산주의 활동을 하던 박헌영이 일본 경찰에 체포되었다.

"박헌영은 죽었다."

누군가 김단야에게 그렇게 말했다. 김단야는 그 말을 믿을 수 없었으나 주세죽에게 전했다. 그리고 딸을 키우면서 외로워하는 주세죽에게 접근했다. 김단야와 주세죽은 빠르게 사랑에 빠졌다.

러시아는 붉은 혁명이 일어나고 스탈린이 권력을 장악했다. 주세죽과 김단야는 결혼을 했으나 우울했다. 스탈린은 소련에 공포정치를 실시하고 있었다.

1937년 김단야는 일본 간첩 혐의로 체포되어 잔인한 고문을 당하고 1938년에 처형되었다. 주세죽도 체포되어 조사를 받은 뒤에 카자흐스탄으로 유배되고 거기서 다시 유형 생활을 하게 되었다. 그녀는 1946년까지 수용소 생활을 하고 나왔으나 조선으로 귀국은 허락되지 않았다. 그녀는 카자흐스탄의 방직공장에서 일을 하면서 어렵게 살았다.

주세죽과 김단야의 사랑과 결혼은 혁명가들의 삶이 도덕적이어야 한다는 사실 때문에 비판을 받았다. 그들이 박헌영이 체포되기 이전부터 밀애를 나누었다는 소문까지 퍼졌다.

박헌영은 일본 경찰에 체포되어 1933년부터 1939년까지 길고 긴 감옥생활을 했다. 일본은 군국주의 광기가 더욱 거세게 몰아치고 있었다. 중일전쟁을 일으킨 일본은 독립운동가와 공산주의자들을 더욱 탄압했다. 박헌영은 형기를 마치고 출소했으나 일본 경찰의 감시를 받았다.

'지금은 때가 아니다.'

박헌영은 전라남도 광주의 벽돌공장에서 노동자로 일했다. 그것은 고난과 절망의 시간이었다.

"주세죽이 김단야와 결혼했습니다. 혁명동지를 배신했습니다."

박헌영은 칼로 가슴을 베이는 것 같은 슬픔을 느꼈다. 감옥에 있으면서도 이역만리 소련 땅에 있는 아내와 딸을 그리워하면서 길고 긴 세월을 인내했다. 그런데 아내가 동지인 김단야와 결혼한 것이다.

'나를 기다릴 수 없었다는 말인가?'

박헌영은 그날 밤 어둠 속에서 혼자 울었다.

"김단야가 일본 밀정이라는 혐의를 받고 처형되었다고 합니다."

"주세죽은 어떻게 되었다고 하는가?"

"체포되어 중앙아시아로 유형을 떠났다고 합니다."

"이제 그 이야기는 다시 하지 마라."

박헌영은 피가 나도록 입술을 깨물었다.

1945년 일본이 물러가고 해방이 되었다. 박헌영은 감격스러운 해방을 맞이하자 즉시 조선공산당 재건에 나섰다. 그는 여운형이 이끄는 건국준비의원회에 참여하여 이승만과 김구를 각료로 추대하고 미군 진주도 환영하는 등 건국의 꿈을 키웠다. 그러나 미군정은 공산당을 불법화했다.

1945년 10월 20일 조선공산당은 당의 활동자금으로 사용하기 위해 위조지폐를 발행했다. 경찰은 해가 바뀐 1946년 14명을 구속했으나 조선공산당은 구속된 조선정판사 직원들은 공산당원이 아니라고 주장했다. 그러나 그들은 재판에서 모두 유죄판결을 받았다.

1946년 박헌영은 공산당 계열인 조선인민당, 남조선신민당을 흡수하여 조선노동당을 조직했다. 이때 소련의 사주를 받은 북한에서도 노동당이 결성되어 박헌영의 노동당은 남조선 노동당, 남로당으로 불리게 되었다.

미군정이 불법화하자 남로당은 폭력투쟁에 나섰다. 남로당의 핵심 인물인 박헌영은 1946년 9월 입북하여 남로당의 폭력투쟁을 지도했다. 남로당에서는 김삼룡, 이주하, 이현상 등이 피의 투쟁을 선언하고 노동자들의 파업, 대구 폭동, 여순반란, 제주 4·3사태를 이끌었다.

1946년 7월 박헌영은 모스크바를 방문했다. 이때 그녀는 무용수로 활동하고 있던 딸 박비비안나를 만날 수 있었다.

"아버지 없이 크느라고 고생이 많았다."

박헌영은 딸의 손을 잡고 눈물을 흘렸다. 그러나 그는 딸과 행복한 시간을 지낼 수 없었다. 그는 소련의 지도부를 만나 남한을 붕괴시키라는 지시를 받았다. 북한은 완전히 공산화되고 김일성이 정권을 잡고 있었다.

"전쟁이 일어나면 남조선 인민들이 봉기할 것이다."

박헌영이 김일성을 부추겼다. 1950년 마침내 6·25가 일어나고 3년 동안의 긴 전쟁 끝에 막대한 피해만 남기고 휴전이 되었다.

박헌영은 소련의 지원을 받는 김일성의 핍박을 받다가 1953년 체포되어 무수한 고문을 당한 뒤에 1955년 사형되었다.

주세죽은 병들자 마지막으로 딸을 한 번 보기 위해 카자흐스탄을 탈출하여 모스크바로 왔다가 병이 악화되어 죽었다. 딸 박비비안나는 지방 공연 중이어서 어머니의 임종을 지켜볼 수 없었다.

한 시대를 이끌던 공산주의자들의 말로는 비참했다.

31
김구는 테러리스트였을까?
반민특위는 왜 해체되었나

대한민국 헌법 전문은 '유구한 역사와 전통에 빛나는 우리 대한 민국은 3·1운동으로 건립된 대한민국 임시정부의 법통과…'로 시 작된다. 여기서 말하는 대한민국 임시정부는 상해 임시정부를 말하 고 상해 임시정부는 사실상 김구金九 주석이 이끌어왔다.

임시정부는 3·1운동 직후 국내외 애국지사들이 조직적으로 투쟁 을 하기 위해 정부의 필요성을 절감하여 만들어졌다. 내외의 독립 운동가들은 상해에 모여 임시정부를 수립하기로 결의하고 일본의 경찰권이 미치지 않는 상해 프랑스 조계에서 임시의정원을 구성했 다. 의정원에서 각도 대표 30명이 임시 헌장 10개조를 발표하고 4월 17일 임시정부를 조직했다.

이때 임시의정원 의장 이동녕, 국무총리 이승만, 내무총감 안창

호, 재무총감 최재형, 군무총장 이동휘 등을 선출했다.

1919년 6월 11일 임시헌법을 공포하고 초대 대통령에 이승만을 선출했다.

1926년 임시정부는 의정원에서 대통령제를 폐지하고 국무령제를 도입하여 김구를 국무령으로 선출했다.

김구는 국무령이 되자 임시정부를 강경노선으로 이끌었다. 이봉창李奉昌에게 일왕을 폭탄으로 암살하게 하고 윤봉길尹奉吉에게 상해 홍구공원에서 일본군 시라카와 대장 등을 폭탄으로 암살하게 했다. 그러나 임시정부는 재정 문제와 일본 밀정들의 활약으로 어려움에 처했다.

임시정부는 상해에서 절강성 항주로, 항주에서 진강으로 옮겼다. 1944년에 김구는 임시정부 주석으로 선출되었다. 그는 중국을 떠돌면서 20여 년을 임시정부를 이끌었다. 그러나 여러 차례 일본인들에게 폭탄을 투척하는 암살명령을 내리고 1896년에도 일본인을 살해한 일이 있었기 때문에 강경주의자로 인식되었다.

1945년 김구가 광복군과 함께 귀국하려고 하자 미군정이 거절했다. 미군정은 임시정부를 인정하지 않겠다고 선언했다.

"김구는 테러리스트다."

미군정의 하지 중장이 선언했다.

"테러리스트라는 말은 당치 않다. 나는 독립운동을 한 것뿐이다."

김구는 하지 중장의 말을 반박했다. 그렇다면 하지 중장은 왜 김구를 테러리스트라고 했는가.

김구는 1876년 황해도 해주에서 태어났다. 본명은 김창수金昌洙고 훗날 김구로 개명했다. 아버지는 중농으로 학문에 관심이 많았다. 자신은 농사를 짓느라고 학문에 열중하지 못했으나 아들은 학문으로 대성하기를 바랐다.

김구는 어릴 때 천연두를 앓아 사경을 헤매다가 가까스로 살아났다. 아버지에게 글을 배우기 시작하여 14세에 통감과 사략을 읽고 과거 공부를 했다. 17세가 되었을 때 조선왕조 마지막 과거에 응시했으나 낙방했다. 때는 1893년으로 외세가 도도하게 밀려오고 조선은 누대에 걸친 부패로 백성들이 피폐하게 살고 있었다.

'어째서 국왕과 조정은 외세에 대응하지 못하는 것일까?'

김구는 국왕과 무능한 조정이 답답했다.

'조정이 부패하고 앞을 내다보지 못한다.'

김구는 세상이 어지러운 것을 보고 동학에 들어갔다. 세상이 어지러워 사람들이 갈피를 잡지 못하고 있었다.

1894년 동학농민전쟁이 일어났다. 김구는 황해도 도유사가 되어 해주성 공격에 참여했다. 동학농민전쟁은 남도에서 크게 일어났다. 남도는 전봉준이 봉기하여 호남일대를 휩쓸고 있었다.

"농민군이 한양으로 진격하면 우리도 한양으로 진격한다."

김구는 해주성을 점거하지는 못했으나 동학군과 함께 해주 청계산에 진을 쳤다.

"일본군이 농민군을 토벌하고 있다고 합니다."

그러나 남쪽에서 불길한 소식이 들려오기 시작했다.

"농민군이 공주 우금치에서 패퇴했습니다."

일본군은 대규모의 군대로 농민군을 공격했다. 농민군은 남도 여러 곳에서 패퇴했다. 11월이 되자 녹두장군 전봉준이 체포되었다는 소식이 들려왔다.

'아아 세상을 개벽하려던 일이 허사가 되었구나.'

김구는 크게 실망했다. 동학농민전쟁은 실패로 끝이 났다. 김구는 관군을 피해 다니다가 황해도 신천에 살고 있는 안태훈 진사의 집에 머물기도 했다. 안태훈 진사는 안중근의 아버지였다. 안중근은 김구보다 세 살이 적었으나 한양에 가 있었다.

'반드시 일본을 몰아낼 날이 올 것이다.'

김구는 해서지방의 선비 고능선에게 훈도를 받다가 명성황후가 일본인들에게 시해되었다는 사실을 알게 되어 통분했다.

'반드시 국모의 원수를 갚을 것이다.'

김구는 일본군의 만행에 분노했다. 일본군은 명성황후를 폐서인으로 만들고 단발령을 내렸다. 명성황후와 시해와 단발령에 반대하는 의병이 들불처럼 일어났다.

1896년 2월 김구는 치하포에서 민간인 복장을 하고 있는 일본군 소위 쓰치다를 처형하고 그 피를 마셨다.

"나는 해주의 김창수다. 이 자는 일본인이라 국모의 원수를 갚기 위해 처단했다."

김구는 배를 타고 있는 사람들에게 맹수처럼 포효했다. 사람들은 피를 뒤집어쓴 김구를 보고 벌벌 떨기만 할뿐 가까이 오지 못했다.

김구는 해주의 집에 돌아와 있다가 체포되었다. 그는 사형선고를 받고 복역하다가 탈출했다. 김구는 도망자가 되어 삼남 일대를 유랑하다가 마곡사에 들어가 승려가 되었다. 그러나 오랫동안 승려생활을 할 수가 없었다. 조선은 대한제국으로 국호를 바꾸고 독립국임을 선포했다. 그러나 일본군이 조선의 내정을 간섭하기 시작했다.

조선도 빠르게 변화되어 갔다. 전화가 개통되고 전기가 들어왔다. 열차가 달리기 시작하여 조선에 근대화의 바람이 휘몰아쳐 왔다.

1905년 을사조약이 체결되었다. 김구는 이준, 이동녕 등과 함께 을사조약 철회를 요구하는 상소를 올리고 대한문 앞에서 오열했다.

"조약을 철회하고 오적을 참수하소서."

"오적을 참수하소서."

흰옷을 입은 선비들 수천 명이 대한문 앞에서 통곡했다. 그러나 일본군이 강제로 해산했다.

아아! 국가의 수치와 백성의 욕됨이 여기에 이르렀으니, 우리 인민은 장차 생존경쟁에서 잔멸하리로다. 대체로 살기를 바라는 자는 반드시 죽고, 죽기를 바라는 자는 반드시 사는 법인데, 제공諸公들은 어찌해서 이를 알지 못하는가?

이제 영환은 한 번 죽음으로서 우리 임금의 은혜에 보답하고 이로써 2천만 동포형제에게 사례하는 바이니, 영환은 죽어도 아주 죽는 것이 아니요, 기필코 구천九泉 밑에 가서라도 제군들을 도우

▲ 해외에서 오랫동안 독립운동을 한 이승만과 김구.

리라. 바라건대 우리 동포형제들은 더욱 분투하고 노력하며 지기志氣를 견고히 하여, 그 학문에 힘쓰고 마음을 합하고 힘을 다하여 우리의 자유와 독립을 회복시키라. 그리하면 죽은 자는 마땅히 명명冥冥한 속에서도 웃을 것이다.

아아! 여러분들은 조금도 실망하지 말지어다.

민영환이 2천만 동포들에게 피 끓는 유서를 남기고 자살하자 많은 사람들이 슬픔에 잠기면서 곡을 했다. 11월 20일 장지연張志淵은 황성신문 사설에 저 유명한 〈시일야방성대곡是日也放聲大哭〉을 발표했다.

지난 번 이등伊藤 후작이 내한했을 때에 어리석은 우리 인민들은 서로 말하기를, "후작은 평소 동양삼국의 정족鼎足 안녕을 주선하겠노라 자처하던 사람인지라 오늘 내한함이 필경은 우리나라의 독립을 공고히 부식케 할 방책을 권고키 위한 것이리라." 하여 인천항에서 서울에 이르기까지 관민상하가 환영하여 마지않았다. 그러나 천하 일 가운데 예측키 어려운 일도 많도다. 천만 꿈 밖에 5조약이 어찌하여 제출되었는가. 이 조약은 비단 우리 한국뿐만 아니라 동양 삼국이 분열을 빚어낼 조짐인 즉, 그렇다면 이등후작의 본뜻이 어디에 있었던가? 그것은 그렇다 하더라도 우리 대황제 폐하의 성의聖意가 강경하여 거절하기를 마다하지 않았으니 조약이 성립되지 않은 것인 줄 이등후작 스스로도 잘 알았을 것이다. 그러나 슬프도다. 저 개·돼지만도 못한 소위 우리 정부의 대신이란 자들은 자기 일신의 영달과 이익이나 바라면서 위협에 겁먹어 머뭇대거나 벌벌 떨며 나라를 팔아먹는 도적이 되기를 감수했던 것이다.

아! 4천 년의 강토와 5백 년의 사직을 남에게 들어 바치고, 2천만 생령들로 하여금 남의 노예 되게 하였으니, 저 개·돼지보다 못한 외무대신 박제순과 각 대신들이야 깊이 꾸짖을 것도 없다. 하지만, 명색이 참정參政대신이란 자는 정부의 수석임에도 단지 부否자로써 책임을 면하여 이름거리나 장만하려 했더라 말이냐.

김청음金淸陰처럼 통곡하여 문서를 찢지도 못했고, 정동계鄭桐溪처럼 배를 가르지도 못해 그저 살아남고자 했으니, 그 무슨 면목으로 강경하신 황제 폐하를 뵈올 것이며, 그 무슨 면목으로 2천만 동포와 얼굴을 맞댈 것인가.

아! 원통한지고. 아! 분한지고. 우리 2천만 동포여, 노예된 동포여! 살았는가, 죽었는가? 단군 기자 이래 4천 년 국민정신이 하룻밤 사이에 홀연 망하고 말 것인가. 원통하고 원통하다. 동포여! 동포여!"

장지연의 〈시일야방성대곡〉이 〈황성신문〉에 발표되자 온 나라가 들끓었다. 국권을 침탈당한 일이었다. 죽지 못한 신하 최익현이 상소를 올리고 조정대신들은 다투어 조약을 파기하라는 상소를 올렸다.

김구는 이후 강연회를 열어 일본을 비판하고 반일 사상을 고취시키다가 안악에 양산학교를 설립하고 재령 보강학교의 교장이 되었다. 그는 조선 민중을 깨우치기 위해 교육이 필요하다고 생각했다. 그때 안중근 의사의 거사가 이루어져 김구도 체포되었다가 석방되었다.

1910년 대한제국은 일본에 합병되었다. 조선은 총독부가 다스리게 되었다.

'아아, 이제 나라 잃은 백성이 되었구나.'

김구는 피눈물을 흘렸다. 수많은 애국지사들이 비분강개하여 자결했다.

김구는 1911년 테라우치 총독 암살모의 사건에 연루되어 체포되어 17년 형을 선고 받았다. 2년을 복역하다가 감형이 되어 1914년 7월에 석방되었다.

'이제는 일본과 전쟁을 벌일 수밖에 없구나.'

1919년 3·1운동이 일어나자 상해로 망명하여 임시정부의 초대 경무국장이 되었다. 1923년에 내무총장, 1924년 국무총리 대리, 1926년 국무령이 되었다.

1931년 한인애국단을 조직, 의혈청년들에게 도륙항전을 하도록 지도했다. 이에 이봉창, 윤봉길 의거가 일어났다. 이봉창은 실패했으나 윤봉길은 일본군 대장을 폭살하여 상해 임시정부의 명성이 높아졌다.

김구는 이후 장개석 중국 정부와 긴밀하게 협조하면서 대일본선전포고, 광복군 조직 등 중국에서 임시정부를 이끌면서 항일투쟁을 지휘했다.

김구는 중국 대륙을 떠돌면서 항일투쟁을 이끌었으나 상황은 좋지 않았다. 1937년 일본은 중일전쟁을 일으켜 소주, 상해, 난징을 점령했다.

상해에서 남경으로 이어지는 철로변에 살고 있는 중국인들이 폭격에 죽고 일본군이 진공하면서 몰살당했다. 그들은 이유도 까닭도 모르고 일본인들에게 짐승처럼 도살되었다. 일본군이 지나가는 공로公路에서는 평균 1600미터마다 중국인들의 목이 잘려져 나뒹굴었다. 공로가 아닌 곳에서는 더 많은 중국인들이 일본군 장교들과 하사관들에 의해 목이 잘려졌다.

아사카 왕자는 중국여인으로부터 위안을 받고 소주로 부임했다. 그는 소주에 부임하자 참모들을 소집한 뒤에 중국군 포로들에 대한 처리 문제를 의논했다. 그러나 어느 참모도 포로에 대한 대책을 세울 수 없었다. 다음날 아사카의 정보 참모 차이사 이사모 소좌는 긴급 명령을 전보로 내렸다.

작전사령부 최고 사령관 비밀 명령서

1. 모든 전쟁 포로들을 처형하라.
2. 처형방법은 12명씩 혹은 20명씩 그룹으로 나누어 총살하라.
2. 포로들을 총살하기 전에 구덩이를 파고 그 앞에서 총살하여 매장하라.
4. 이 명령서는 접수하는 즉시 파기하라.

아사카 왕자의 정보 참모가 전보로 내린 명령은 각 단위부대까지 하달되었다.

일본군은 난징을 점령하자 30만 명에 이르는 포로와 민간인들을 학살했다. 상해에 있던 임시정부는 중경으로 쫓겨 가지 않을 수 없었다.

1944년 김구는 중경 임시정부에서 주석으로 선출되어 광복군을 조직, 압록강을 건너 조선으로 진격할 준비를 했다. 그러나 8월 15일 일본은 패망했다.

'아아, 우리가 마침내 해방이 되었구나.'

김구는 감격하여 눈물을 흘렸다.

1945년 11월 김구는 임시정부 요인들과 함께 환국했다.

김구는 임정요인들과 공항에 내리자 방송국으로 달려가 귀국방송을 했다.

"친애하는 동포여러분. 27년간이나 꿈에도 잊지 못하고 있던 조국강산에 발을 들여 놓게 되니 감개무량합니다. 나는 지난 5일 중경을 떠나 상해로 와서 22일까지 머무르고 있다가 23일 상해를 떠나 당일 경성에 도착했습니다. 나와 나의 각원 일동은 한갓 평민의 자격을 가지고 돌아왔습니다. 앞으로는 여러분과 같이 우리의 독립완성을 위해 진력하겠습니다. 나와 나의 동료 일동이 무사히 경성에 도착했다는 소식을 알려드립니다."

김구는 시민들로부터 열렬한 환영을 받았다. 그러나 일본에서 해방된 한국은 새로운 나라를 건설해야 했다. 남한과 북한에 군정이 실시되고 좌익과 우익으로 나뉘어 치열하게 대립하고 있었다.

김구는 12월 모스크바 삼상회의에서 신탁통치 결정을 하자 반탁운동을 전개했다. 그러나 미국과 소련은 기어이 3년 동안의 신탁통치를 결정했다.

'그래. 3년만 참자.'

김구는 신탁통치가 끝나면 곧바로 대한민국을 건설할 준비를 하기 시작했다.

1947년 유엔은 단독정부수립안을 통과 시키고 유엔의 감시하에 남북동시선거를 실시하라고 결의했다. 그러나 북한은 유엔감시단의 입북을 거절하여 남한단독 정부를 수립하게 되었다.

"남한 단독정부는 안 된다. 나라가 두 개로 쪼개지면 어찌하는가?"

김구는 통일정부 수립을 요구하면서 북한에 올라갔으나 북한이 이미 사실상의 공산주의 정권을 세웠다는 사실을 알고 실망하여 돌아왔다. 그는 남한이 단독정부를 수립한 뒤에도 통일정부를 외쳤으나 1949년 육군 소위 안두희가 쏜 흉탄에 세상을 떠났다. 그는 평생을 독립운동을 위해 헌신했으나 조국에서 암살당한 것이다.

김구는 수많은 국민들의 오열 속에 효창공원에 안장되었다.

하지 중장은 김구를 테러리스트라고 했으나 그는 엄연한 독립운동가였다.

1948년 대한민국 단독정부가 수립되고 헌법 101조에 의해 반민족행위특별조사위원회(반민특위)가 구성되었다. 반민특위는 친일매국노를 조사하고 재판하여 민족정기를 되살리는 일이었다. 그러나 이에 대한 반발도 만만치 않았다. 미국은 일본이 물러간 뒤에 북한에 대항하여 한국을 다스릴 수 있는 세력이 친일 세력이라고 보았다. 이승만이 정권을 잡았으나 친일 세력이 받쳐주지 않으면 정권을 유지할 수 없었다. 그들은 반민특위의 활동에 비판적이었다.

남한은 새나라 건설에 들떠서 정당이 우후죽순처럼 생기고 있었다.

"남한은 자고 일어나면 정당이 하나씩 생긴다. 이를 방치하면 무정부 상태가 될 것이다."

미군정의 하지 중상이 말했다. 남한에 단독정부가 수립되었으나 혼란스러웠다. 총선거가 실시되어 국회가 구성되었다. 그러나 초대 국회에는 혁신계를 비롯하여 공산주의자들, 소위 남로당 지시를 받는 인물들도 국회의원에 당선되어 있었다. 공산주의자도 일제하에 항일운동을 했다. 그러나 그들의 항일운동은 미미했다.

공산당이 불법화되었으나 스스로 애국자라고 생각하는 사람들도 적지 않았다. 그들 중에는 일본에 협력하던 자들도 적지 않았다. 미군정 때부터 공산주의자들에 대한 검거가 대대적으로 이루어졌다. 게다가 북쪽에는 인민위원회가 빠르게 구성되고 공산당이 정권을 장악하고 있었다. 미군정은 남한에서 활동하는 공산주의자들을 토벌하기 위해 친일파에 경찰력을 넘겨주고 친일파들을 다스리지 않았다.

남한에 단독정부가 수립되자 국회는 반민특위법을 통과시키고 이들을 처단하려고 했다.

미군정 치하에서 공산당을 검거하는데 전력을 기울이던 친일파 경찰은 반민특위가 구성되자 위기감을 느꼈다. 최난수, 홍택희, 노덕술 등은 일본 경찰 노릇을 하면서 독립운동가들을 체포하고 고문했기 때문에 반민특위에 소환되어 재판을 받아야 했다. 그들은 경찰청 최난수 수사과장실에 모여 대책회의를 열었다.

"반민특위가 우리도 소환할 거요."

노덕술이 좌중을 둘러보면서 곤혹스러운 표정으로 말했다.

"젠장, 빨갱이를 잡아야하는데 우리를 잡으면 어떻게 하자는 거야?"

"반민특위에 대해 대통령도 불만이 많아. 우리가 반민특위를 해치우는 게 어때?"

노덕술의 말에 사람들의 얼굴이 굳어졌다.

"반민특위를?"

"대가리부터 해치우는 거야. 우리가 살아야 할 거 아니야?"

이들은 반민특위의 대법원장 김병로, 국회의장 신익희, 검찰총장 권승렬 등을 제거하려다가 발각되어 모두 구속되었다. 정국은 발칵 뒤집혔다. 그러나 노덕술, 최난수, 홍택희 등은 얼마 지나지 않아 모두 석방되었다. 이무렵 내무장관은 김효석이었고, 치안국장은 일본 검사 출신의 이호가 임명되어 있었다.

1946년 공산당이 불법화되면서 이에 대한 저항으로 남로당은 파업, 폭동, 반란을 사주하여 남한은 무정부상태나 다를 바 없을 정도였다. 연대병력이 반란을 일으킨 여순반란, 대구반란이나 4·3사건을 제외하고도 요인 암살과 경찰서와 지서 습격이 잇따랐다. 남한에서 총선거를 실시할 때는 이를 와해시키기 위한 남로당의 반격이 치열하여 경찰관과 공무원들이 3백 명이 넘게 죽임을 당했다. 6·25가 일어나기 전 남한에는 수만 명에 이르는 남로당 세력이 있었다.

박헌영은 전쟁이 일어나면 남한에서 수십만 인민이 봉기할 것이라고 김일성을 부추겼다. 그러나 6·25가 일어나기 전에 이들은 대부분 소탕되었다. 이승만은 공산주의를 막기 위해 친일경찰을 쓰는 것이 필요악이라고 생각했다. 그러나 친일경찰의 지나친 활동으로 반민특위가 제대로 활동할 수 없게 된 것이다.

이승만 정권은 남로당의 폭력투쟁을 저지하기 위해 총력을 기울였다. 그리고 그들을 검거하는데 경험이 많은 친일파 수사경찰이 필요했다. 남로당은 소위 프락치라고 하는 간첩으로 국회, 경찰에까지 숨어들어 활약하고 있었다.

반민특위는 기업가인 화신 백화점 사장 박흥식을 체포하여 국민들의 관심을 끌었다.

"반민특위는 삼권분립의 원칙을 위반하고 있다. 38선에는 공산당이 침략해 오려고 하는데 경찰을 동요시키면 안 된다."

이승만은 담화문을 발표하여 반민특위를 견제했다.

"반민특위 활동은 만족정기를 되살리는 일이다. 정부가 적극적으로 협조해야 한다."

반민특위특별재판부장인 대법원장 김병로가 담화문을 발표하여 맞섰다.

이승만은 반민특위에 부정적이었다. 그는 반민특위법 개정안을 국회에 제출했으나 부결되었다.

"반민특위와 국회를 무력화시키는 좋은 방법이 있다."

"무슨 방법인가?"

"국회에 프락치가 있다. 국회의원 프락치를 잡고 반민특위를 빨갱이 세력으로 몰아가면 된다."

"반민특위가 빨갱이인가?"

"반민특위 검찰차장 노일환 의원이 남로당으로부터 자금을 받았다."

"그럼 국회의원들부터 잡아들이고 반민특위를 빨갱이로 몰아가자."

친일경찰은 반민특위를 무력화시키는 공작에 들어갔다. 사건은 경찰이 터트리고 수사는 헌병사령부에서 했다. 헌병사령부는 4개월 동안 수사를 하여 국회프락치 사건을 재판에 넘겼다. 소장파 의원들인 김익수, 노일환, 이문원 의원 등이 남로당의 지령을 받고 활동했다는 충격적인 사건이었다. 전국은 발칵 뒤집혔고 모두 14명이 체포되어 최고 10년에서 3년형이 선고되었다. 노일환을 비롯하여 관련자들이 모두 항소를 했으나 6·25가 발발하자 월북하여 1958년에 숙청되었다. 노일환은 국가보안법 반대, 미군철수 등을 주장한 혁신계였고 반민특위 검찰부 차장을 맡고 있었다.

1949년은 남한에서 좌익과 우익의 대립이 치열했다.

이승만과 경찰은 반민특위가 좌익이라고 생각했고 반민특위는 이승만이 친일파를 돕고 있다고 생각했다.

1949년 6월 6일 서울의 중부경찰서는 반민특위를 습격했다. 그들은 검찰총장의 가슴에 총을 들이대고 위협했다. 반민특위의 서류를 모조리 가져가고 반민특위 특경단을 해산했다. 국회는 분노하여 국무총리 이하 내각은 총사퇴하라는 결의안을 채택했으나 이승만 정권의 각료들은 듣지 않았다. 국회 결의안이 채택되면 법이 되는 것이다. 그러나 이승만 정권의 각료들은 법을 지키지 않아 각료가 아니라 무뢰배가 되었다.

▲ 역사는 되돌릴 수 없다. 친일파를 제대로 처리하지 못해 민족정기를 잃어버리게 한 이승만 정권은 반민특위를 무력하게 만들었다. 반민특위 재판 과정

이승만과 정부의 비협조로 반민특위는 유명무실하게 되었다.

이승만은 초대 대통령이면서 내각에 친일파를 포함시키지 않았다. 그는 성격이 독단적이었다. 자신이 아니면 대통령을 할 사람이 없다고 생각할 정도로 오만했다. 상해 임시정부가 구성되었을 때 초대 집정관으로 선출되었으나 그가 고집을 하여 대통령이라는 이름을 사용하게 했을 정도였다. 그러나 초대 내각은 철저하게 항일운동가로 채워졌다.

부통령은 이시영, 국무총리 겸 국방장관은 이범석, 대법원장 김병로, 국회의장 신익희를 비롯하여 쟁쟁한 항일독립운동가들이 장관으로 발탁되었다.

이승만은 공산주의자들을 철저하게 배격했다. 공산주의자가 친

일파 경찰들보다 더 나쁘다고 생각했고 그들을 잡아야 한다는 반민특위에 반감을 가졌다. 그는 결국 반민특위를 무력화 시키는 배후의 인물이 되었고 역사적으로 가장 큰 잘못을 저지르게 되었다.

32
남한과 북한은 왜 6·25전쟁을 향해 멈추지 않고 달려갔는가

6·25전쟁으로 남한은 약 80만 명, 북한은 100만 명의 군인과 민간인들이 죽었다. 부상자는 수백만 명에 이르고 재산 피해는 이루 헤아릴 수 없다. 3년 동안의 긴 전쟁이 끝난 뒤에도 휴전 상태로 남한과 북한은 60년이 넘게 대치하고 있다.

세계의 분쟁은 대부분 영토와 종교, 종족 갈등에 의해 그치지 않고 있는데 이데올로기 때문에 동족상잔을 저지르고 60년이 넘게 대치하고 있는 나라는 한국이 유일하다. 지도자들이 한 시대를 잘못 이끌면서 국민들이 60년이 넘게 이데올로기의 질곡에서 벗어나지 못하고 있는 것이다.

봉건시대가 끝나가면서 세계는 마르크스 레닌주의에 의해 공산주의 바람이 무섭게 불었다. 일본의 식민지가 되어 있던 조선의 청년들은 공산주의 사상에 빠져들었다. 이는 조선의 청년들뿐이 아니었다. 공산주의는 지식인과 청년들에게 구원의 메시지처럼 다가왔고 제국주의나 군국주의에 대항할 수 있는 유일한 사상으로 인식되었다.

붉은 혁명은 러시아에서 시작되어 전 세계로 퍼져나갔다. 일본의 식민지가 되어 있던 조선인들과 일본과 전쟁을 벌여 국토의 대부분을 점령당하고 있던 중국은 공산주의 사상이 휩쓸었다.

민족주의자들은 부패하고 착취하여 민중들에게서 멀어져 갔다. 장개석은 부패했고 모택동은 농민들과 함께 했다. 중국은 결국 모택동이 정권을 장악하고 장개석은 대만으로 쫓겨 갔다.

한국은 일제강점기에서 민족주의자들이 독립운동을 주도했다. 공산주의자들이 조선공산당을 결성하고 활약했으나 대부분 체포되거나 일본 경찰의 탄압을 받아 변절했다. 일제강점기에는 독립운동이라는 대명제가 있었기 때문에 공산주의 투쟁이 시작되지 않았다. 민족주의자들은 어떤 사상도 배격하지 않았다.

해방이 되자 양 진영은 달라졌다. 북한은 소련의 조종을 받으면서 공산화되고 남한은 미국의 지원을 받으면서 공산당을 불법화했다.

북한에서는 인민위원회가 설치되고 토지개혁이 이루어졌다. 지주와 자본가들이 재판을 받고 처형되었다. 북한의 정권을 장악한 공산주의자들은 진정한 공산주의자가 아니었다. 사회주의 인민공화국의 조국이라는 소련이 이미 변질되어 피의 독재자 스탈린이 장악하고 있었다. 스탈린은 강철인간이라는 이름이 말해 주듯이 46년 동안 소련을 지배하면서 강철제국을 만들었다. 그것은 수백만 명에 이르는 인민의 피와 눈물로 건설한 제국이었다.

스탈린의 조종을 받은 북한 공산당은 오랫동안 공산주의 활동을 한 현준극 등을 숙청하고 소련파가 정권을 잡았다. 그들은 오로지 정권을 잡는데 만 혈안이 되어 있었다.

피의 숙청이 이루어지자 수많은 사람들이 남한으로 내려오고 공산당을 증오하게 되었다.

북한 공산주의자들은 소련을 사회주의 인민공화국의 조국이라고 부르기까지 했다.

남한에서 공산당을 불법화하면서 여순반란, 제주도 4·3사건 등이 일어났다. 파업과 폭동도 잇따랐다. 남한은 이들을 대대적으로 체포했다. 남한의 공산주의자들은 탄압을 피해 입북했다. 그들도 이승만 정권과 미국을 증오했다.

해방이 될 때까지 공산주의자들이나 민족주의자들은 얼마 되지 않았지만 해방이 좌익과 우익을 폭발적으로 늘어나게 했다. 한국은 좌익과 우익만이 존재했다. 이는 한국사회의 지도자들 뿐 아니라 일반인들도 좌익과 우익으로 갈라져 증오했다.

일본의 통치가 영원할 것으로 생각하고 있던 한국인들에게 일본의 패망은 충격이었다. 그들에게 독립운동과 건국이라는 명제가 떨어졌다. 그들은 독립운동을 하지 않은 것을 후회했고 애국자가 되어야 했다.

▲ 한반도에 그어진 38선. 누가 이 선이 6·25전쟁을 낳고 분단을 고착화시킬 것이라고 생각했는가. 경기평화센터 소장

　애국에 대한 광기가 휘몰아쳤다. 정당이 우후죽순처럼 생기고 요인들에 대한 암살이 잇따랐다. 송진우와 김구가 암살되고 특별수사본부와 특무대가 창설되어 간첩을 잡았다.

　남한에서는 공산당을 잡는 것이 애국이 되고 북한에서는 공산주의 세상을 만드는 것이 애국이 되었다.

　애국자의 눈에 비애국자는 처단의 대상이 된다. 이들의 눈에 이데올로기가 덧씌워지면서 남과 북은 서로에 대한 적개심으로 불타올랐다. 남한은 북한이 통일의 방해꾼이었고 북한은 남한이 통일의 방해꾼이었다. 철도는 끊어지고 38선이 가로막혀 왕래가 끊어졌다.

38선에서의 도발이 계속되었다. 국군 1개 중대가 북한으로 넘어가는가 하면 북한은 남한 민중들에게 봉기하라고 부추겼다.

남과 북은 38선에서 팽팽하게 대치했다. 특히 옹진은 섬이었기 때문에 북한 공산군이 연대병력으로 공격하여 점령하기도 했다.

"북한이 도발을 하면 단숨에 격파하고 점심은 평양에서 먹고 저녁은 압록강에서 먹을 것이다."

신성모 국방장관의 말이었다. 남과 북은 38선을 사이에 두고 소규모의 국지전을 자주 벌였다. 6·25전쟁이 발발하기 전에 이미 38선에서 양측의 사상자가 수천 명에 이르렀다.

6·25전쟁은 미국과 소련의 대리전이라고 주장하는 학자들도 있다. 표면적으로 보면 동서냉전이 분명하지만 남과 북이 서로를 죽이지 못해 미쳐 날뛴 것은 당시 한국인들에게 애국자가 되고 싶어 하는 소영웅주의가 바닥에 깊이 깔려 있었기 때문이다.

1945년 일본이 패망하여 소련군과 미군이 한반도에 들어와 군정을 실시할 때 38선은 일본군 무장을 해제하기 위한 경계선에 지나지 않았다. 도로에 38선이라는 표지판과 경비초소만 세워졌을 뿐 주민들의 왕래를 막지 않았다. 그러나 미군과 소련군이 철수하고 한국군과 인민군이 38선 경비를 담당하면서 상황이 달라졌다.

남한과 북한에 각각 정권이 수립되면서 한반도는 두 개의 국가가 존재하게 되었다. 이승만과 김일성은 통일정부를 수립하기 위해 무력통일을 추진했다.

"전쟁이 시작되면 남한에서 20만 인민이 봉기할 것이다."

박헌영은 김일성에게 전쟁을 부추겼다. 그러나 박헌영 때문에 김일성이 남침을 결정한 것은 아니었다. 소련은 이미 공산주의를 팽창시키기 위해 동유럽 여러 나라를 위성국가로 만들었다. 1945년 12월 유고슬라비아, 1946년 알바니아, 1947년 불가리아와 폴란드, 1948년 체코슬로바키아가 공산화되었다. 소련은 북한을 공산화시키면서 남한까지 공산화시키기 위해 김일성에게 남침을 지시했다.

박헌영과 김일성은 1950년 모스크바를 방문하여 스탈린에게 군사 원조를 요청했다. 스탈린은 이를 허락하여 총과 탄약, 탱크 등 공격용 무기를 지원했다. 북한군은 이때부터 폭발적으로 군대가 증강되었다.

이승만은 남한이 한반도에서 유일한 합법정부라고 생각했고 통일을 위해 전쟁도 불사해야 헌다고 주장했다. 그는 국방비를 증가시키면서 미국의 지원을 요청했으나 미국은 애치슨 성명을 발표하여 한국을 지원하지 않을 것이라고 선언했다. 훗날 애치슨 선언이 남침을 유도하기 위한 것이라는 음모론이 제기되었으나 6·25전쟁으로 미국이 얻은 것이 전혀 없다는 사실을 감안하면 그야말로 음모론에 지나지 않았다.

6·25전쟁을 원한 것은 소련이었고 이승만과 김일성이 동조했다. 명분은 통일이었으나 수백만 명의 사상자는 염두에 두지도 않았다. 전쟁이 임박해 올수록 38선에서의 충돌은 잦아졌다. 6·25전쟁이 발발할 때까지 500여 회의 충돌이 일어났고 대대 병력이 전투를 벌인 일도 있었다.

브레이크없이 38선에서 대치하면서 전쟁을 향해 달리던 남북한은 1950년 6월 25일 새벽 4시 북한이 38선 전역에서 남침을 하면서 민족의 비극을 맞이하게 되었다.